아! 아브라함

아! 아브라함

초판 1쇄 인쇄 2006년 10월 1일

지은이 | 조우철
펴낸곳 | 도서출판 오직말씀

출판등록 | 2006년 8월 22일(제505-2006-00005호)
주소 | (780-935) 경북 경주시 동천동 782-13
전화 | (054)742-9027, 팩스 | (054)741-4821

총판 | 생명의말씀사
홈페이지 | http://www.onlyword.com
전자우편 | onlywords@hanmail.net

값 10,000원
ISBN 89-958601-1-1 04230

ⓒ 조우철, 2006

※ 잘못 만들어진 책은 바꾸어 드립니다.

아! 아브라함

조우철 지음

1 창세기 12-14장
갈대아우르에서 가나안전쟁까지

도서출판 말씀오씀직

글쓴이 서문

지금으로부터 4000년 전의 시대였다. 문자가 발명되기 전이었고 또 무엇을 기록할만한 종이나 펜과 같은 도구들도 없던 시절이었다. 사람들은 그저 바위에 그림을 그려 짧은 내용이나마 담아놓을 뿐이었다. 때문에 인간에 대한 어떤 자세한 기록도 남아 있지 않다. 그러므로 그 시대에 어떤 사람들이 어떻게 살아갔는가에 대한 내용을 우리는 들을 수가 없다. 그런데 여기 그 시대의 한 사람에 대한 자세한 기록이 있다.

아브라함. 그는 지금으로부터 4000년 전의 사람이다. 오늘날 이스라엘과 아랍인 모두로부터 공통의 조상으로 추앙받는 인물이다. 그리고 세계 10억 인구가 믿음의 조상으로 우러르고 있다. 오늘까지도 모든 인류에게 지대한 영향을 미치고 있는 가장 오래된 살아있는 인물이다. 성경의 창세기 12장부터 23장까지 기록된 그의 삶은 한 신앙인으로서의 기록일 뿐만 아니라 4000년 전의 사람에 대한 인류 유일의 기록이자 인류의 가장 오래된 인물에 대한 기록이다.

과연 당시 사회는 어떠하였을까? 그는 어떤 생각을 갖고 어떤 고민을 하였을까? 무엇을 꿈꾸며 어떻게 살아갔을까? 성경은 그의 꿈과 고민과 삶의 역경에 대해 때로는 그의 거친 숨소리 하나, 때로는 회한에 찬 먹물 같이 검고

굵은 눈물까지도 가나안의 거친 벌판을 배경으로 자세히 그리고 있다. 더불어 그는 어떤 사람들을 만났고 무슨 일들이 있었는지 그와 동행했고 함께 살았던 사람들의 삶까지도 잘 드러내고 있다. 이를 통해 우리는 그 시대 사람들이 무엇을 고민하며 어떻게 살아갔는지 그 삶의 일단을 들여다볼 수 있게 된다.

　창세기에 기록된 아브라함의 삶은 4000년 전의 한 사람을 그 삶의 현장에서 만날 수 있는 놀라운 기회를 우리에게 준다는 점에서 정말로 귀한 기록이다. 내가 신의 존재를 믿든 믿지 않든 그의 삶은 그 자체로 우리에게 많은 생각을 하게 해 주고 커다란 도전을 안겨준다.

　혼돈한 세상이다. 삶의 가치와 꿈을 생각하기에는 생존 자체가 너무도 숨가쁜 세상이다. 그러하기에 나를 잊고 산다. 때문에 많이 있어도 곤고하고 외롭다. 여기 4000년 전의 한 사람을 만나보라. 우리의 잠든 영혼과 마음을 일깨울 것이다.

2006년 의미 깊은 가을에

조 우 철

차 례

제1부 도전과 실패와 역경 속에서 (창 11-12장) ▨ 11

- 떠나는 길에 (창 11:31)
- 남은 60년 세월이 (창 11:31-32)
- 누가 떠날 수 있는가? (창 12:1)
- 자식도 하나 없는데 (창 12:2)
- 그 이름이 창대케 됨은 (창 12:2)
- 고난의 신학 (창 12:3)
- 불가능을 가능케 하는 것 (창 12:4)
- 누구와 동행하는가? (창 12:4)
- 뒷문을 잠그고 (창 12:5)
- 배꼽의 땅 가나안 (창 12:6)
- 네 자손에게 주리라 (창 12:7)
- 남쪽으로 남쪽으로 (창 12:8)

▥ 파도 같은 시련 속에서도 (창 12:8-9)
▥ 끝나지 않은 시련 (창 12:10)
▥ 가나안이 남긴 것 (창 12:11-12)
▥ 원초적 인간 (창 12:13)
▥ 깊고 깊은 곳으로 (창 12:13)
▥ 볼만한 것은 아무것도 (창 12:14)
▥ 호수처럼 바다처럼 (창 12:15)
▥ 사랑은 궁궐 담장을 넘고 (창 12:16)
▥ 깊고도 깊은 어두움의 밤 (창 12:17)
▥ 아닌 밤중에 홍두깨 (창 12:17-18)
▥ 네가 어찌하여 (창 12:18-19)
▥ 들어갈 때와 나올 때 (창 12:20)

제2부 떠나는 자와 보내는 자 (창 13장) |||| 149

|||| 새 하늘과 새 땅 (창 13:1-2)
|||| 실패를 통해 (창 13:1-2)
|||| 다시 온 그곳이지만 (창 13:3)
|||| 오월동주(吳越同舟) (창 13:4-5)
|||| 知足願云止(족한 줄 알면 그만두기를 원하노라)(창 13:6)
|||| 두 주인 (창 13:7)
|||| 나를 떠나라 (창 13:8-9)
|||| 가놋사의 굴욕 (창 13:10)
|||| 여호와의 동산 같고 애굽 같은 (창 13:10)
|||| 가는 자 보내는 자 (창 13:11)
|||| 두 갈래 길 (창 13:12-13)
|||| 눈을 들라 (창 13:14)
|||| 부자되시라 (창 13:15)
|||| 정탐 (창 13:16-17)
|||| 방랑의 끝 (창 13:18)

제3장 전쟁과 운명 (창 14장) ⫴ 237

- ⫴ 부메랑 (창 14:1-2)
- ⫴ 전쟁과 평화 (창 14:3-4)
- ⫴ 추풍낙엽이 되어 (창 14:5-7)
- ⫴ 하필이면 (창 14:5-7)
- ⫴ 얕은 술수로 세상을 (창 14:8-10)
- ⫴ 자유를 향하여 (창 14:11)
- ⫴ 일진광풍의 뒤에 (창 14:12)
- ⫴ 히브리 사람 (창 14:13)
- ⫴ 용사의 사랑 (창 14:14)
- ⫴ 왜냐고 묻는다면 (창 14:14-15)
- ⫴ 아니 이럴 수가 (창 14:16)
- ⫴ 자고 깨어보니 (창 14:17)
- ⫴ 바람과 같이 사라지다 (창 14:18)
- ⫴ 이제 물러나 좀 쉬라 (창 14:18)
- ⫴ 꽃은 시들면 추한 것을 (창 14:19-20)
- ⫴ 버림받은 헌신 (창 14:20)
- ⫴ 손도 안대고 코를 풀어? (창 14:21)
- ⫴ 감히 누구 앞이라고 (창 14:22-23)
- ⫴ 마침내 (창 14:24)

아! 아브라함

| 창세기 11-12장 |

제1부 도전과 실패와 역경 속에서

아브람이 자기가 살기 위해 아내 사래를 자신의 누이라고 할 때
롯을 비롯한 아브람의 집 사람들은 이를 어떻게 받아들였을까?
그렇게 사래를 애굽 왕의 아내로 보낸 날 아브람은 그 밤을 어떻게 지냈을까?
가나안에서 무슨 일이 있었기에 그가 이렇게 된 것이었을까?
누가 사람을 욕하고 정죄할 수 있을지.
스스로를 의인이라고 여길 수 있는 자가 과연 누구일지.

떠나는 길에 (창 11:31)

믿음의 조상 아브라함. 그에 관해서는 성경에 많은 내용들이 기록되어 있다. 하지만 그 모든 기록들은 그가 가나안으로 들어가던 때인 75세 이후의 것들로 아주 자세하고 방대한 분량을 가지고 있다. 반면 75세 이전의 그의 인생에 관해서는 거의 기록이 없어서 그에 관한 보다 직접적이고 근원적인 배경들을 알기가 쉽지 않다. 그런 점에서 아브라함이 가나안에 오기까지의 상황을 기록한 오늘의 본문은 그나마 75세 이전의 아브라함을 이해할 수 있는 유일한 단서다. 그의 아버지 데라에 관해서 아주 의미 있는 내용을 전하면서 아브라함이 가나안에 들어오게 된 동기에 대해 직접적인 이유를 설명하고 있다.

"데라가 그 아들 아브람과 하란의 아들 그 손자 롯과 그 자부 아브람의 아내 사래를 데리고 갈대아 우르에서 떠나 가나안 땅으로 가고자 하더니 하란에 이르러 거기 거하였으며"(:31)

먼저 데라와 아브람에 관한 오늘의 본문을 이해하기 위해 당시 고대 사회가 가지고 있었던 여러 사회적 환경들을 먼저 생각해 보자. 우선 당시 사회는 대가족 중심의 사회였다. 주로 자급자족하는 사회였기 때문에 충분한

제1부 도전과 실패와 역경 속에서

노동력을 확보하기 위한 것이 첫째 목표였다. 또한 이웃과의 관계에서 자신들을 지키기 위한 사회적 방어력을 갖고자 하는 의미도 가지고 있었다. 즉 많은 가족 구성원들이 함께 있음으로써 서로 힘을 합해 필요한 경제적 가치들을 생산해 낼 수 있었다. 또 대가족이라는 큰 울타리 안에서 사회적 안전도 확보할 수 있었다. 동시에 이러한 이유의 연장선상에서 큰 부를 지닌 사람들은 많은 아내를 두어 자식을 많이 생산케 함으로써 자신의 부와 세력을 과시하고 또 사회 내에서 그만큼 큰 사회적 위치를 확보하려고도 하였다.

이와 같은 대가족이 더욱 확대되어지면서 이루어진 것이 고대 사회의 부족국가였다. 따라서 한 구성원이 이 대가족의 관계에서 벗어나게 된다거나 자신의 부족에서 스스로 이탈해 나온다는 것은 거의 상상할 수 없는 일이었다. 자신의 경제생활뿐 아니라 생명조차도 보장받을 수 없는 상황에 부딪치는 것이 되기 때문이다. 고대 사회의 사회 구성원에 대한 아주 강력한 다스림의 수단이 사회공동체로부터의 격리와 분리를 의미하는 추방이었던 것도 바로 이러한 사회적 관계를 가지고 있었기에 생겨난 일이었다.

이러한 이해를 갖고 아브람의 아버지 데라가 아브람과 함께 선택하는 본문의 내용들을 살펴보자. 먼저 가족 관계를 보면 그에게는 세 아들이 있었다. 그 중 셋째인 하란이 고향 땅 갈대아 우르에서 아들 롯만을 남긴 채 죽는다. 이러한 상황에서 데라는 자신의 고향 갈대아 우르를 떠나 가나안으로 가고자 결심하고 첫째 아들 아브람과 함께 길을 떠난다. 이 과정에서 우리의 주목을 끄는 것은 그의 둘째 아들 나홀이 아버지와 함께 떠나지 않는다는 사실이다. 가족 구성원의 분리가 쉽지 않은 당시 사회였다. 그리고 아버지 데라가 맏아들 아브람 부부와 죽은 아들이 남긴 손자까지 데리고 길을 떠난다는 것은 온 가족과 함께 떠나기를 원하였다는 것을 알려준다. 그런데 이런 상황에서 둘째 아들 나홀이 이 길에 함께 동참하지 않는 것은 지극히 이상한 일일 수밖에 없다. 뒤에 남는 자신도 의지하고 기댈 곳이 없어지는 것이기도 하였지만 아버지와 형이 다시 볼 수 없는 멀고 위험한 길을 떠남에도 이를 외면하는 결과를 가지고 있기 때문이다.

그런데 문제는 이 둘째 아들 나홀의 선택이 이상한 것인가 아니면 아버지 데라와 아브람의 선택이 나홀의 분리를 만들어 내었는가 하는 점이다. 부족국가라는 사회 조직과 그 당시 사회의 특성에 비추어 보면 자신의 고향 땅을 떠나 가나안으로 가고자 하는 것은 대단히 위험한 선택이었다. 거리상으로 본다면 거의 2,000km 이상 떨어진 곳으로의 이동이었다. 이동 자체도 쉽지 아니했을 뿐더러 가는 길에서의 안전도 전혀 장담할 수 없었다. 특히 자신의 부족을 완전히 이탈하는 것이었기에 이후 어느 곳에서도 자기의 생명과 삶의 터전을 확보할 수 있는 사회적 안전판을 기대할 수 없었다. 반면 나홀의 선택은 아버지와 달리 오히려 자신의 부족 속에 그대로 남겠다는 결정이었다. 이를 통해 본다면 아버지 데라의 선택이 당시 사회적 관계에서 아주 특별한 어떤 요인을 담고 있는 것이지 나홀의 선택은 오히려 정상적인 것이었다.

결국 데라가 아브람과 함께 가나안으로 가기 위해 갈대아 우르를 떠나고자 하는 선택은 그의 둘째 아들 나홀이 아버지와 가족과 헤어질지언정 함께 갈 수 없다고 극력 반대하는 와중에서 실행된 것이었다. 따라서 이는 아버지 데라가 그의 남은 두 아들 중 나머지 한 아들과 헤어지면서까지 결행한 참으로 어려운 결정이었음을 보여준다. 물론 아들이 이러할 때는 그의 친척 부족들로부터도 만만찮은 반대가 있었을 것이다. 즉 데라와 아브람의 오늘 여정은 이 고대 사회에서 가장 중요한 생활 단위인 가족공동체가 분리되고 자신의 부족으로부터도 분리되는 참으로 모진 아픔과 어려움이 있는 길이었다. 그럼에도 불구하고 이들은 왜 이 길을 선택하는 것이었을까? 이는 이것을 통해 그들이 이루고자 하는 어떤 분명한 목표와 신념이 그들에게 있었다는 것을 보여준다. 어떤 어려움이 있을지라도 이것을 반드시 해야 하겠다는 굳은 결단이 있었다는 것도 알려주고 있다. 목숨을 잃을 각오까지도 서 있었기에 가능한 길이었다.

그러면 데라와 아브람의 이 결단은 과연 어떤 뜻을 담고 있는 것이었을까? 보다 잘 먹고 잘 살기 위한 새로운 삶의 기회를 찾고자 하는 것이었을까? 이에 대해서는 이들이 살던 갈대아 우르와 이들이 가고자 하는 가나안을 비교해 보면 알 수 있다. 당시 갈대아 우르의 메소포타미아 지역은 유프라테스 강과 티그리스 강이 만들어 내는 아주 비옥한 토양을 가지고 있었다. 이로 인해 이 지역은 고대의 찬란한 문명을 창출해내는 가장 좋은 삶의 조건을 갖추고 있었다. 반면 가나안은 물도 귀하고 평지도 적으며 또 거친 산지들로 이루어진 곳이었다. 메소포타미아나 당시 또 다른 문명권이었던 애굽과 비교해 보면 삶의 여건은 오히려 더욱 열악한 지역이었다. 결국 이들이 가나안으로 가고자 하는 선택은 보다 나은 삶의 터전을 찾아 나선 것이 아니었다. 반대로 좋은 터를 버리고 더 열악한 곳으로 이동해 가는 것이었다. 무언가 정신적인 신념을 실행에 옮기는 것이었음을 말해주고 있다.

아브람과 그 아버지 데라의 이와 같은 떠남은 모든 것을 버려두고 오직 하나 삶의 진실한 가치를 실행하기 위해 떠나는 것이었다. 자신의 신념이 아니라 당대 세계와 모든 사람들을 품고 가는 길이었다. 그 길은 자신들의 가족이 분리되는 아픔이 있었다. 모든 편안하고 안전한 사회적 보호막을 걷어버리고 저 앞날을 예측할 수 없는 광야로 떠나는 길이었다. 노아의 아들

셈도 살아 있고 아르박삿 셀라 에벨 등 다른 큰 어른들도 모두 살아 있고 그들이 분명 이 셈족을 이끌어 가고 있다. (※아브람이 가나안으로 떠나던 75세 때 셈의 나이 465세로 아직 135년의 생을 남기고 있었고 위의 다른 조상들도 마찬가지로 다 살아 있었다// 아르박삿 365세, 셀라 330세, 에벨 300세 등-25쪽 그림 참조). 그러므로 이들의 결정은 이러한 어른들로부터도 떠나는 것이었고 자기를 지켜줄 자기 족속으로부터도 떨어져 가는 것이었다. 오직 한 분 하나님께서 지켜주지 아니하시면 살아갈 수 없는.

신앙의 사람들은 그 선택이 분명히 다르다는 것을 보게 된다. 자신의 속에 분명한 소신이 있고 이를 이루기 위해 요구되는 결단이 있다. 이 결단은 데라와 아브람이 가족공동체가 나누어지는 아픔을 감내하는 것과도 같은 고통을 수반하기도 한다. 남이 다 간다고 그 길을 가는 것이 아니다. 누군가의 반대가 있고 도전과 훼방이 있다고 해서 그 꿈을 쉽게 포기하지도 않는다. 반드시 가야할 길을 정하고 그 한 길을 꿋꿋이 걸어갈 뿐이다.

오직 먹고 살며 더 잘 살기 위한 것만이 내게 주어진 삶의 시간과 생각과 지혜의 모든 목표일뿐인 오늘 우리 현대인들의 오그라든 삶의 모습을 본다. 삶의 진취적인 꿈과 기개와 의지는 흔적도 없이 사라져버렸다. 그렇게 한 쪽이 일그러진 삶의 모습 속에서 우리의 신앙 또한 숨쉴 틈을 찾지 못한 채 질식 상태에 있지는 아니한가?

남은 60년 세월이 (창 11:31-32)

자신의 가족공동체가 해체되고 사회적인 모든 안전판까지 걷어버리고 가나안을 향해 거의 2,000km 이상의 대장정을 시작한 데라와 아브람의 결단은 참으로 숭고했다. 당시의 원시적 조건들을 감안해 본다면 오늘 우리가 쉽게 실감할 수 있는 길이 아니다. 사소한 것들에 매여 무기력하게 살아가는 오늘 우리들의 삶 속에서 본다면 감히 엄두도 낼 수 없는 모습이다. 하지만 그들의 이 길에도 쉽지 않은 실패와 좌절이 있는 것을 성경은 우리에게 전해 준다.

> "데라가 그 아들 아브람과 하란의 아들 그 손자 롯과 그 자부 아브람의 아내 사래를 데리고 갈대아 우르에서 떠나 가나안 땅으로 가고자 하더니 하란에 이르러 거기 거하였으며 데라는 이백 오 세를 향수하고 하란에서 죽었더라" (:31-32)

분명 데라와 그 맏아들 아브람의 가고자 했던 목적지는 가나안이었다. 그런데 데라가 오늘 와서 머무는 곳은 가나안이 아닌 하란이라는 지역이었다. 그리고 그는 그 하란에서 죽고 만다. 가나안에 가지 못한 채로. 이유가 무엇이었을까? 병이 들었거나 늙어서 더 이상 움직일 수 없었기 때문일까?

이와 관련하여 우리가 보게 되는 것은 그의 죽음의 의미다. 하란에서 그의 아들 아브람은 마침내 가나안으로 들어가게 되는데 이 때 아브람의 나이 75세였다. 데라가 아브람을 낳은 때가 70세였으므로 데라는 145세였다. 그가 205세를 향수하고 죽었기 때문에 그는 아브람이 가나안으로 떠난 후 이 하란에서 60년을 더 생존해 있었다는 계산이 나온다.

어째서 그는 아브람과 함께 떠나지 아니하였으며 또 어째서 아브람은 아비를 홀로 남겨두고 혼자만의 여행을 하는 것이었을까? 만일 그가 늙어서 움직일 수 없었다면 그가 어떻게 이 먼 여행을 계획하고 떠나올 수 있었던 것일까? 만약 병들어 움직일 수 없는 것이라면 어떻게 아브람이 떠나간 뒤에도 60년을 더 생존할 수 있었던 것일까? 아브람은 또 어떻게 병든 아버지를 이 수만리 떨어진 타지에 홀로 내버려두고 떠날 수 있었단 말인가? 그 길이 아무리 급해도 아버지를 치료하고 함께 가야 하는 것이 아니었겠는가? 데라 자신을 놓고 보더라도 만일 그 열정이 그대로 있었더라면 그 뒤에라도 가나안을 향해 아브람을 뒤쫓아 가야 했던 것은 아닌가? 이에 대하여 우리는 데라에 관한 의미 있는 성경의 증거를 살펴볼 수가 있다.

"여호수아가 모든 백성에게 이르되 이스라엘 하나님 여호와의 말씀에 옛적에 너희 조상들 곧 아브라함의 아비, 나홀의 아비 데라가 강 저편에 거하여 다른 신들을 섬겼으나 내가 너희 조상 아브라함을 강 저편에서 이끌어내어 가나안으로 인도하여 온 땅을 두루 행하게 하고 그 씨를 번성케 하려고 그에게 이삭을 주었고"(수 24:2-3)

위의 말씀의 증거를 따르면 데라를 포함한 이스라엘의 조상들이 갈대아 우르에서 다른 신들을 섬겼다고 증거하고 있다. 여기서의 다른 신들이란 우상뿐 아니라 하나님 신앙 자체가 우상화되었다는 것을 우리는 성경의 여러 증거들을 통하여 알게 된다(민수기 22장에서 나타나는 발람의 사건이 이를 알려주는 대표적 사례다). 이 말씀에 따라 우리가 아브람과 그의 아버지 데라가 갈대아 우르를 떠난 그 결단의 사건에 대해 한 가지 분명히 깨닫게 되는 것이 있다. 그것은 가나안으로의 이동이 아버지 데라의 뜻이라기보다는 전적으로 그의 맏아들 아브람의 선택이었다는 점이다. 즉 가족을 우상 신앙에서 구하고 또 악의 근원인 가나안 땅에 참된 신앙의 진리를 전하기 위한 아브람 자신의 결단이었다. 아버지 데라는 맏아들의 설득과 강한 요청에 의해 함께 따랐던 것이다. 그런데 데라는 이 하란까지는 왔지만 더는 가기를 싫어하고 하란에 주저앉고 만 것이었다. 이러한 사실들에 대한 한 가지 더 의미 있는 증언이 있다.

> "스데반이 가로되 여러분 부형들이여 들으소서 우리 조상 아브라함이 하란에 있기 전 메소보다미아에 있을 때에 영광의 하나님이 그에게 보여 가라사대 네 고향과 친척을 떠나 내가 네게 보일 땅으로 가라 하시니 아브라함이 갈대아 사람의 땅을 떠나 하란에 거하다가 그 아비가 죽으매 하나님이 그를 거기서 너희 시방 거하는 이 땅으로 옮기셨느니라"(행 7:2-4)

여기서도 하란으로의 이동이 하나님의 특별한 부르심에 의해 아브람이 주도한 사건이라는 것을 증언하고 있다. 그런데 이와 아울러 하란에 주저앉은 데라에 관해 설명하기를 아브람이 하란을 떠날 때가 데라가 죽은 이후였다고 기록하고 있다. 정확한 연대기 계산으로는 아브람이 하란을 떠날 때에 데라의 나이 145세였고 그 후 60년을 더 그 땅에 생존하는 것이 분명하지만 이 말씀에서는 이미 그의 죽음을 선포하고 있는 것이다. 왜 이러한 차이가 있는 것일까? 성경의 오류인가? 이 점을 이해하기 위해 우리는 신앙 안에서의 죽음에 대한 성경의 이해를 좀더 구체적으로 알아볼 필요가 있다.

> "사데 교회의 사자에게 편지하기를 하나님의 일곱 영과 일곱 별을 가진 이가 가라사대 내가 네 행위를 아노니 네가 살았다 하는 이름은 가졌으나 죽은 자로다"(계 3:1)

예수님의 이 말씀은 육체적인 죽음만이 죽음이 아니라 육체적으로는 살아있으나 영적으로 죽은 영적 죽음이 있다는 것을 말씀하신다. 이에 비추어 이해해 보면 데라가 아직 하란에 살아있으나 죽었다고 말하는 것은 하나님의 명령에 순종하여 아브람과 함께 떠나기를 포기하고 주저앉아 있는 것 자체를 이미 죽음이라고 말씀하는 것을 알 수 있다. 그의 육체적 생명이 어떠하든지 간에 이미 신앙 안에서 영적으로 죽은 것이다. 데라가 아브람과 함께 가나안 땅에서의 사역을 위해 좇아 나선 것은 생명의 선택이었다. 하지만 무언가 데라 스스로 이 길을 포기하게 하는 요인이 있었다. 그것은 그가 이 길을 떠나올 때 미처 생각하지 못하였던 여러 가지 어려움들이었다고 할 수 있다. 혹 하란에서 보고 느낀 가나안 땅 자체가 그에게 두려움의 대상이었을 수도 있었다. 그러나 그 이유가 어떠하였든지 간에 그가 그 신앙의 길을 끝까지 가지 못하고 스스로 포기하고 도중에 주저앉아 버렸을 때 그것은 그대로 영적인 사망으로 이어져 버렸던 것이다.

오늘날도 얼마나 많은 사람들이 이 복된 신앙의 길을 힘차게 출발을 하지만 그 끝맺음을 다하지 못한 채로 주저앉아 있는지 눈을 들어 살펴보면 알 수 있다. 성령의 소욕을 이루는 것이 아니라 육체의 소욕을 이루기 위해 경건을 자기 이익의 수단으로 삼는 자들이 참으로 많다는 것을 성경은 증거하고 있다. 신앙에는 결단을 요구하는 순간들이 항상 누구에게나 있다. 하지만 아예 시도도 못한 채 항상 주눅들려 살아가는 자들이 있고 늘 머뭇거리기만 하는 자들도 있다. 결단을 하나 작은 어려움도 이기지 못하고 돌아서 버리는 자들도 있다("데마는 이 세상을 사랑하여 나를 버리고 데살로니가로 갔고…" 딤후 4:10). 반면 결단을 하고 끝까지 걸어가는 신앙인들은 극히 적다. 우리가 이것을 인식하고 있지 못하기에 우리의 신앙은 이렇게 힘이 없고 분별력이 없다.

데라는 하란에서 60년을 더 생존한다. 그 60년이 얼마나 편하였을까? 얼마나 더 살만한 것이었을까? 하지만 그가 비록 왕과 같은 삶을 살았다고 할지라도 그 60년은 허무하게 사라져 버린 시간이었다. 무엇보다도 그 60년은 가장 영광스런 은혜를 상실한 시간이었다. 아브람과 더불어 위대한 믿음의 사람으로 기념될 수 있는 기회를 스스로 포기한 시간들이었다. 가나안에서의 고난이 두려워 그 길을 포기하였다면 그 고난 속에 보석처럼 담겨있는 하나님의 은혜와 영광을 함께 버린 것이었다.

여기 핍박과 환난 가운데 처해 있던 소아시아의 일곱 교회를 향한 주님의 말씀이 있다.

- 에베소 교회 ; "이기는 그에게는 내가 하나님의 낙원에 있는 생명나무의 과실을 주어 먹게 하리라"(계 2:7)
- 서머나 교회 ; "이기는 자는 둘째 사망의 해를 받지 아니하리라"(계 2:11)
- 버가모 교회 ; "이기는 그에게는 내가 감추었던 만나를 주고 또 흰 돌을 줄 터인데 그 돌 위에 새 이름을 기록한 것이 있나니 받는 자밖에는 그 이름을 알 사람이 없느니라"(계 2:17)

- 두아디라 교회 ; "이기는 자와 끝까지 내 일을 지키는 그에게 만국을 다스리는 권세를 주리니"(계 2:26)
- 사데 교회 ; "이기는 자는 이와 같이 흰 옷을 입을 것이요 내가 그 이름을 생명책에서 반드시 흐리지 아니하고 그 이름을 내 아버지 앞과 그 천사들 앞에서 시인하리라"(계 3:5)
- 빌라델비아 교회 ; "이기는 자는 내 하나님 성전에 기둥이 되게 하리니 "(계 3:12)
- 라오디게아 교회 ; "이기는 그에게는 내가 내 보좌에 함께 앉게 하여 주기를 내가 이기고 아버지 보좌에 함께 앉은 것과 같이 하리라"(계 3:21)

교회를 향한 거친 도전이 안과 밖에서 태풍처럼 밀려오고 있었다. 밖으로는 예수를 그리스도라 믿고 그의 가르침을 따르는 자들을 잔인하게 죽이려고 하는 시도가 로마에 의해 가해져 왔다. 또 안으로는 신앙의 순수성을 파괴하려는 사단의 책동이 끊임없이 교회를 뒤흔들고 있었다. 주님은 이런 위기 앞에서 끝까지 믿음을 지키고 또 이 싸움을 이겨야 한다는 것을 강조하신다. 신앙 안에 죄와의 싸움이 있고 이 싸움에서 질 수도 있다는 것과 진 자들이 많다는 것을 알려주신다. 신앙의 역사가 이를 증거한다. 그러므로 결코 질 수 없다는 부담과 반드시 이겨야만 하는 신앙의 책임과 과제가 우리에게 있음을 가르쳐주고 있다. 시작이 문제가 아니라 마지막 순간까지 가기 위해 끝없이 자기를 돌아보고 준비하는 것이야말로 더욱 더욱 중요하지 아니한가?

누가 떠날 수 있는가? (창 12:1)

"여호와께서 아브람에게 이르시되 너는 너의 본토 친척 아비 집을 떠나 내가 네게 지시할 땅으로 가라"(:1)

*"너는 너의 본토 친척 아비 집을 떠나 내가 네게 지시할 땅으로 가라"*는 하나님의 명령. 이는 지금까지 살아온 고향 땅을 떠나라는 것이요 고향 땅의 모든 가족 친척들과 헤어지라는 것이며 지금까지 먹고 살아왔던 모든 삶의 근거 수단들도 다 버리라는 말씀이다. 지금까지 나를 지켜주고 삶의 터전이 되었던 모든 사회 보호막으로부터도 벗어나라는 뜻이었다. 이 명령을 받은 지금 아브람의 나이는 75세였다. 당시 결혼 적령기가 30세 전후였다는 사실로 비추어 볼 때 아브람 자신 이미 그 고향에 견고히 뿌리박고 살아가는 한 생활인이었다. 나이로 볼 때도 쉽게 모험적인 일을 시도할 만큼 젊은 때도 아니었다. 오히려 생활의 안정을 도모하고 평안한 삶을 꿈꾸는 것이 당연한 때였다.

더군다나 아브람은 아버지 데라와 함께 고향 갈대아 우르를 떠나 지금 하란에 머무르고 있다. 그가 이곳을 떠난다는 것은 아버지 데라를 홀로 이 이방 땅에 남겨두고 떠나는 일이 되기도 하였다. 형제 친척과 고향을 이미 떠난 그였기에 여기서 아버지마저도 떠난다는 것은 장남으로서 결코 쉽지 않은 선택이었다. 그러나 이 모든 어려움에도 불구하고 어느 날 하나님의 떠나라는 명령이 있었고 그는 이에 순종한 것이었다.

그러면 그는 도대체 어떠한 사람이기에 이렇게 위대한 일을 행하도록 하나님의 부르심을 받을 수 있는 것이었을까? 하나님은 과연 어떤 사람에게 이러한 명령을 내리시고 또 어떠한 사람이라야 그 명령에 순종할 수 있게 되는 것일까? 아브람은 아무 신앙적인 배경도 없이 그저 평범하게 살던 한 노인인데 자신의 의지와는 전혀 상관도 없이 어느 날 갑자기 그렇게 부름을 받고 이러한 위대한 인물이 되었는가? 그가 이 부름에 응답하기 이전 그의 삶에 대해 성경은 오직 한 가지 단서를 밝혀 놓고 있다. 곧 노아로부터 흘러오는 연대기를 통해 그가 노아와 갖고 있는 관계성을 설명하고 있다.

〈 그림 1 〉

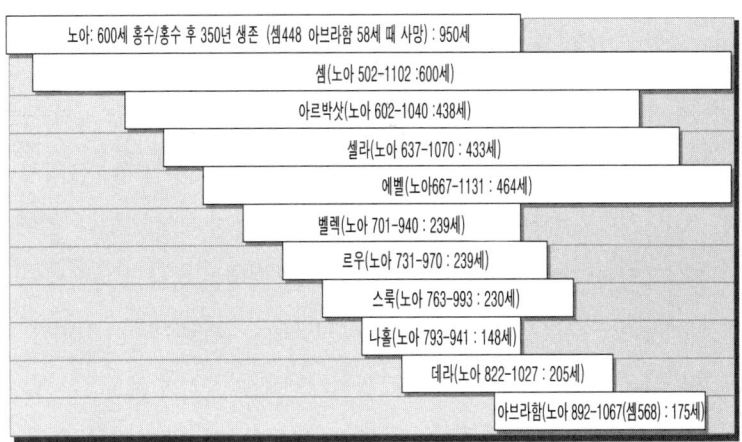

위의 족보는 아브람이 이미 노아와의 직접적인 대면을 통해 그 홍수 때의 구원 신앙을 직접 이어받은 인물이었다는 것을 알려준다(아브람이 태어난 것은 홍수 후 292년 노아 892세 때였고 노아는 아브람 58세 때 950세

로 사망한다. 아브람이 하란을 떠나 가나안으로 간 것은 75세 때의 일이었다. 곧 그는 노아가 죽던 58세 이후 75세 사이에 갈대아 우르를 떠나 하란으로 갔다). 노아는 아담 사후 126년, 에녹 승천 후 69년에 태어난 인물로 아담 당시의 신앙을 그대로 이어받은 자였다(그림2 참조). 이런 점에서 보면 아브람은 노아를 통해 아담 당시의 창조와 구원 섭리의 신앙을 정통으로 이어받은 자였다. 즉 그는 신앙에 대해 아무것도 모른 채 어느 날 갑자기 무조건적인 부름을 받고 신앙의 사람으로 변화된 것이 아니었다. 노아의 직계 자손으로서 이미 58세의 나이가 되기까지 노아로부터 직접 아담 이래의 신앙의 가르침과 연단을 받고 그렇게 신앙의 열정을 간직한 하나님의 사람이었다. 그리고 그 신앙의 열정이 가나안 땅으로 가고자 하는 열망을 소유하게 만들었고 그래서 그 고향 갈대아 우르를 이미 떠나 이 하란이라는 곳에 와 있었던 것이다.

성경의 역사를 자세히 살펴보면 하나님은 전혀 준비되지 않은 사람을 어느 날 갑자기 불러 그의 의지와는 전혀 상관없이 기계적으로 신앙의 사역을 감당하게 한 사실은 단 한 번도 발견할 수 없다. 철저하게 준비된 사람, 삶의 현장에서 그 신앙이 분명히 확인된 사람을 하나님은 언제나 불러서 쓰셨다. 그리고 이 준비된 사람들에게 나타나는 한 가지 특징이 있다. 그것은 비록 현실적인 한계에 가로막혀 있을지라도 그 속에는 하나님 나라의 일을 행하고자 하는 드러나지 않는 열정이 끓어오르는 사람들이라는 점이다. 그리고 하나님의 부르심은 이들이 안타까워하는 현실적인 한계를 극복할 수 있는 힘을 이들에게 공급해 준다. 더불어 나타나는 한 가지 특징은 이 부르심이 있기까지 이들은 스스로 부름 받았다고 자처하고 함부로 나서지 않는다는 사실이다. 이 부르심이 있을 때에라도 이들은 그것을 확인하고 또 확인한다. 그리고 그것이 일단 확인되면 태산 같은 의지로 흔들리지 않고 주어진 사명을 감당해 간다. 이것이 성경에 등장하는 하나님의 사람들의 한결같은 모습이다.

준비되어 있고 뜻이 있으며 열정이 있는 사람, 그런 사람이라야 쓰임 받고자 하는 대로 최선을 다해 노력하며 준비한다. 그 뜻하고 주어진 바를 이루기 위해 어떤 어려움도 극복한다. 쉽게 무릎 꿇고 포기하지 않는다. 그러나 이것이 없는 자는 언제든 현실과 타협할 준비가 되어 있다. 옳고 그름이 아니라 내 유익만이 삶의 절대 가치요 판단 기준이다. 불의인 줄 알면서도 묵인하고 자신도 행하며 또 선인 줄 알면서도 외면하고 핍박하는 것을 마다하지 않는다. 지금 당장 필요하다면 사람의 비굴한 종노릇하는 것도 결코 주저하지 않는다. 오히려 종노릇할 자를 찾아다닌다.

오늘 우리의 싸움은 하늘의 악한 영들과 공중 권세 잡은 자들과 세상 권세들과의 영적 전쟁이다. 교육과 훈련 그리고 이것이 가져다주는 절제된 열망이 얼마나 중요한 지를 새삼 깨닫게 된다.

〈 그림 2 〉

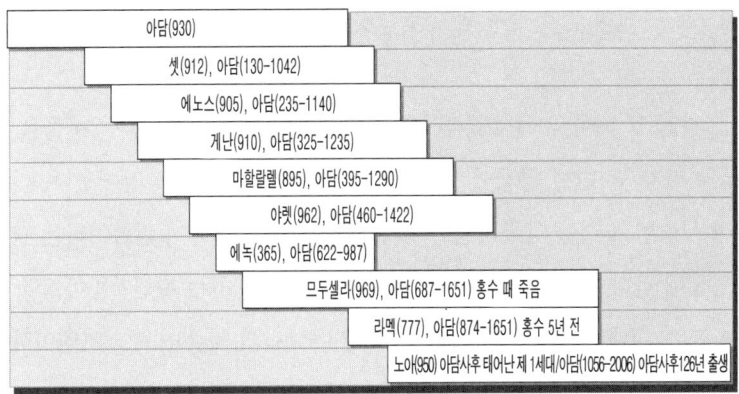

제1부 도전과 실패와 역경 속에서

자식도 하나 없는데 (창 12:2)

"내가 너로 큰 민족을 이루고 네게 복을 주어 네 이름을 창대케 하리니 너는 복의 근원이 될찌라"(:2)

그러면 이제 아브람을 부르신 하나님께서 그에게 주시는 약속의 말씀을 들어본다. "내가 너로 큰 민족을 이루고…" 언뜻 들어보면 대단한 축복이 여기에 담겨져 있는 것 같이 느껴지는 말씀이다. 그런데 한 번 생각해 보라. 과연 아브람이 처해 있는 상황은 이 약속이 현실감 있게 느껴질 수 있는 것인지. 지금 그의 나이 75세요, 결혼한 지 40여년의 세월이 지났다. 민족을 기대할 만한 씨앗 될 자녀가 하나라도 있기나 한 것인가? 단 한 명의 자녀도 없다. 훗날 그의 나이 100세 그리고 그의 아내 사라 90세 때에 그야말로 기적으로 간신히 한 아들을 얻지만 그것으로 끝이었다.

그리고 그 외아들 이삭일지라도 40세에 결혼하나 20년 동안 아들을 얻지 못하다가 단 한번 쌍둥이 형제를 낳고 그도 그것으로 그만이었다. 더욱이 한 사람이 자녀를 아무리 많이 낳는다 할지라도 그들이 민족이라는 단위로 성장해 간다는 것은 얼마나 많은 세월을 필요로 하는 것인가? 아브람 당대나 자손 수대만이라도 가능한 일인가? 아브람의 자손이 이스라엘이라는 하나의 민족으로 성장해 신앙의 역사에 의미 있게 등장하는 출애굽의 시점까지를 놓고 본다면 620년의 세월이 소요되었다. 지금 현재의 아브람의 처지나 또 민족이 되기까지의 걸리는 시간을 생각해 보면 **"내가 너로 큰 민족을 이루겠다"**라는 말씀은 전혀 현실감 있게 받아들일 수 있는 내용이 아니다. 즉 이 약속은 아브람 자신과 그 당대의 역사와는 전혀 상관없는 말씀이었다.

그렇다면 하나님은 왜 아브람 자신의 개인적 인생이나 그 당대 역사와는 아무 관련 없는 약속을 주시는 것인가? 또 아브람은 어떻게 이 말씀을 의미 있게 받아들이는 것일까? 바로 여기에서 우리는 아브람에 대한 하나님의 부르심의 섭리를 발견하게 된다.

그것은 첫째로 이제 부름 받은 아브람의 인생은 아직은 눈에 보이지 않을지라도 장차 이루어질 먼 훗날의 자손들을 바라보고 그들까지 품고 나아가야 하는 인생이라는 것을 가르쳐준다. 곧 그 먼 훗날에 되어질 일들을 위한 씨 뿌리는 자로서의 사명이 이 부르심 안에 있다. 자신의 인생만을 놓고 보면 작은 일에도 일희일비 할 수밖에 없고 사소한 일에도 실망하며 무릎 꿇을 수 있다. 하지만 멀리 바라본다면 뒤에 올 나의 자손들이 앞서간 나를 보고 판단할 것을 생각하면 결코 부끄러운 선택을 할 수가 없게 된다. 마치 오늘 나의 자녀들이 보는 앞에서 부모로서의 욕된 모습을 보일 수 없는 것과 같다. 곧 하나님은 이 부르심을 통해 이제부터 너는 너의 후손들을 위해 올바른 삶을 살며 그 삶을 후손들에게 가르쳐 전할 것을 요구하신다. 바로 이것이 그의 인생의 가치와 품위와 권위를 스스로 높이는 길이기도 하였기 때문이다.

대체로 우리의 인생은 내 당대의 시간에 초점을 맞추어 현실의 여러 조건들 속에서만 삶을 계획하고 살아간다. 나의 때 이후의 먼 훗날까지 바라보는 안목을 갖지 못한다. 혹 먼 미래까지 바라본다고 할지라도 삶의 선택은 언제나 지금 현재에 매일 수밖에 없다. 때로 먼 장래에 반드시 필요하다고 판단되는 것이 있다고 할지라도 지금 급하지 않다면 그 선택은 언제나 뒤로 미루어진다. 지금 당장의 희생을 싫어하기 때문이다. 그러므로 미래를 바라보는 안목이 없다면 지금 현실의 어려움을 견뎌내며 씨 뿌리는 수고를 할 수 없다. 이러한 우리 인생의 한계를 잘 아는 하나님이기에 아브람에게 이 약속을 주시는 것이다. 지금 현재의 고난과 아픔이 있을지라도 참고 이겨낼 것과 고난 같은 수고가 요구될 때에도 기꺼이 감당하라는 권면이다.

더불어 이 약속은 아브람 자신의 능력으로 볼 때는 도저히 실현불가능한 일이다. 꿈도 꿀 수 없는 일이다. 그러기에 하나님은 이 약속을 통해 그 무엇보다 이 일들을 계획하고 이루는 이는 여호와 하나님이라는 사실을 분명히 전하신다. 동시에 너는 나 하나님의 능력에 대한 확신을 갖고 순종할 것을 요구하신다. 세상을 보지 말며 인생들도 보지 말고 전지전능의 하나님만을 따르라고 하신다. 때로 인생은 어떤 한계 상황에 부닥치게 될 때 쉽게 유혹 받는 것이 있다. 그것은 바로 옆의 힘있는 인간에게 의탁하고자 하는 마음이다. 그냥 손쉽게 현실이 요구하는 여러 상황 속으로 빠져들고자 한다. 바로 그것 때문에 비굴하게 아첨하기도 하고 해서는 안 될 일들을 저지르기도 한다. 전지전능한 하나님에 대한 절대적인 신뢰가 없다면 언제든 생길 수 있는 상황이다.

그러므로 우리는 이러한 사실들로부터 우리의 신앙이 우리에게 주는 놀라운 사실들과 힘을 본다. 그것은 먼저 우리의 신앙은 우리가 보지 못하는 먼 미래까지 바라보게 한다는 사실이며 또 보지 못할 대상들도 보게 한다는 것이다. 그리고 더 나아가서는 이길 수 없는 현재의 고난들까지도 견뎌내고 이길 수 있게 한다. 비록 몸은 이 땅과 현실의 시간에 매여 있을지라도 우리의 삶 자체는 한 차원 다른 세계를 살게 된다. 남들이 보지 못하는 것들을 보며 감히 꾸지 못하는 꿈을 꾸며 이루지 못하는 것들을 이루는 인생을 살고자 하는 열망에 사로잡히게 된다. **"그 후에 내가 내 신을 만민에게 부어 주리니 너희 자녀들이 장래 일을 말할 것이며 너희 늙은이는 꿈을 꾸며 너희 젊은이는 이상을 볼 것이며"**(욜 2:28)

이러한 신앙의 세계를 살게 될 때 거기에 참된 희생과 헌신과 인내와 충성이 있지 않겠는가? 눈 앞에 있는 것들에 매여 울고 웃는 얕은 인생, 가벼운 신앙이 아니라 속 깊은 인생과 무게 있는 신앙이 나타나오지 않겠는가? 과연 오늘 내가 꿈꾸는 시간의 세계는 어디까지이며 내가 품고 바라보는 대상은 또 누구이며 나의 신앙의 무게와 인생의 깊이는 어느 정도인지 살펴보자.

그 이름이 창대케 됨은 (창 12:2)

"…네게 복을 주어 네 이름을 창대케 하리니 너는 복의 근원이 될지라"(:2)

여기서 이름을 창대케 하신다는 말씀의 의미는 무엇인가? 이것은 아브람의 이름이 뒤에 올 후손들과 온 세상에 널리 알려진다는 것과 모든 민족 모든 사람들로부터 크게 존경받고 늘 기억되는 인물이 되리라는 의미를 담고 있다. 너무나도 큰 축복의 말씀이다. 사람이 이 세상을 살다가 누구나 다 죽고 사라지지만 과연 그 이름을 영원히 남기고 그렇게 오래도록 존경과 사랑을 받는 사람이 누구일까? 오늘도 수많은 사람들이 죽어가지만 그 아들 딸들을 지나 자손 대대로 그 이름이 기억될 수 있는 사람은 극히 적다. 오히려 그 이름을 후손들에게 감추고 싶은 인생들은 많아도. 하물며 그 집안 자손들만이 아니라 오고 오는 모든 사람들이 그 이름을 기억하고 추앙한다면 이보다 더 크고 놀라운 복이 어디 있겠는가?

그러면 아브람의 이름이 영원히 기억되고 존경받게 되는 것은 어떤 이유에서일까? 오늘 우리가 이런 약속의 말씀을 듣는다면 과연 무엇을 기대할 수 있을까? 그것은 첫째 큰 권력을 얻어 넓은 땅과 많은 사람들을 다스리며 영광을 얻는 것을 생각할 수 있다. 둘째는 거부가 되어 부귀와 영화를 누리는 것을 꿈꿀 수도 있다. 셋째는 많은 학문을 하여 큰 명예를 얻는 것을 바라볼 수 있다. 넷째는 타인을 위한 헌신과 희생적인 삶으로 존경받게 되는 것을 그려볼 수도 있다. 실제로 이런 것들이 이 세상에서 우리의 이름을 빛나게 하는 중요한 요인들이다.

그러면 실제 아브람의 인생은 어떠했는가? 권력과는 거리가 먼 인생이었다. 또 부자였지만 부귀영화와는 상관없는 삶이었다. 소유한 땅 한 평 없는 나그네의 삶을 살았다. 학식과 재능과 명예 등은 고려해 볼 여지가 없는 사회였다. 그렇다면 그의 이름이 크게 기억되고 존경받으며 세월이 지날수록 창대케 되는 것은 무엇을 통해서였는가? 그것은 오직 하나 이 땅에 사는 모든 사람들을 위한 너무나도 순수하고 열정적인 믿음 하나 때문이었다. 그들 모두에게 그들의 조상이 잃어버린 구원의 은총을 전하고자 하는 헌신과 희생의 삶이었다. 특히 그의 삶이 남긴 믿음의 열매는 그 당대의 사건으로 끝난 것이 아니라 오늘까지 4000년 동안 계속 이어져 오며 또 더욱 확장되어져 온 결과를 가지고 있다. 즉 그의 이름이 창대케 되어진 것은 그 한 사람의 위대성을 기념하는 사건이 아니다. 그의 행한 일이 죽음과 더불어 혹은 그 후 일정 시간이 지나 끝이 난 것이 아니라 세월이 지나며 그 생명력이 사람들 속에서 더욱 확대되고 깊이를 더해온 실질적인 결과를 담고 있다.

오늘날 역사가 기념하고 있는 어떤 위대한 인물이 있다고 하자. 그들이 행한 거의 모든 일은 그의 죽음과 더불어 끝이 났다. 남은 것은 과거 한 때에 그가 어떤 일을 행하였다고 하는 사실 하나 뿐이다. 지속적으로 오늘날까지 이어져 오며 실질적인 영향을 미치는 경우는 없다. 그러나 아브람은 오늘날까지도 믿음의 조상으로 추앙 받으며 우리의 삶에 실질적인 영향을 미치고 있다. 인간의 구원을 위한 하나님의 은총을 4000년의 시간을 지난 오늘까지도 전하고 있다. 이 점에서 아브람의 위대성은 전혀 다른 차원을 가지고 있다.

그러면 여기서 우리는 또 다른 한 믿음을 생각해 보게 된다. 그것은 노아에게서 동일한 구원의 믿음을 이어받은 저 메소포타미아 지역을 중심으로 존재하고 있는 셈 족속의 믿음이다. 아브람이 175세의 나이로 죽을 때에도 노아의 첫째 아들 셈은 565세로 그 곳에 살아 신앙의 조상으로 건재하고 있었다. 이 셈 족속의 신앙은 훗날 아브람이 아들 이삭을 위하여 그의 아내를 선택할 때 그의 고향 땅 가족들에게서 그대로 확인되고 있다. 분명 여호와 하나님에 대한 믿음은 그곳에 그대로 존재하고 있었다. 그런데 아브람의 믿음은 오늘까지 우리에게 전해져 오는 반면 그 땅 셈 족속의 믿음은 어디로 사라져 버린 것이었을까? 분명 아브람에게 이 구원의 신앙을 전해준 것은 노아와 그의 첫 아들 셈이었다. 그 셈도 아직 아브람과 같은 동시대를 살고 있었으며 아브람이 죽은 이후까지도 더 오래 살다 죽었다. 하지만 왜 그를 통해서는 믿음이 전해져 오지 않고 신앙의 역사에서 사라진 것이었을까?

아브람의 믿음이 해를 더할수록 창대케 되는 신앙이었다면 셈의 믿음은 사라져 버린 신앙이었다. 똑같은 믿음이었다. 홍수 사건을 놓고 본다면 셈은 그것을 직접 겪었고 당대 인류 중에서 살아난 유일한 사람 중 하나였다. 아버지 노아에게 있던 구원 신앙을 바로 곁에서 일평생 지켜본 목격자였다. 아브람은 다만 그것들을 귀로 듣고 배운 자에 불과하였다. 과연 누구의 믿음이 더 생명력이 있어야 하겠는가? 그런데 이상하게도 당연히 살아있어야 할 셈의 신앙이 소멸되어졌고 아브람의 신앙만이 오늘까지 전해져 온 것이다.

아브람의 신앙은 무엇이었고 아브람을 제외한 셈과 셈족의 신앙은 무엇이었는가? 이 점에서 우리는 이 아브람의 신앙을 다시 생각해 본다. 세속적 권력과도 인생의 부귀영화나 명예와도 상관없는 것이 그의 삶이었다. 유업으로 남길 땅 한 평 없는 것이 그의 삶이었다. 오직 하나 자기를 부인한 채 이 땅에 사는 모든 사람들을 위한 하나님의 구원의 은총을 전파하기 위해 한 평생 살다가 죽은 자였다. 반면 셈 족속의 신앙은 어떠하였는가? 야곱이 만났던 외삼촌 라반, 그도 셈족의 하나님 신앙을 소유한 자였고 셈과 함께 동시대를 산 인물이었다. 그를 통해 보는 하나님 신앙은 드라빔과 같은 우상이 그 속에 들어와 있었다. 그리고 그 삶은 오직 맹목적으로 물질을 추구하는 탐욕적인 것이었다. 즉 아브람은 오직 하나 그 신앙 속에 구원이라는 신앙의 본질적인 은혜만을 담고 있었던 반면 셈의 신앙은 부귀영화와 세속적인 가치들을 더 중요하게 추구하는 것으로 변질되어졌다. 오늘 이 땅의 신앙과 거의 똑같은 모습이었다.

하나님께서 왜 아브람의 이름이 영원히 기념되고 더욱 널리 알려져 가며 존경받는 인물이 되리라고 하시는 것일까? 바로 이와 같은 그의 믿음의 중심을 보셨기 때문이었다. 즉 그의 이름이 창대케 되고 그의 인생이 모든 사람들로부터 더할 수 없이 귀하게 여김 받게 되는 것도 바로 이 믿음에 의해서였다. 그리고 그 믿음은 그의 당대로 끊어지는 믿음이 아니라 해를 거듭할수록 그 생명력이 더해지고 왕성해져 가는 순수한 구원의 신앙이었다.

이 세상을 다 살고 난 이후 내 죽은 다음에 나의 이름이 후손들에게서 오래도록 소중하게 기억되기를 원하는가 아니면 무덤의 흙도 채 마르기 전에 무덤 자리조차 찾을 수 없는 존재가 되기를 원하는가? 자손들이 모일 때마다 나를 존경하여 기념할 수 있다면, 후손에게 자긍심을 심어주며 조상을 닮고자 하는 소망을 심어줄 수 있다면, 그리고 그 남긴 유업으로 인한 은혜가 그들의 삶 속에서 마르지 않는 샘물처럼 솟아날 수 있다면 우리의 인생은 죽음 뒤에 더욱 아름다워질 수 있을 것이다.

오늘 우리 부모들의 이름은 자손 한 두 대도 가기 전에 잊혀지고 마는 것이 현실이다. 때로는 자기 자녀들에게조차 존경받지 못하고 미움의 대상이 되기도 한다. 탐욕적이고 이기적이며 악하기까지 한 삶이 자녀들의 순수한 눈에 너무 고통스럽게 비쳐진 결과들이다. 왜 우리의 신앙일지라도 이 놀라운 믿음의 열매를 꽃피우지 못하고 그 믿음을 유업으로 이어주지도 못한 채 때로는 조소와 경멸의 대상이 되고 마는 것인지.

4000년 전의 인물이다. 과연 오늘 기억되는 4000년 전의 인물이 있는가? 그 오랜 기간 동안 인간의 영혼에 아브람처럼 깊은 영향을 미치는 자가 있는가? 아브람을 대한 하나님의 약속은 사실 그대로 성취되어 오늘 우리들에게 확인되고 있다. 한 인간을 대한 하나님의 은혜가 얼마나 놀라운 것인지 우리는 본다. 아브람의 이 창대케 된 신앙이 오늘 우리들의 속에서도 자라나기를 소망하며 힘껏 달려가야 하지 않겠는가? 나의 이름이 신앙의 순수한 본질을 찾아 간직하고 전해 주는 신앙인으로서 내 당대만이 아니라 오히려 나의 후손들과 우리의 이웃들 속에서 더욱 오래 기억되고 기념되어져야 하지 않겠는가?

고난의 신학 (창 12:3)

　　아브람이 자손 만대에 이르기까지 잊혀지지 않고 기억되며 크게 존경받는 인물이 되는 이유는 권력이나 부나 학문이나 명예 혹은 인품 때문이 아니었다. 오직 하나, 하나님에 대한 구원의 신앙을 후대에까지 전한 그 순전한 믿음 때문이었다. 부를 물려주는 부모도 많고 권세나 명예나 학문을 유업으로 물려주는 부모들도 많으나 그것들이 그 후손들을 복되게 한 것은 아니었다. 오히려 그것으로 인해 그 당대든지 후대든지 인생을 망친 사람들이 얼마나 많은지. 천지를 지으신 하나님을 알려주고 그 한 분만을 의뢰하여 그 분의 신실한 도우심과 보호를 받도록 하는 일이야말로 자손으로 가장 복되게 하는 것이 아니겠는가? 즉 아브람의 사명은 하나님을 향한 온전한 구원의 신앙을 이 땅에 전파하는 것이었다. 이를 통해 온 족속들이 이 구원의 신앙을 접하고 천국을 소유하며 완전한 하나님의 은혜를 누리도록 하는 것이었다. 너는 복의 근원이 될지라는 말씀은 바로 이러한 의미들을 담고 있다.

　　"너를 축복하는 자에게는 내가 복을 내리고 너를 저주하는 자에게는 내가 저주하리니 땅의 모든 족속이 너를 인하여 복을 얻을 것이니라 하신지라"(:3)

가나안 땅에 들어온 아브람. 그가 꿈꾸었고 또 하나님께서 부여해 주신 사명은 이 가나안 땅에 대한 복음전도였다. 그러면 문제는 과연 이 가나안 족속들이 아브람이라는 한 이방인의 활동에 대해 어떻게 반응할까 하는 점이다. **"너를 축복하는 자에게는 내가 복을 내리고"** 라는 말씀이 바로 이 부분에 대한 내용을 담고 있다. 가나안 땅에서 이방인인 아브람을 축복하는 자는 과연 누구이며 축복하는 이유는 무엇일까? 보통 우리가 남을 축복한다고 할 때 특히 전혀 낯선 사람을 대한 경우에 어떻게 그런 축복하고자 하는 마음이 일어날 수 있는 것일까? 그것은 무엇보다도 그 대상에 대한 절대적인 감사가 전제된다. 즉 그 축복의 대상으로부터 내가 감당할 수 없을 만큼의 은혜를 입었을 경우에 우리는 그 고마움과 감사를 복을 기원해 주는 것으로 대신한다.

그러면 아브람이 그들로부터 축복받게 되는 것은 왜이며 또 그들이 아브람으로부터 받은 은혜는 무엇인가? 또 더 나아가 그를 위해 복을 기원한다고 할 때 이것은 어떤 존재를 향해 복을 비는 것일까? 아무 신이나 우상까지도 이 복을 비는 기원의 대상이 될 수 있는 것일까? **"너를 축복하는 자에게는 내가 복을 내리고"** 라는 말씀은 하나님께서 아브람을 위해 복을 빌어주는 자에게 복을 내리시겠다는 말씀이다. 하나님께서 이 땅의 그 누구에게 복을 내려 주신다고 할 때 그는 어떤 사람이라야 하는가? 그것은 반드시 하나님을 향한 구원의 신앙을 소유한 사람이다. 전혀 신앙도 없는 사람 더더군다나 우상을 향해 복을 비는 사람에게 하나님께서 복을 내려주신다는 것은 있을 수 없다.

결국 **"너를 축복하는 자"** 란 아브람을 통한 이 구원의 신앙을 받아들인 자다. 그 고마움과 감사를 그를 위해 하나님께 복을 비는 것으로 표현하는 자를 의미한다. 그리고 이러한 사람에게 하나님은 당신의 은혜를 더하여 주시겠다고 약속해 주신다. 이는 이제부터의 아브람의 삶이 많은 사람에게 하나님의 무한한 복을 실어나르는 삶이 될 것임을 알려주시는 것이다. 동시에 어느 때이든 아브람을 통해 믿는 자들이 생겨나고 아브람의 사역에 많은 적든 믿음의 열매들이 맺혀지게 되리라는 약속의 말씀이다.

하나님의 일을 감당하는 자에게 있어서 반드시 있어야 하는 믿음이 있다. 그것은 나의 수고를 통해 그 누군가가 세상이 줄 수 없는 하나님의 놀라운 복을 받아 누리게 되리라는 점이다. 나의 수고가 참으로 귀하고 아름다운 열매들을 맺게 되리라는 확신이다. 나는 힘들고 어려울지라도 나의 삶이 누군가에게 말할 수 없는 든든한 힘을 주고 위로를 줄 수 있다면 그것이야말로 우리 인생이 추구할만한 가치가 아니겠는가? 이러한 믿음과 소망이 있을 때 우리의 가슴은 이 사역을 기쁨으로 감당하고자 하는 열망이 가득하게 된다. 그 채워질 날을 바라보며 오늘을 인내할 수 있게 되는 것이다. 오늘 성도들이 하나님의 일에 소극적이고 조그마한 어려움도 못 견뎌 하는 것은 그들의 마음 속에 이러한 열망이 없다는 것을 반증하는 것이기도 하다. 이러한 성도들에게 있어 회복해야만 하는 신앙은 바로 **"너를 축복하는 자에게는 내가 복을 내리고"**라는 말씀의 약속에 대한 진지한 신뢰다.

그러면 **"너를 저주하는 자에게는 내가 저주하리니"**라는 말씀의 의미는 무엇인가? 위와 같은 이해의 흐름을 따라가 본다면 이는 아브람으로부터 전해져 오는 구원의 신앙을 싫어하고 거부하는 자들이 있으리라는 것을 나타낸다. 나아가 아브람을 적대하고 그 사역을 훼방하는 자들도 있으리라는 말씀이다. 아브람의 걸어가는 길에 늘 좋은 일만 있는 것이 아니라 때로는 이와 같은 거친 어려움도 있으리라는 것을 미리 알려주심이다. 그러면서 동시에 이러한 자들을 대해 **"내가 저주하리니"**라는 하나님의 말씀은 그렇게 거친 도전을 걸어오는 자들을 대해 하나님께서 직접 벌하시겠다는 의미를 담고 있다. 그 싸움은 너 혼자만의 싸움이 아니라 내가 함께 하는 싸움이니 너는 두려워 말라고 하시는 것이다. 어떤 어려움에도 물러서지 말고 너의 일을 끝까지 계속 하라고 하는 격려의 말씀이다.

성도의 걸어가는 길과 그 행하는 사역에는 늘 기쁘고 좋은 일만 있는 것은 아니다. 순간 순간 예기치 못한 방해와 거친 도전들이 있다는 것을 늘 생각하고 긴장을 풀지 말며 대비하고 있어야 한다. 성도가 열심히 일을 하다가도 실망하고 때로는 주저앉고 돌아서게 되는 것은 바로 이런 시험과 도전들 때문이요 이러한 것들을 전혀 생각지 못하고 있었기 때문이다. 특별히 우리의 사역은 영적인 것이기 때문에 예수님을 시험했던 것과 같은 마귀 사탄으로부터의 영적인 도전은 언제든 있다(**"용이 여자에게 분노하여 돌아가서 그 여자의 남은 자손 곧 하나님의 계명을 지키며 예수의 증거를 가진 자들로 더불어 싸우려고 바다 모래 위에 섰더라"**-계 12:17). 그러므로 이 싸움에 대비한 준비를 해야만 하며 언제든 싸울 수 있는 채비를 갖추고 있어야 한다. 예민한 영적 분별력을 지니고 있어야 한다.

오늘날 교회 안에 들어온 성도들이 범하는 신앙 안에서의 잘못은 무엇인가? 그것은 많은 사람들이 우리의 신앙으로부터 늘 좋은 것만을 구하고 은혜와 기쁨과 즐거움만을 추구할 뿐 그 신앙이 때로는 이 세상에 있는 악한 권세들로부터 힘겨운 도전을 받을 수도 있다는 것을 감히 생각지 못하기 때문이다. 그래서 그들은 조금만 힘든 상황이 보여도 쉽게 꽁무니를 뺀다. 고난이 보이는 길은 아예 나설 엄두를 못 낸다. 이유는 가르치는 자들이 늘 은혜와 복은 강조하나 이 하나님 나라를 위해 희생하고 헌신하고 싸울 수 있는 준비를 하도록 하지 못하기 때문이다.

성도의 사역과 걸어가는 길. 거절당하고 외면당하고 훼방받고 도전받는 일들이 있다. 고난이 때로는 파도처럼 밀려올 때도 있다. 이것을 인식하지 못할 때 우리는 장밋빛 환상에만 사로잡히게 되고 어떤 어려움 속에서도 아름다운 꽃을 피워낼 수 있는 강인한 생명력과 도전 정신을 지니지 못한다.

"땅의 모든 족속이 너를 인하여 복을 얻을 것이니라" 그 거친 도전 뒤에 있을 일들에 대한 말씀이다. 그 도전과 훼방을 물리친 너머에 비로소 모든 족속이 복을 받게 되는 아름다운 열매가 맺혀지리라는 것이다. 바로 이것을 기대하며 너는 너의 해야 할 일을 어떤 어려움 속에서도 좌절치 말고 끝까지 감당해 나가라는 권면이 담겨있다. 참으로 진정한 은혜와 기쁨은 이 고난 뒤에 놓여 있다는 사실을 알아야 한다. 이 고난을 감내하고 이겨낼 믿음과 능력이 없다면 찾아온 은혜도 은혜로 누릴 수가 없다. 위대한 신앙의 인물들은 한결같이 고난 속에서 더욱 빛을 발하며 피어났던 사실을 기억해야만 한다.

불가능을 가능케 하는 것 (창 12:4)

"이에 아브람이 여호와의 말씀을 좇아 갔고…"(:4)

　가나안으로 가기 위해 갈대아 우르의 고향 땅을 떠나 하란까지 와서 그곳에 머물고 있던 아브람이 마침내 그 최종 목적지 가나안을 향해 떠난다. 그의 나이 75세 때의 일이었고 하란에 남은 아버지 데라의 나이는 145세였다. 아브람의 심정은 어떠했을까? 소풍 가는 아이처럼 마냥 들뜨고 흥분되었을까 아니면 미지의 대륙을 찾아 떠나는 콜롬부스처럼 개척자의 열정이 불타올랐을까? 혹은 낯선 세계에 대한 두려움과 떨림이 가득했을까? 이제 여기서 다시 한 번 아브람의 이 시점까지의 삶의 과정을 살펴보자.

　아브람 당시의 고대 사회. 일정한 영역 안의 지역을 중심으로 살아가는 지연공동체 사회였고 대가족 단위로 모여 사는 혈연공동체의 부족국가 사회였다. 이 영역과 공동체를 벗어난다는 것은 심히 위험한 일이었고 안전하고 편안한 삶을 보장받을 수 있는 여지는 거의 없었다. 그런데 아브람과 그의 아버지 데라는 갈대아 우르의 본토 친척을 떠나 가나안을 가기 위해 이 하란까지 이동해 왔다. 그 위에 오늘 아브람의 가나안을 향한 또 한 번의 떠남은 갈대아 우르를 함께 떠나왔던 아버지 데라로부터도 떨어져 홀로 가는 여행길이었다.

　아버지 데라. 그도 가나안 행을 꿈꾸고 여기 이 먼 곳 하란까지 온 사람이었다. 그런데도 무슨 일인지 그는 이 하란에서 가나안을 향해 더 나아가지 못하고 주저앉고 말았다. 이는 데라가 더 이상 가나안을 향해 나아갈 수 없는 어떤 한계 상황에 부딪혔다는 사실을 보여준다. 처음 고향 땅을 떠날 때는 전혀 생각지 못했던 한계와 위기 상황을 겪으면서 그 처음의 꿈과 뜻을 접고 말았던 것이다.

　이런 상황 위에 오늘 아브람의 출발이 이루어지고 있다. 아버지 데라의 포기할 수밖에 없었던 한계 상황이 있었다면 그것은 함께한 아들 아브람에게도 마찬가지였다. 같은 운명의 길을 걸어왔기 때문이다. 그런데 여기서 우리가 보게 되는 것은 아브람이 겪고 있는 또 다른 어려움 어쩌면 지금까지의 그 어떤 것보다 더 크다고 할 수 있는 어려움이 있다는 점이다. 그것은 바로 145세의 아버지 데라를 떠나는 것이었다. 온갖 어려움을 함께 겪으며 서로 위로하고 의지하며 지금까지 걸어온 부자였다. 아버지에게는 아들이 있었기에 아들에게는 아버지가 있었기에 그래도 이겨나올 수 있는 길이었다. 그리고 이 하란은 본래의 고향 땅에서 1,000km 이상 떨어진 먼 이방인의 도시였다. 아브람의 입장에서 보면 이 이방인들의 땅에 145세 된 아버지를 홀로 두고 떠나는 것이었고 이는 아들로서 부모를 돌보아야 되는 의무와 책임을 포기하는 것이기도 했다. 동시에 이는 마지막 의지가 되었던 아버지의 보호마저도 떨치고 떠나는 길이었다. 더군다나 이제 앞에 있는 가나안으로의 길은 어떤 어려움을 당할지 모르는 고난이 예정된 길이다.

그도 포기하고 싶지는 않았을까? 계속 아버지 곁에 머물고 싶은 유혹이 있지는 않았을까? 왜 없었겠는가? 왜 편안히 머물고 싶은 불같은 유혹이 속에서부터 솟아오르지 않았겠는가? 더구나 이미 이곳까지 이동해 오면서 그 어려움을 한 번 겪었고 아버지 데라마저도 포기해 버린 상황을 안고 있는데 말이다. 따라서 오늘 아브람의 떠남은 아버지 데라와 함께 갈대아 우르를 떠났던 그 첫 떠남보다 훨씬 더 어려운 결정이었다.

145세의 아버지를 등 뒤에 두고 떠나는 아브람의 마음은 어떠하였겠는가? 만일 그의 어머니가 있었다면 그녀는 또 어떻게 이 75세의 아들을 보내었을까? 그의 이 뒷모습은 과연 의욕에 찬 당당한 모습이었을까 아니면 차마 떨어지지 않는 발걸음을 옮겨놓고 있었을까? 신앙인에게는 때로 이런 슬픔과 아픔이 있다. 너의 본토 친척 아비 집을 떠나라는 신앙의 요구가 오늘 읽는 우리에게는 사명자를 부르시는 멋진 부르심의 선포처럼 들려진다. 그러나 부름 받은 자에게는 남이 알지 못하는 속 깊은 아픔이 수반되는 길이라는 것을 아는가? 차마 이 고통을 이기지 못해 얼마나 많은 사람들이 이 부르심 앞에서 주저하고 또 때로는 포기하고 돌아서 버리는지. **"아비나 어미를 나보다 더 사랑하는 자는 내게 합당치 아니하고 아들이나 딸을 나보다 더 사랑하는 자도 내게 합당치 아니하고 또 자기 십자가를 지고 나를 좇지 않는 자도 내게 합당치 아니하니라"**(마 10:37-38)라는 주님의 선포가 어떤 태산 같은 무게를 지니고 있는지 새롭게 느끼게 된다.

사람에게는 누구에게나 꿈이 있다. 참으로 많은 이들이 굳은 의지를 가지고 노력하지만 왜 이 꿈을 이루고 성공의 길로 나아가는 사람은 적은 것일까? 사람의 꿈은 머릿속에서 이루어지는 계획과 다짐의 영역이다. 그런데 이 꿈을 이루기 위한 현실은 그것을 방해하는 온갖 어려운 변수들과 위기의 요소를 가지고 있다. 바로 아브람의 아버지 데라로 하여금 주저앉게 만들었던 전혀 생각지 못한 상황들이 도사리고 있는 것이다. 따라서 문제는 바로 이러한 문제 상황들을 누가 잘 극복해 가느냐 하는 능력이 그 성공과 실패를 좌우한다. 물론 현대 사회의 성공이라고 일컬어지는 이면에는 온갖 불의와 부정과 불법들이 자리 잡고 있지만 말이다.

그러면 아브람은 아버지 데라도 극복하지 못한 어려운 조건들과 그 부모까지도 낯선 이방 땅에 두고 떠나야 하는 이러한 어려움을 어떻게 극복해낼 수 있었을까? 고난 밖에는 보이지 않는 가나안으로의 이 힘든 여정을 어떻게 결단할 수 있었을까? **"이에 아브람이 여호와의 말씀을 좇아갔고"** 여호와의 말씀을 좇아갔다는 오늘 성경의 증거는 이 모든 어려움들을 아브람은 오직 하나님의 말씀으로 극복했다는 것을 보여준다. 즉 많은 선택의 가능성이 있었고 많은 고민이 그에게 있었다. 그리고 이런 어려움과 고민이 오직 가나안으로 가는 것 때문이었기에 이 가나안은 그에게 피하고 싶은 길이었다. 하지만 그의 유일한 선택의 기준은 가나안으로 가라고 하는 하나님의 말씀이었다. 곧 말씀이 지금 나에게 요구하는 바가 무엇인가 하는 것이 그의 최후의 관심이었고 말씀에의 순종 이것이 그가 내린 마지막 결론이었다. 하나님의 말씀. 이것이 아브람으로 아브람 되게 하였으며 이것이 아브람의 신앙이요 아브람의 능력이었음을 명료하게 성경은 드러내고 있다.

사람은 누구나 다 비슷한 능력을 소유하고 있다. 그럼에도 마지막 순간을 결정짓는 것은 그 최후의 상황을 이길 마지막 한 가지가 그에게 있느냐 없느냐 하는 것과 누가 이를 소유하고 있느냐 하는 바로 그것이다. 바로 이러한 점에서 갈대아 우르를 떠날 만큼 각오가 대단했던 데라였지만 그 최후의 한 가지 부족했던 것이 무엇이며 아브람에게 있었던 데라와는 다른 한 가지가 무엇이었는가 하는 점이 드러난다. 하나님의 말씀과 이 말씀에 대한 순종이 이 두 사람의 마지막을 결정짓는 결정적인 요인이었다.

오늘 우리에게도 선택을 고민하게 하는 순간 순간이 있다. 그때 과연 우리는 어떤 선택을 하는가? 무엇을 의지하여 우리의 결정을 내리는가? 전혀 말씀과는 상관없는 결정을 하지는 않는가? 혹 말씀이 요구하는 길이 생각나지만 눈 앞의 이익과 당장의 편안함을 취하기 위해 그리고 고난을 피하기 위해 말씀을 애써 외면하는 선택을 하지는 않는가?

아브람이 아브람 될 수 있었던 것. 그가 복의 근원이 될 수 있었던 것은 그 모든 어려운 한계 상황 속에서도 최종적으로 말씀을 선택할 수 있었다는 점이다. 그에게는 그 말씀이 지시하는 길을 좇아 갈 수 있는 믿음과 믿음의 능력이 있었다는 것이 하나님의 특별한 선택과 복을 누릴 수 있게 하는 핵심 요인이었음을 보게 된다. 세상에 성공하는 사람이 많이 있지만 그 중에서도 참된 의와 선을 지켜 성공을 이루는 사람이 과연 얼마나 될까? 여호와의 말씀을 좇아갔다는 오늘 아브람에 대한 설명은 신앙인의 최후의 능력이 어디에 있는지를 지극히 명료하게 보여준다.

누구와 동행하는가? (창 12:4)

"이에 아브람이 여호와의 말씀을 좇아 갔고 롯도 그와 함께 갔으며 아브람이 하란을 떠날 때에 그 나이 칠십 오세였더라"(:4)

마침내 가나안을 향해 떠나가는 아브람이다. 참으로 쉽지 않은 길이었다. 그의 속에 어떤 비장함이 있는지 무엇이 이 선택을 가능하게 하였는지 아브람이 여호와의 말씀을 좇아갔다는 성경의 증언은 참으로 귀한 가르침을 우리에게 전하여 준다. 말씀은 이어서 이제 이 떠나는 현장에 함께 있는 어떤 한 사람을 기록하고 있다. **"롯도 그와 함께 갔으며"** 아브람의 조카 롯이 특별히 여기에서 그 이름이 언급되고 있다. "롯도"라고 할 때 이 롯의 동행은 아브람의 이 힘든 여정에 어떤 관계를 갖는 것일까? 롯 자신이 원한 선택인가 아니면 아브람이 원해서인가? 하나님께서 원하셨거나 인정하신 것이었을까? 굳이 성경이 롯도 함께 갔다고 말씀하고 있는 것은 무슨 의도일까?

우리는 여기서 아브람의 가나안 땅 사역에 대해 롯이 어떤 관련성을 갖게 되고 최종적으로 어떤 결과를 남기는지 추적해 봄으로써 롯도 함께 갔다는 성경 말씀의 의미를 살펴보자. 롯의 아브람과의 관계를 가장 잘 보여주는 사례는 아브람이 기근을 피해 애굽으로 내려갔다가 올라온 후 나타나는 롯과 아브람의 갈등관계다. 가나안으로 다시 돌아왔을 때 아브람과 롯 각자의 소유가 크게 늘게 되고 이로 인해 아브람의 목자와 롯의 목자들이 서로 다투게 된다. 먼저는 한 가족이었던 아브람과 롯이 각자 그 소유를 따로 가지고 있었다는 사실이 눈에 띈다. 아들이 없는 아브람의 입장에서 보면 롯은 조카요 아들과도 같았다. 왜 굳이 재산이 따로 있어야만 했던 것일까? 이것이 아브람의 의도였는가 롯의 뜻이었는가?

그런데 문제는 재산이 따로 있었다는 것보다도 이 재산으로 인해 양쪽의 목자들 간에 다툼이 생겼을 때 각각의 주인인 아브람과 롯이 어떤 태도를 취했는가 하는 점이다. 만일 이 두 주인이 서로 원만히 양보하고 화합했더라면 종들 간의 이런 다툼은 있을 수도 없고 있어도 쉽게 해결되는 것이 당연하다. 그런데 결과를 보면 이 다툼으로 인해 아브람과 롯은 서로 갈라지는 길을 택하게 된다. 이는 도저히 두 사람이 함께 동거할 수 없었다는 사실을 드러낸다. 적어도 물질로 인한 해결되지 않는 갈등과 다툼이 두 사람 사이에 있었다. 이것은 더 나아가 둘 사이에 살아가는 삶의 방식과 목표에 대한 가치관의 차이가 있었다는 것까지도 보여주는 사례다. 과연 이러한 사태는 누구에게 책임이 있는 것이었을까?

두 사람이 갈라질 때의 모습을 보자. 아브람은 어느 곳이든지 네가 원하는 좋은 곳을 택하라고 제안한다. 그러자 롯은 주저 없이 소알까지 이르는 물이 넉넉한 요단 들을 택한다. 만일 롯이 삼촌에 대한 의를 생각했더라면 아브람에게 먼저 그 선택권을 주어야 하지 않았을까? 더 좋은 곳을 아브람에게 양보해야 되지 않았을까? 그러나 롯의 이 선택은 롯의 중심에 인간의 관계성과 의보다는 자기 유익이 우선하고 있음을 보여준다. 그리고 이는 아브람과 롯의 갈등이 롯에 의해 생겨난 것임을 강하게 보여주는 증거다. 특히 이 롯의 선택에 대해 성경은 이 때의 소돔 사람들을 악하였더라라고 증거하고 있다. 즉 그곳의 소돔성 사람들이 여호와 앞에 악하였음에도 불구하고 롯은 그 곳을 선택했다는 것이다. 이는 롯의 선택 기준이 신앙이 아니라 오직 물질에 있음을 생생하게 보여준다.

훗날 이 소돔 성이 전쟁에 휩싸여 성이 멸망당하고 롯과 그의 가족들도 모두 포로가 되어 붙잡혀 간다. 이 때 아브람은 자기를 배신하고 떠난 롯을 구하기 위해 자신의 사병들을 데리고 달려가 싸워 롯과 가족과 그의 재산까지도 모두 구해온다. 롯을 향한 아브람의 사랑을 드러내는 증거다. 그러나 이후에도 롯은 아브람의 곁에 머물지 않고 그를 떠나 그 소돔 성에 거하고 결국은 소돔성의 멸망과 함께 살았으나 죽은 자로 성경에서는 영원히 사라지고 만다. 다만 영원히 하나님의 회에 들어오지 못하리라는 하나님의 저주를 받은 모압 족속과 암몬 족속을 그 두 딸들을 통해 남긴 채로.

그도 신앙인이었다. 그러나 그의 두 딸들에게서도 신앙을 찾을 길이 없었고 그가 하나님의 말씀을 전할 때 그의 사위들은 그것을 농담으로 여겼다. 그가 그토록 오래 소돔 성에 머물며 그들과 결혼관계까지 맺으며 살았지만 그로 인해 심판을 피하고 구원받을 수 있는 사람은 단 한 사람도 없었다. 오히려 그가 자신의 전 삶을 결산하여 남긴 것은 영원히 하나님의 저주를 받은 모압과 암몬 두 족속뿐이었다. 결국 나타나는 롯이라는 인물은 신앙인이었으나 철저히 육에 속한 사람이었다. 물질을 모으고 부자가 되어 잘 사는 것만이 그의 삶을 통해 나타나는 결과였다. 이는 그의 신앙 자체도 오직 물질적인 복을 누리는 데만 의미가 있었다는 사실을 증거해 준다. 성령의 소욕을 따라 산 것이 아니라 육체의 소욕을 따라 산 사람이었다.

오늘도 교회가 병들고 있는 것은 바로 이러한 신앙과 신앙인들 때문이 아닌가? 롯과 같은 신앙인들이 이 시대 교회의 중심을 점령한 채 참된 진리를 추구하는 자들을 저 변방으로 몰아내고 있지는 않은가? 교회를 실망하고 돌아서 나오는 자들의 입에서 나오는 증언들은 무엇을 전하고 있는가?

반면 롯이 요단의 그 풍요로움을 좇아 아브람을 떠난 직후 바로 그 순간에 하나님은 아브람에게 다시 나타나셔서 눈을 들어 사방으로 보이는 모든 땅을 아브람과 아브람의 자손에게 주시겠다는 약속을 주신다. 이는 롯이 결코 아브람과 동행하는 것을 하나님은 좋아하지 않으셨다는 사실을 드러낸다. 그는 결코 아브람과 함께 하나님의 유업을 받을 자가 아니었던 것이다. 그러면 왜 아브람은 하나님께서 원하는 것이 아니었음에도 이 롯과 동행하게 되었는가? 혹 그를 인간적인 의지의 대상으로 삼고자 한 것은 아니었을까? 자식이 없기에 그를 후사로 세우고자 하며 자신의 일을 그에게 맡기고자 하였음은 아니었을까? 그 어떤 의도였든지 간에 롯과의 동행은 아브람에게 많은 아픔과 어려움을 가져다주었을 뿐인 동행해서는 안 될 자와의 동행이었다.

그러면 롯과 아브람의 동행이 비극으로 마칠 수밖에 없었음은 왜일까? 그것은 무엇보다도 그들의 꿈과 비전이 서로 같지 않았기 때문이다. 가나안 땅을 바라보며 아브람은 그곳에 건설될 하나님의 나라를 꿈꾸었다. 반면 롯은 많은 돈을 벌어 큰 부자가 될 수 있는 기회의 땅이자 자신의 이익의 대상으로 바라보았다. 아브람은 하나님의 나라를 위해 어떤 희생도 치르고 자기 목숨까지도 주고자 하였던 반면 롯은 물질을 벌기 위해서는 어떤 악과의 타협도 주저하지 않았다. 아브람은 위로 하나님과의 관계와 옆으로 하나님 나라를 함께 세워갈 사람과의 관계를 중요시하였던 반면 오직 롯은 모든 관계를 버려서라도 물질만을 얻고자 하였다.

오늘 이 시대도 이러한 자들이 너무도 많지 않은가? 결국 고통만 안겨 주고 이 롯은 아브람의 곁에서 사라져 가고 만다. 함께 길을 나섰지만 도중에 포기하고 돌아선 이들이 오히려 함께 하던 자들의 마음을 얼마나 지치고 힘들게 하는지. 오늘 나와 동행하는 자가 누구인지 다시금 확인하게 하는 말씀이다. 내가 누구와 함께 왜 이 길을 걸어가고 있는지 예리한 신앙의 분별력을 갖고 다시금 살펴보도록 한다. 꿈과 비전이 다른 사람은 함께 길을 걸어갈 수가 없다는 사실을 분명히 알고 있어야 한다. 꿈과 뜻이 같은 사람은 사과궤짝을 엎어놓고 살아도 행복하다. 하지만 이것이 맞지 않는 사람은 수천만 원짜리 자동차를 함께 타고서도 욕하고 싸우며 간다.

75세의 나이. 결혼한 지 사 오십 년이 지나 무언가를 새로 시작하기에는 쉽지 않은 나이다. 하지만 꿈이 있기에 그리고 이 꿈을 이루라 하시는 하나님의 말씀이 있기에 아브람은 여기서도 멈추지 않고 새로운 땅을 향해 나아간다. 주저앉고 포기하기에는 우리 인생은 언제나 너무 이르다는 생각을 늘 신앙 안에서 가지고 있어야 한다. 하나님의 사람, 꿈이 있는 사람에게는 나이나 상황이 문제가 되지 않는 것을 본다.

뒷문을 잠그고 (창 12:5)

"아브람이 그 아내 사래와 조카 롯과 하란에서 모은 모든 소유와 얻은 사람들을 이끌고 가나안 땅으로 가려고 떠나서 마침내 가나안 땅에 들어갔더라"(:5)

아브람이 마침내 하란을 떠나 가나안으로 들어간다. 이 때의 상황에 대해 말씀은 그가 하란에서 모은 모든 소유와 얻은 사람들을 이끌고 가나안으로 떠났다고 설명하고 있다. 이 말씀은 가나안으로의 여행에 수반된 그의 재산이 상당한 규모였음을 보여주고 있다. 여기서 우리는 생각해 본다. 모든 소유와 얻은 사람들을 다 데리고 가나안을 향해 가기에는 그 행보가 너무 더디고 어떤 면에서는 거추장스럽지 아니했을까 하는 점이다. 더군다나 이 하란 땅에는 그의 아버지 데라가 아직 살고 있고 그는 아브람이 가나안을 향해 떠난 뒤에도 이 하란에서 60년을 더 산다. 그렇다면 이 아버지에게 재산을 남겨두어 필요할 때 가져갈 수 있도록 해도 되지 아니했을까? 만일 가나안에서의 사역과 삶이 실패할 경우 다시 돌아설 여지를 남겨두는 것도 지혜로운 선택이 되지 않았을까? 이런 가능성을 전부 거부하고 그가 굳이 모든 재산과 사람을 다 이끌고 가나안으로 가는 것은 무슨 의도였을까?

무엇보다도 여기서 확인할 수 있는 것은 아브람이 하란 땅에 그의 소유를 하나도 남기지 아니했다고 하는 사실이다. 이는 이 가나안으로의 길이 그의 삶 전체를 들어 가나안으로 옮기는 완전한 이주를 결심한 길이었고 다시는 이 땅으로 돌아와야 할 여지를 남기지 아니한 길이었음을 보여준다. 즉 다시는 이 땅으로 되돌아 나오지 않겠다는 것이요 이는 절대로 그 땅에서 실패하지 않겠다는 확고한 결의와 각오와 다짐을 갖고 떠나는 것임을 알게 해준다. 가나안 땅에 내 뼈를 묻겠다는 결단이 지금의 그에게 있는 것이다. 실제로 이후 가나안에서의 아브람의 인생을 보면 그 땅에서 도저히 견딜 수 없는 기근을 만났을 때에도 그는 차라리 애굽 땅으로 잠시 피난할지언정 아버지가 살아계신 이 하란 땅으로는 돌아오지 않는다. 단 한번도 아브람이 이 하란 땅으로 돌아왔다는 기록은 성경에 보이지를 않는다. 이 가나안에서의 자신의 주어진 사역과 삶에 혼신의 힘을 다하겠다는 것이요 어떤 위기와 실패에도 결코 뒤로 물러서지 않겠다는 결단을 증거해 준다.

어떤 한 선교사가 있다고 하자. 만일 선교지로 떠나는 그가 자신의 집과 재산을 하나도 처분하지 않고 그대로 자신의 모국에 두고 자녀들도 부모나 어느 친지의 손에 맡기고 떠난다고 하면 그의 이 행동은 무엇을 의미하는 것일까? 또 반면 자신의 모든 재산을 그대로 둘 수 있음에도 불구하고 의도적으로 전부 처분하고 자신의 자녀까지 모두 데리고 가는 선교사가 있다면 이는 또 무엇을 의미하는 것일까? 이 두 사람이 각자의 선교지에서 자신의 사역에 임하는 태도는 또 어떤 차이점이 있게 될까? 전자는 조금만 사역이 힘들어지고 어려워져도 쉽게 물러설 유혹을 갖게 된다. 사역 그 자체에 임하는 태도도 실패하면 안 된다는 위기의식이 작용하기보다는 언제든지 물러설 수 있다는 안일함이 나타난다. 반면 후자는 사역 그 자체가 진지하다. 자신의 전 생애를 건 것이기에 되돌아 설 수 없다는 각오로 최선의 노력을 기울여 임한다. 어떤 위기가 닥쳐도 포기하기보다는 그것을 이기고 극복하기 위해 혼신의 힘을 다한다. 이러한 두 사람의 사역의 결과는 천양지차이다. 전자는 성공해도 교만하나 후자는 실패해도 아름답다. 그 삶의 과정 자체만으로도 충분한 교훈이 되기 때문이다. 또한 전자는 실패하면 탓이 많으나 후자는 성공해도 말이 없다. 오직 하나님께 영광만이 있을 뿐이다.

가나안을 향해 나아가는 아브람의 모습 속에는 이러한 고귀한 결단과 각오가 배어 있는 것을 본다. 뒤돌아보지 않고 물러서지 않겠다는 것이요 내 뼈를 묻겠다는 것과 이 가나안에서의 삶에 혼신의 힘을 기울이겠다는 것이었다. 그의 이 떠남 자체만으로도 이미 충분히 아름다울 수 있는 모든 것을 우리에게 보여주고 있지 아니한가? 그가 이 사역과 하나님의 부르심에 얼마나 진지하게 응답하고 있는지 그리고 오늘 우리가 어떤 태도와 마음가짐으로 우리의 신앙에 임해야 하는지를 남김없이 알려준다.

그러면 아브람은 어떻게 이러한 태도를 갖게 되었을까? 여기서 나타나는 그 어떤 것보다도 중요한 것은 그가 하나님께서 불러주신 그 부르심을 얼마나 확신 있게 받아들이고 있느냐 하는 것이다. 즉 그에게 있는 그 무엇보다 중요한 것은 하나님께서 나를 불러 주시고 이 일을 내게 맡기셨다는 **분명한 소명의식**이다. 내 스스로의 인간적인 열정과 야심이 아닌 것이다. 그리고 이 분명한 소명의식으로부터 나오는 **확고한 사명감**이 또한 그에게 있다. 이 일을 반드시 완수해야만 한다는 의식이다. 그 어떤 신앙인이라고 할지라도 그에게 없어서는 안 되는 중요한 내적 동기는 바로 이 두 가지의 분명한 소명의식과 확고한 사명감이다. 이 두 가지가 있을 때 그 어떤 어려움과 위기 앞에서도 뒤로 물러서지도 포기하지도 않으며 끈기 있게 앞으로 나아갈 수 있다. 넘어져도 다시 일어설 용기와 힘을 가지게 된다. 그리고 그 인생은 참으로 진한 향기를 발하게 되는 것이다.

그렇다면 아브람처럼 이러한 소명의식과 사명감이 있는 사역자에게서 나타나는 중요한 삶의 특징을 구체적으로 살펴보자. **첫째**는 목표에 대한 비전이 분명하고 흔들리지 않는 소신이 있다. 내가 어디로 가고 있으며 내가 해야 할 일은 무엇이며 어떻게 해야 되는지에 대한 명료한 개념이 그에게 있다. 무엇보다도 왜 내가 지금 여기에 있어야만 하느냐에 대한 목적의식이 분명하다. 그러기에 누가 뭐라고 해도 자신의 가진 소신을 쉽게 굽히지 아니한다. '예'라고 해야 할 때 '예'라고 말하며 '아니오'라고 해야 할 때 '아니오'라고 말할 수 있다. 오늘날 우리의 신앙 현장에서 불의를 보고서 '아니오'를 외치며 또 어떤 위협이 있어도 진리를 지키기 위해 '예'라고 말하는 사람이 과연 몇이나 되겠는가? 그렇지 못하고 이리 저리 눈치를 보며 나에게 불리하지 않은 상황만을 좇아 사는 것은 바로 그에게 위와 같은 자신의 삶에 대한 목적의식이 없기 때문이다.

둘째는 이러한 소명의식과 사명감이 있는 사람에게 나타나는 이어지는 특징은 성공에 대한 확신과 또 성공하고자 하는 열망이 끊임없이 생겨난다는 사실이다. 이 성공에 대한 확신과 열망은 일종의 기대감으로 작용하여 그로 하여금 이 사명을 억지로가 아니라 기쁨으로 감당하게 한다. 또한 이것이 그에게 가져다주는 가장 놀라운 결과는 끊임없이 자기를 채찍질하며 쉬지 않고 노력하게 한다는 것이다. 이 성공이 그냥 우연히 내게 주어지는 것이 아님을 분명히 인식한다. 때문에 이것을 얻기 위해 지금 내게 부족한 것이 무엇인지와 필요한 것이 무엇인지를 찾아 그것을 채우고 얻기 위해 노력한다. 이것이 없는 자들은 성공에 대한 맹목적인 집착만이 존재한다. 이를 얻기 위해 수단과 방법을 가리지 아니한다. 불의와 쉽게 손잡아 그 스스로 사역의 정당성을 상실한다. 이러할 때 아무리 큰 결과를 얻을지라도 사람들에게 아름다운 덕을 남기지 못하며 쉽게 썩고 허물어지는 것이 일반적인 결과다.

셋째는 이러한 굳은 소명의식과 사명감이 있는 사람은 혹 도중에 실패를 만날지라도 그렇게 쉽게 포기하거나 물러서지 않는다. 주변의 작은 것들에 매달려 일희일비(一喜一悲)하지를 않는다. 역경 속에서도 오히려 혼신의 힘을 다함으로써 더 강인한 힘과 능력을 발휘하고 그래서 그 끈질긴 생명력으로 인해 오히려 많은 사람들에게 용기를 더해준다. 작은 성취 앞에서도 우쭐해지고 교만해지는 것이 소인배들이라면 그는 성실하고 겸손하게 자기의 가는 길을 계속해서 걸어간다.

이러한 자들은 참으로 멋지고 아름다운 열매를 맺을 뿐 아니라 그러한 볼만한 결과를 맺지 못할지라도 그 삶의 과정 자체가 더할 수 없이 귀한 열매인 것이다. 반면 이러한 것이 없는 자들은 열매를 거두어도 썩은 열매를 거두며 성공 속에서 오히려 스스로의 패망을 재촉한다. 가나안을 향해 출발하면서 하란으로 되돌아 설 수 있는 여지를 남기지 않는 아브람의 삶은 이러한 점에서 그 떠남 자체가 이미 귀한 열매를 남기고 있다. 그에게 있는 **분명한 소명의식**과 **확고한 사명감**은 그가 어떻게 이렇게 행동할 수 있었는지를 설명해 준다. 또한 이러한 삶의 태도는 앞으로 어떤 삶을 그가 살아가게 될지 보지 않아도 본 것처럼 우리에게 전해 준다. 바로 이것이 하나님께서 그를 부르신 이유이기도 하였다.

실패자들의 특징 중 하나는 그들은 항상 뒷문을 열어놓고 산다는 점이다. 도망갈 길 빠져나갈 길을 미리 확보하고 실패할 경우를 대비하는 계획을 늘 가슴 한 구석에 품고 산다. 그리고 늘 이 때는 이렇게 저 때는 저렇게 상황에 따라 자기에게 유리하고 편리한 해석을 하며 산다.

"**마침내 가나안 땅에 들어갔더라.**" 하나님이 참으로 바라고 원하시며 오래 기다리시던 순간에 대한 말씀이 '**마침내**' 라는 단어로 표현되고 있지 않은가? 하나님이 강요한 것이 아니었다. 다만 목표와 비전을 제시해 주시고 그의 사명을 알려 주셨을 뿐 결단과 떠남은 전적으로 아브람의 몫이었다. 이에 대해 아브람은 하란으로의 뒷문을 걸어 잠근 결단과 각오로 마침내 가나안으로 떠나는 응답을 하였던 것이다. 이 마침내는 인간 스스로의 고뇌와 과정의 어려움을 극복하고 새로운 시작의 길로 나섬을 의미하는 것이었고 사역을 위한 철저한 준비와 훈련이 마무리되고 실제 사역이 이제 막 시작됨을 의미하는 것이기도 하였다. 하나님의 부르심에 대해 응답하는 것이었고 하나님의 명령에 대해 순종하는 것이었다. 우리 인생에게 이러한 '**마침내**' 의 순간이 필요하지 않은가? 무기력한 삶에서 벗어나 힘찬 도약을 이루는 순간이요 의미 없고 꿈도 비전도 없는 삶에서 의미 있고 꿈과 비전이 있는 삶으로의 전환을 이루는 순간이다. 철저한 준비를 하는 시간이 있고 이 준비를 마친 후 마침내 실제를 이루어 나가는 때가 있어야만 하는 것이다. 아브람의 오늘처럼 말이다.

배꼽의 땅 가나안 (창 12:6)

"아브람이 그 땅을 통과하여 세겜 땅 모레 상수리 나무에 이르니 그 때에 가나안 사람이 그 땅에 거하였더라"(:6)

하란을 출발한 아브람 일행이 처음 도착한 곳은 세겜 땅이었다. 족히 팔구백km는 되는 상당히 먼 거리였다. 그는 왜 굳이 가나안 중 세겜으로 달려온 것이었을까? '그 때에 가나안 사람이 그 땅에 거하였더라' 라는 말씀은 그가 만나고자 한 것은 오직 가나안 사람이었고 이들을 찾아 여기까지 왔음을 보여준다. 그러면 여기서 이 가나안 땅이 가지고 있는 지리적인 위치와 지정학적인 역할을 먼저 생각해 보자. 왜냐하면 이 가나안은 여기에 누가 살고 있느냐 하는 것 못지 않게 이 땅 자체가 성경 역사의 중심무대로 등장하고 있기 때문이다. 이제 아브람으로부터 시작해서 족장시대, 출애굽과 가나안 정복시대 그리고 예수 그리스도의 시대와 인류 종말까지 이 땅은 하나님 나라와 구속 사역의 중심지로서 계속되어 나가기 때문이다. 이 넓은 세상에서 왜 굳이 그리 넓지 아니한 이 가나안 땅이 그토록 중요하게 신앙의 역사에 등장하는 것일까? 무언가 특별한 이유가 있다고 밖에는 볼 수 없는 대목이다.

무엇보다도 지도를 펴놓고 본다면 이 땅은 당시 세계 양대 문명인 메소포타미아 문명과 이집트 문명을 연결하는 교차로 상에 위치하고 있다는 점이 두드러지게 나타난다. 즉 이 가나안 땅을 거치지 않고서는 메소포타미아와 이집트 두 문명이 교류가 불가능할 만큼 중요한 교차점에 놓여있다. 해상교통로가 그리 발달하지 아니했던 시대에 이 지역은 거의 유일한 교통로였다. 오늘날의 상황에서 보더라도 이 지역은 아시아 아프리카 유럽을 잇는 세 대륙의 한 가운데 접점상에 위치하고 있다. 곧 홍수 후 노아의 세 아들 셈 함 야벳의 족속들이 온 세계로 퍼져 나가는데(셈-아시아, 함-아프리카, 야벳-유럽) 이 세 종족의 영역을 잇는 육교상의 위치에 있는 것이 이 가나안이었다.

또한 해상으로 볼 때도 이곳은 지중해의 가장 안쪽에서 지중해 전역을 한 눈에 바라볼 수 있는 위치에 있다. 특히 이 지중해는 가나안의 위치에서 보면 좌측으로 아프리카 대륙 우측으로 유럽대륙 그리고 뒤쪽으로는 아시아 대륙을 거느리고 있다. 즉 해상으로도 아프리카와 유럽 대륙으로 뻗어나갈 수 있는 최적의 위치에 있는 것이다. 이를 한마디로 표현하면 이 가나안은 어느 신학자의 표현대로 세계의 배꼽과도 같은 중심지다.

이러한 지리적 위치가 갖는 지정학적인 영향력을 살펴본다면 당시 세계 문명권은 메소포타미아 지역과 이집트 지역으로 양분되어져 있었다. 그런 상황에서 가나안은 이 두 문명권을 가장 효율적으로 연결시킴과 동시에 만일 강력한 군사력이 있다면 당시 세계 전체를 가장 효율적으로 통제할 수 있는 곳이기도 하다. 이스라엘의 다윗 왕 시대를 고찰해 보면 이러한 이해는 더욱 분명해 진다. 또 상업적으로 본다면 이 두 문명권을 연결시키는 중계무역을 함으로써 막대한 이익을 올리고 부를 축적할 수 있는 곳이요 이는 훗날 솔로몬 왕 때에 그대로 실현된 증거를 가지고 있기도 하다.

보다 중요하게 정신문화적인 측면에서 본다면 가나안은 양쪽의 문명과 문화를 서로에게 받아 전할 수 있는 곳이다. 만일 이곳이 양대 문명에 대해 상대적으로 우월하고 건강한 지배적 정신문화를 건설할 수 있다면 이것을 양쪽 문명 모두에 전하여 당대 세계문화 전체의 흐름을 건강하게 이끌어 갈 수 있는 좋은 조건이 되기도 한다. 반대로 악하고 더러운 가치들을 창출해 낸다면 세계 전체를 타락시키고 오염시킬 수 있는 위험성을 지니게 되는 곳이기도 하다. 훗날 초대 교회 시대에 바울과 빌립 등 사도와 선교사들이 그 교통이 불편한 시대적 여건 속에서도 아시아와 유럽 아프리카를 아우르며 활발하게 선교 활동을 펼칠 수 있었던 것은 바로 이와 같은 가나안의 지정학적인 위치가 가진 이점 때문이었다.

그러면 당시 세계에서 실제로 이 가나안이 차지하고 있었던 위치는 어떠하였는가? 창세기 10장에서 성경이 노아의 둘째 아들 함을 '가나안의 아비 함'이라고 표현하고 있는데서 알 수 있듯이 이 가나안 땅은 함의 넷째 아들인 가나안의 자손들이 차지하고 살고 있는 곳이요 이 가나안 자손들은 함의 직접적인 다스림과 영향을 받고 살아가는 자들이었다. 이 땅을 가나안이라고 칭하게 된 유래도 함의 넷째 아들인 가나안의 자손들이 이 지역에 살게 되었기 때문인 것을 여기서 알 수 있다. 그렇다면 함은 어떤 자였는가? 노아의 세 아들 중 그 비참한 홍수 사건을 겪었으면서도 죄의 무서움을 인식치 못한 채 또 다시 죄악을 생산해 내었다. 홍수 후의 세계에서 노아가 저주해서 다스려야 할 만큼 또 다시 죄를 이 땅에 유포시킨 장본인이다.

그리고 이 함의 자손 니므롯이 홍수 후 새롭게 시작된 노아 자손들의 평화로운 세계를 무력으로 짓밟아 버렸다. 억압과 폭력으로 세계를 다스리며 온 세상을 죄가 휩쓸도록 만들었다. 이 니므롯을 만들어낸 직계 조상인 함이 그의 넷째 아들인 가나안을 데리고 이 가나안 땅에 정착했던 것이다. 함의 다른 아들들도 많이 있지만 함이 유독 넷째 아들인 '가나안의 아비 함'이라고 칭해지는 속에는 이와 같은 사실들이 내포되어 있다. 따라서 이 가나안 땅은 함과 그의 아들 가나안이 다스리며 악을 퍼뜨리는 악의 근원지로서 당대 세계에서 작용하고 있었다. 이는 훗날 하나님께서 여호수아를 들어 이 가나안 땅을 정복하게 하실 때 이 가나안 족속들 중에서는 어린아이 하나라도 살려두지 말라고 하신 것도 이들이 죄악의 근원으로서 당대와 후대 세계를 더럽혀 온 이와 같은 역사성 때문이다.

가나안이라는 세계의 중심지를 악의 근원인 함과 그의 아들 가나안이 차지하고서 온 세계에 악의 기운을 마음껏 불어넣고 있었던 것이 당시 상황이었다. 함이 이 가나안 땅을 차지하고 사는 것은 앞에서 본 것처럼 이 땅이 세계의 중심지이기 때문이요 이 땅을 통해 자신의 지배를 영속화하기 위해서였음을 우리는 알게 된다(함이 아브람 당시에도 살고 있었는지는 성경의 근거가 없으나 함의 형인 셈이 아브라함이 죽은 이후에도 35년을 더 살다가 죽는 것을 볼 때 함의 생존 가능성은 충분하다 하겠고 만일 살아 있다면 분명 이 가나안 땅에 살고 있다고 할 수 있다). 따라서 하나님께서 아브람을 이 땅에 보내신 것은 악의 도성인 이 땅이 하나님의 도성으로 바뀌지도록 하기 위함이었다. 전 세계에 악을 불어넣고 있는 이 땅에서 악이 그치고 선과 의의 기운이 퍼져 나가기를 원하시는 섭리가 담겨져 있었다. 아브람 자신도 바로 이와 같은 상황에 대한 참을 수 없는 거룩한 의분 때문에 스스로 이 땅을 향해 나아왔던 것이다.

땅의 중심부를 누가 차지하고 있느냐 하는 것이 이렇게 중요하다. 가정과 교회와 사회의 중심부를 누가 차지하느냐에 따라 그 구성원들의 전체 삶과 운명이 달려있다는 것을 우리는 알아야 한다. 만일 미국이 아니라 무너진 구 소련이 지금 미국의 자리에서 패권을 행사하고 있다면 이 세계는 지금 어떠할까? 오래지 않은 20세기 초반 히틀러라는 인물이 유럽의 중심부 독일의 심장을 차지했을 때 세계는 어떠하였던가? 이 사회가 비틀거리고 혼란스럽고 악을 향해 달려가는 것은 그 중심을 누가 차지하고 있기 때문인가? 오늘날 빛을 비춰야 할 교회마저도 이토록 힘을 잃은 채 주저앉아 있고 심지어 악을 행하며 비웃음과 조롱의 대상이 되는 것은 그 중심부에 어떠한 자들이 있기 때문임을 나타내는가?

세계의 중심부인 배꼽의 땅 가나안을 향해 달려왔고 또 이 가나안의 심장인 세겜 땅으로 거침없이 한 걸음에 달려온 아브람이었다. 그의 마음 속에 무엇이 가득 차있는지 한 눈에 알게 하는 그의 걸음이다. 일단 시작되자마자 잠시의 망설임도 없이 지체함도 없이 곧장 달려온 아브람의 모습은 여전히 신앙의 중심 세계로 들어오지 못한 채 주변부에 머물며 머뭇거리고 있는 많은 사람들의 모습을 더욱 안타깝게 한다. 세겜을 향한 아브람의 삶은 인생의 확실한 목표와 확신 있는 자만이 가질 수 있는 당찬 모습이다.

오늘 우리들의 중심부에는 무엇이 자리잡고 있는가? 우리의 마음과 생각과 뜻과 몸을 사로잡고 있는 것은 무엇인가? 가나안의 아비 함인가 아니면 아브람의 꿈과 뜻과 확신과 열정인가?

● **가나안과 세겜**

세겜은 가나안땅의 중앙 산지에 둘러싸인 분지 지역으로 사방으로 통하는 도로가 교차하는 가나안의 중심 요충지다. 또한 비옥한 토양으로 감람과 포도열매를 중심으로 농산물이 풍성히 생산되는 곳이기도 하다. 훗날 밧단아람에서 돌아오던 야곱이 세일로 가자던 에서의 요청을 뿌리치고 굳이 세겜으로 와서 땅을 사고 자리를 잡았던 것도 당시 세겜이 가지고 있던 이러한 입지적 요건들을 잘 설명해 준다. 많은 가축과 재산을 가진 야곱이 그 재산을 유지 확장하고 또 좋은 시장을 확보하기 위해서는 이 세겜이 가장 적합했던 것이다.

또한 보다 뒤에 이스라엘의 가나안 정복 때를 살펴보면 이 세겜은 이스라엘의 정치 경제 종교의 중심지로써 역할하게 되는 것을 볼 수 있다. 가나안 땅을 정복해 들어오던 여호수아는 이 세겜성의 좌우에 서있는 그리심 산과 에발 산에서 율법을 반포하고 축복과 저주의 말씀을 선포한다. 그리고 이곳에 도피성이 세워진다. 이곳을 통과하는 이스라엘이 이 두 산을 보며 하나님의 말씀이 가지고 있는 축복과 저주를 깨닫고 신앙을 새롭게 하며 신앙의 긴장감을 높이고 늘 감사를 가질 수 있도록 하기 위함이었다. 여호수아도 죽기 직전 마지막 고별설교를 이 세겜에서 행하고 세상을 떠난다.

결국 가나안 땅이 당대 세계사 속에서 악의 씨앗이요 중심축이었다면 세겜은 그 가나안의 중심지였다. **"그 때에 가나안 사람이 그 땅에 거하였더라"** 는 본문의 기록은 가나안 사람들을 다스리는 중심이 이 세겜이었다는 것을 나타내는 말씀이다.

네 자손에게 주리라 (창 12:7)

"여호와께서 아브람에게 나타나 가라사대 내가 이 땅을 네 자손에게 주리라 하신지라 그가 자기에게 나타나신 여호와를 위하여 그곳에 단을 쌓고"(:7)

가나안 땅에 들어온 아브람은 곧장 세겜으로 달려간다. 이 세겜이 가나안의 중심지였기 때문이다. 거침없고 주저함도 망설임도 없는 아브람이다. 뜻을 세우고 그것이 확인되면 그대로 행하는 아브람의 확고한 의지와 강하고 담대한 마음들을 보여주는 장면이다. 그런데 바로 이 때 하나님께서 아브람에게 나타나신다. 왜일까? 이에 대해 성경은 이 때 나타나신 하나님께서 딱 한마디 "내가 이 땅을 네 자손에게 주리라"는 말씀만을 남기신 것을 기록하고 있다. 이 말씀은 무슨 의미일까? 아브람의 자손은 어떤 자손이며 그리고 이 땅에 대한 소유는 어떤 의미를 가지고 있는가? 왜 이 시점에서 이런 말씀을 하시는 것일까?

먼저 아브람의 자손은 누구이며 어떤 자들인지 살펴보자. 만일 이 자손이 아브람에게서 태어난 모든 육체적인 자손들을 뜻한다고 보면 아브람의 자손은 첫째는 하갈에게서 태어난 이스마엘이고 둘째는 백세 때 사라가 낳은 이삭이 있다. 이 외에도 사라가 죽은 이후 맞아들인 후처 그두라에게서 태어난 여섯 명의 아들들이 있는데 훗날 모두 여러 족속들로 성장해 간다. 만일 본문의 말씀이 아브람에게서 태어난 모든 육체적 자손들을 의미한다면 이 여덟 명의 아들들 모두가 이 땅의 지배권을 갖고 이 땅에서 살아야 한다. 그러나 실제는 모두가 다 아브람 자신에 의해 멀리 보내지고 오직 이삭만이 이 가나안 땅에 남는다. 또한 이삭의 아들을 놓고 보더라도 에서가 그 첫째요 야곱이 그 둘째이나 에서는 그 반열에서 제외되어 이 가나안 땅과는 상관없는 자가 되고 야곱만이 이 땅을 얻을 자손의 계보에 남는다.

그렇다면 아브람의 자손은 분명 많이 있었으나 그 제외되는 자손들은 누구며 이 가나안에 대한 땅의 약속을 이어받는 선택된 자손은 누구인가? 무엇이 이들을 이렇게 구분짓는 것인가? 이 때 그 대답은 오직 하나 하나님을 향한 진실한 신앙이었다. 진실한 신앙을 이은 자들만이 아브라함의 신앙의 계보를 잇고 궁극적으로는 이 가나안에 남게 되는 것이었다. 따라서 **"내가 이 땅을 네 자손에게 주리라"**고 하시는 말씀 속에서의 자손은 아브람의 모든 혈통적인 자손을 뜻하는 것이 아니라 아브람의 믿음을 그대로 이어받는 자 즉 믿음의 자손만을 의미한다. 이 신앙의 자손이 이 땅을 차지하여 살게 되리라는 것이며 동시에 이 땅은 믿음의 자손들에 의해 믿음의 땅이 되리라는 뜻을 담고 있는 말씀이다. 더 나아가 이는 이 가나안 땅이 믿음의 땅이 되는 것은 언제인지는 모르지만 아브람의 자손들에게나 가야 가능해 진다는 것을 알려준다. 그 때에야 이 땅이 하나님에 대한 가장 진실한 신앙을 온 천하에 확장시키는 신앙의 전진 기지가 되리라는 뜻을 함축하고 있다.

이를 우리는 훗날 모세와 여호수아에 의해 이 가나안 땅이 이스라엘 자손에게 정복되어 질 때의 그 과정과 결과들에 의해 확인할 수 있다. 처음 애굽을 벗어 나왔을 때 그 출애굽 1세대들은 이 땅을 차지할 수 없었고 모두가 광야에서 죽었다. 그 오직 하나의 이유는 이 땅을 소유할만한 하나님에 대한 온전한 믿음이 없었기 때문이었다. 하나님께서 함께 해 주시면 이 땅의 모든 강한 세력들을 물리쳐 이기고 우리가 이 땅의 주인이 될 수 있다는 여호수아와 갈렙 같은 강한 믿음이 없었다. 오히려 자신들이 그들에 의해 죽임을 당할까봐 두려워 떨던 자들이었다. 여호수아와 갈렙의 믿음은 어떤 자들이 결국 하나님의 나라를 소유하고 그 은혜를 누리게 되는지를 보여주신 극명한 증거 사례였다.

40년 뒤에 출애굽 세대들이 죽고 광야 세대들이 장성해 그 땅을 차지하게 된다. 그 핵심적인 요인은 모세를 통해 주어진 하나님의 말씀으로 40년 동안 철저히 정제되고 훈련되어 하나님에 대한 말씀의 신앙을 소유했다는 오직 한 가지의 사실이었다. 또한 이후에 이스라엘이 가나안 땅을 소유해 살지라도 그들의 신앙이 스러질 때는 나라도 쇠하였다. 가나안 정복 이후 약 300년 간의 사사 시대가 그러했다. 그러나 신앙이 융성할 때는 국가도 부흥하여 힘 있는 제국을 이루며 구원의 하나님을 온 천하에 널리 전파하였었다. 다윗 솔로몬 그리고 히스기야와 여호사밧 때가 바로 그러했다. 가나안의 역사는 언제나 믿음의 역사와 일치하였다. 믿음이 완전히 붕괴되었을 때 마침내 앗수르와 바벨론에 완전히 멸망당하였다. 그리고 신앙을 다시 회복하였을 때 그 땅도 회복되었다. 바벨론에 멸망당한 이후 70년 만의 회복이 바로 그것이었다.

이러한 이해를 갖고 이제 **"이 땅을 네 자손에게 주리라"**는 하나님의 말씀을 정리하여 이해해 보자. 첫째 여기서의 자손이란 오직 하나 지금 아브람의 가진 이 순수하고 차별화된 신앙을 소유한 자들을 의미하며 이는 육체적 자손이 아니라 신앙의 자손을 뜻한다. 둘째 이 가나안 땅이 신앙의 땅이 되고 하나님 말씀의 전진 기지가 되는 것은 언제인지는 모르나 아브람의 자손 대에나 가서야 가능해지리라는 의미를 지니고 있다. 셋째 이는 역으로 이 악의 제국이 그렇게 쉽게 하나님 신앙을 받아들이고 변화되어지지는 않는다는 가르침을 담고 있다. 이 땅이 변화되기까지는 많은 세월이 요구되며 더 많은 신앙의 사람들이 필요하며 그들의 연합된 힘에 의해 가능케 됨을 보여주신다.

이 말씀이 아브람에게 주고자 하는 메시지는 무엇인가? 왜 이 말씀을 지금 막 세겜에 도착해서 가나안을 향한 사역을 시작하려는 그에게 주시는 것일까? 분명 이 말씀의 의미는 지금 아브람이 계획하고 있고 꿈꾸고 있는 일들은 지금 당장에 이루어지는 일들이 아니라 오랜 시간이 요구되는 것임을 전하는데 핵심이 있다. 이 가나안이 그렇게 쉽게 변하고 하나님 신앙을 받아들이게 되지는 않는다는 사실도 전하고 있다. 결국 이 말씀이 아브람에게 요구하는 것은 한 마디로 서둘지 말라고 하는 것이요 좀더 오래 인내하라고 하는 것이다. 오래도록 이들과 함께 살며 이들에게 말이 아닌 삶으로 신앙을 증거하라고 하시는 뜻이다. 먼저 가장 가까이 있는 너의 태어날 자손들과 식구들부터 교육시켜 어떤 도전 속에서도 흔들리지 않는 신앙의 사람들이 되도록 가르치라는 권면도 담고 있다. 그리고 이것이 아브람에게서부터 시작된 가나안에서의 실질적인 신앙의 역사였다.

그렇다면 지금 이 순간 하나님이 아브람에게서 보고 계신 것은 무엇일까? 굳이 지금의 이 상황에서 이 말씀을 하시는 것은 왜인가? 만일 이 말씀이 필요 없을 만큼 아브람이 이미 이렇게 준비하고 있다면 굳이 이 말씀을 하실 필요가 있을까? 하나님께서 이 말씀을 지금의 상황 속에서 하시는 것은 지금 아브람에게서 무언가 단번에 끝장을 보고자 하는 성급한 마음을 보셨기 때문이다. 그의 기대하는 바가 실제와는 많이 다르다는 것을 그가 깨닫지 못하였고 오히려 저들과 충돌될 수 있는 여지가 많이 있음을 보고 계셨기 때문이다.

하나님의 나라. 이는 일개인의 뜻과 열정에 의해 건설되어지지는 않는다. 물론 그럴 수도 있으나 그렇게 될 경우 그 개인이 떠나고 나면 그 나라는 곧 허물어지고 만다. 이스라엘의 사사시대를 비롯한 이스라엘의 역사가 이를 증명해 준다. 사사가 일어날 때는 나라가 회복되고 세워지는 것 같았지만 그 사사가 죽으면 곧 그 나라는 깊은 수렁으로 굴러 떨어졌고 이는 사무엘 때도 그러했다. 그 요인은 백성 모두가 신앙으로 굳게 연합되지 못했기 때문이었다. 따라서 사역자 자신이 무엇보다 관심 있게 행해야 하는 것은 오랜 시간을 갖고 차근차근히 한 사람 한 사람에게 올바른 신앙을 전하는 것이다. 그리고 그들을 하나로 연합시켜 그 연합을 통해 힘이 하나로 응집되도록 하는 일이다. 모든 자원과 에너지가 사방으로 질서 없이 퍼져나가는 것이 아니라 안으로 모이고 쌓여져서 공동의 비전을 향해 압축된 힘으로 뻗어나가야 하는 것이다.

하나님은 이러한 교훈들과 더불어 절대 성급하지 말 것과 비록 너의 기대하는 것들이 저들의 속에서 생겨나지 않는다 할지라도 실망하지 말라고 가르치신다. 인내야말로 이제부터 너에게 요구되는 가장 중요한 신앙의 덕목이라는 것을 힘주어 전하신다.

인내란 먼저 타인의 부족함과 허물을 정죄하기보다는 넉넉히 보듬고 포용해 나가는 것을 의미한다. 그가 스스로 변할 때까지 참고 기다려 주는 것을 뜻한다. 때로 기다려 주지 못하는 우리의 성급함 때문에 사람들에게 얼마나 많은 상처를 주는가? 열심히 수고해서 다 쌓은 성을 하루아침에 허물어 버리는 일이 얼마나 많은가? 그것 때문에 또 얼마나 우리는 나 스스로 힘들어하며 좌절을 겪는가? 나 자신이 오늘의 이 자리에 있기까지 하나님께서 얼마나 오래 인내하시고 기다려 주셨는지 얼마나 오랜 시간이 걸렸는지를 생각한다면 타인을 대해서도 기다려줄 줄을 알아야 하지 않겠는가?

이러한 점에서 인내란 나 자신에 대해서도 오래 용납하고 기다려주는 것으로 나타나야 한다. 나의 부족한 점 나 자신의 못난 점 나 자신의 잘 고쳐지지 않는 단점들 때문에 우리는 스스로 힘들어하고 괴로워하며 남들 앞에 나서는 것을 꺼려할 때가 많다. 나를 정죄함으로 하나님 앞에 서는 것조차 자신 없어 할 때가 있다. 하나님께서 나를 오래 기다려 주시고 나를 용서해 주심을 알고 하나님께서 나를 기다려 주심같이 나도 나 자신을 오래 기다려 주며 조금씩 조금씩 변화시켜 가는 것은 너무도 중요하다.

세겜 성 앞에 다다른 아브람에게 나타나시고 오래 참고 기다리라고 하시는 하나님의 말씀은 저들을 용납하고 또 하나님의 사역 이전에 인간 모두를 넉넉히 포용하고 기다릴 줄 아는 한 사람의 진실한 신앙인이 되라는 당부의 말씀이다. 그것이 곧 하나님의 사역이라는 것을 알려주신다.

남쪽으로 남쪽으로 (창 12:8)

마침내 도착한 세겜 땅에서 하나님은 다시 한 번 아브람에게 나타나셔서 결코 성급하지 말 것과 멀리 보고 천천히 사역을 열어 나갈 것을 당부하신다. 먼저 그들과 삶의 자리를 함께 하며 그들이 너를 받아들일 수 있도록 그들의 신뢰를 확보하라고 하는 보다 구체적이고 종합적인 메시지가 이 속에 담겨 있었다. 아브람이 이러한 모든 의미들을 정확히 이해했을까? "…그가 자기에게 나타나신 여호와를 위하여 그곳에 단을 쌓고." 아브람은 먼저 하나님과 만났던 그곳에 단을 쌓고 예배를 드린다. 여기서 아브람이 단을 쌓은 의미와 이유는 무엇인가? 하나님께 단을 쌓고 예배드리는 것은 보통 하나님과의 특별한 만남을 기념하기 위한 경우가 있다. 또 어떤 한 곳에 정착한 후 하나님의 인도에 감사드리며 그곳에서의 은혜를 간구하는 기원의 뜻을 담고 있는 경우도 있다.

여기서 아브람이 단을 쌓은 것은 지금의 하나님과의 만남을 기념하기 위한 것에 일차적인 의미가 있다는 것을 알 수 있다. 그가 강하고 담대한 마음을 가지고 이 세겜 성을 향해 달려왔지만 낯선 땅 거친 곳에서의 삶이 어찌 두렵고 긴장되지 않았겠는가? 그런데 이러한 순간 찾아오신 하나님과의 만남은 그 찾아오심 자체가 그에게 대단한 힘과 위로가 되어지는 것이다.

특히 아브람의 이 쌓은 단에는 그 하나님과의 만남뿐 아니라 **"이 땅을 네 자손에게 주리라"**는 약속을 감사하며 늘 이를 기억코자 함이요 이 땅에 대한 자신의 사명을 마음에 되새기고자 하는 의도가 있음은 물론이다.

하나님과의 특별한 만남은 우리의 신앙 인생에 있어서 너무도 중요하다. 늘 우리를 보고 동행해 주시는 하나님이지만 그것을 쉽게 느끼지 못하는 우리다. 그러기에 특별히 나타나셔서 우리에게 필요한 말씀을 들려주실 때 그 말씀을 잊지 않고 기억하며 그 말씀에 대한 나의 사명을 늘 인식하고자 하는 것은 무척 소중한 일이다. 보통의 경우 하나님과의 특별한 만남과 특별한 사건들이 신앙인들의 마음 속에서 너무 쉽게 빨리 잊혀져 가고 그러면서 그 신앙도 화석처럼 변해 간다. 그런데 그 만남은 그렇게 잊혀져서는 안 되는 신앙의 중요성을 가지고 있다. 그것이 늘 기억되고 있을 때 순간 순간의 위기와 어려움 속에서도 나의 신앙을 지탱해 나갈 힘이 생겨난다. 잠시 흐트러질 수 있는 상황에서도 나 자신의 사명을 흔들림 없이 수행해 나갈 수 있는 요인이 된다. 그리고 이러한 것들이 있을 때 우리는 계속되는 하나님과의 만남을 경험할 수 있게 된다.

예수님께서 에베소 교회를 향해 **"그러나 너를 책망할 것이 있나니 너의 처음 사랑을 버렸느니라 그러므로 어디서 떨어진 것을 생각하고 회개하여 처음 행위를 가지라 만일 그리하지 아니하고 회개치 아니하면 내가 네게 임하여 네 촛대를 그 자리에서 옮기리라"**(계 2:4-5)고 말씀하시는 것도 바로 이러한 의미가 있다. 처음 하나님과의 만남의 감격을 잃어버린 교회가 그 감격과 열정이 식음에 따라 신앙 자체까지도 그 중심을 잃어버렸음을 지적하시는 의미 깊은 말씀이다. 그러한 면에서 아브람이 단을 쌓아 오늘의 만남을 기념코자 하고 그 약속을 마음에 새기며 진한 감사의 마음을 드리는 것은 너무도 소중하다 하겠다. 아무도 의지할 이가 없는 이 땅이요 낯설고 긴장되고 두려운 이 땅이기에 하나님과의 약속과 만남이 더욱 소중할 수밖에 없다. 이 만남 이 약속을 기억하며 앞으로 혹 닥쳐올지 모를 어떤 힘든 상황도 이겨내겠다는 각오를 새롭게 하는 것이다.

이어 우리는 단을 쌓는 행위가 가지고 있는 또 다른 중요한 면을 생각해 보자. 아브람이 가나안에 들어서자 곧장 중심부인 세겜으로 왔다는 것은 그가 이 세겜에서 살며 이곳에서 자신의 계획하였던 사역을 펼쳐나갈 뜻을 세웠다는 것을 알려준다. 따라서 이 단을 쌓는 행위는 이제 이곳에서 살겠다는 다짐이요 지금까지 인도하심에 감사하며 앞으로의 하나님의 도우심을 간구하는 내용을 담고 있다. 특히 이 속에는 이곳에서의 신앙전파의 의도까지도 들어있다. 왜냐하면 이 단을 쌓음은 외부에 있는 사람들에게 내가 하나님을 경배하는 사람임을 알리는 행위요 이곳은 하나님께 예배드리는 장소임을 나타내는 것이 되기 때문이다.

당시 세겜 성에는 가나안 족속 사람들이 본거지를 이루며 살고 있었다. 그들에게 어느 날 저 낯선 곳에서 온 이방인인 아브람의 행위는 주목의 대상일 수밖에 없다. 따라서 아브람의 쌓은 단과 이곳에서의 예배 행위는 저들에게 설명되어져야 하는 부분이요 이 설명 자체가 이미 전도의 시작이 되는 것이다. 만일 이 세겜 성 사람들이 전혀 보지 못하는 곳에서 혼자 은밀히 행하게 되는 것이라면 아브람이 이 가나안 땅에 온 목적과 관련지어 볼 때 앞뒤가 맞지 않는다. 더욱이 아브람이 이곳에서 만난 하나님을 감사하고 기념하기 위해 단을 쌓았다면 그 만남 자체가 그에게 큰 기쁨과 감사와 위로와 그리고 큰 힘을 더해준 것이었다. 따라서 이 하나님을 더욱 힘 있게 두려움 없이 저들에게 전함은 너무도 당연하다. 이 이방인들 속에서 단을 쌓고 하나님께 경배드리는 행위 자체가 이미 도전적이고 과감한 신앙전파의 행위인 것이다.

그러면 문제는 이러한 아브람을 가나안 족속들이 과연 어떻게 받아들일지 또 그의 이러한 생각과 행위들이 그 자신에게는 어떤 결과를 가져다주는지가 대단히 궁금한 사항이 된다.

"거기서 벧엘 동편 산으로 옮겨 장막을 치니 서는 벧엘이요 동은 아이라 그가 그곳에서 여호와를 위하여 단을 쌓고 여호와의 이름을 부르더니"(:8)

세겜에 처음 정착하고 그곳에 단을 쌓기까지 했던 아브람은 어느 날 거기를 떠나 벧엘 동편 산으로 옮겨 장막을 치고 거기서 또 단을 쌓는다. 그는 왜 세겜을 떠나 이 벧엘 근처로 왔으며 또 무슨 이유로 평지에 장막을 치지 않고 산에다 장막을 치는 것일까? 벧엘은 세겜에서 거의 50km나 남쪽으로 떨어져 있는 상당히 먼 지역이다. 그가 왜 세겜을 떠나 이 먼 곳까지 온 것일까? 더군다나 세겜은 아브람 자신 가나안 땅에 들어온 이래 처음으로 단을 쌓기까지 하며 정착을 결심했던 곳이다. 하나님으로부터 이 땅을 네 자손에게 주리라는 약속을 받았던 곳이며 그가 가나안 땅으로 올 때 그 여행의 목적지였다. 반면 벧엘은 모든 면에서 세겜보다 나은 곳이라고 할 수 없는 그러한 곳이었다. 그렇다고 오늘 본문에서 그가 이 벧엘로 오게 된 특별한 목적을 설명하고 있지도 않다.

이는 세겜 성에서의 그의 머묾이 쉽지 않았고 떠날 수밖에 없는 것이었음을 보여준다. 특히 이 벧엘에서도 산지에 장막을 치고 자리를 잡은 것은 그의 정착이 이곳에서도 그리 쉽지 않은 것이었음을 드러낸다. 당시 아브람의 생활 수단은 양과 염소와 가축을 기르는 목축이었고 이는 산지가 아닌 평지라야 쉽게 이루어질 수 있는 업이었다. 그럼에도 평지를 떠나 산에 장막을 치는 것은 어떤 특별한 요인이 없으면 있을 수 없는 일이다. 더군다나 아브람의 삶의 목적은 잘 먹고 사는 것이 아니라 신앙을 전파하는 일이요 이는 아브람이 처음 세겜을 목표했던 것처럼 사람들이 많이 모여 사는 곳에 함께 거함으로써 가능한 일이다.

따라서 아브람이 세겜을 떠났다는 것과 벧엘에서도 평지가 아닌 산지에 장막을 치고 단을 쌓았다는 것은 그의 가나안 정착을 방해하는 어떤 요인들이 없고서는 있을 수 없는 일이다. 그리고 이 요인이란 아브람의 삶의 본질이 하나님 신앙을 전파하는 것이었기에 가나안 족속들이 이 신앙과 신앙을 전하는 아브람 자신을 거부하는 것임을 알게 한다.

온갖 죄악을 만들어내며 거짓 신앙에 젖어있는 자들이기에 이 진리를 받아들인다는 것은 쉽지 않다. 진리의 수용은 곧 거짓 종교 위에 세워진 모든 사회적 체제를 모두 허물어뜨려야 하기 때문이다. 자신들의 사회적 기득권을 지키기 위해서라도 비록 참 진리를 인식할 수 있다고 하더라도 그것을 거부할 수밖에 없는 것이다. 당시 고대 사회의 지배 이념과 사회를 하나로 통합하는 가치 개념은 거의가 다 이 종교적 이념에 근거를 두고 있다. 왕이나 지배자의 지배권도 종교가 만들어낸 신으로부터의 권위에서 나온다. 백성들의 지배자에 대한 복종과 사회공동체에 대한 역할도 모두 종교적 가치 개념들에 그 기초를 두고 있다. 따라서 이 종교적 가치관과 이념을 잘못되었다고 지적하고 바꾸고자 하는 시도는 그 사회에 대한 정면 도전이요 대적할 수밖에 없는 행위가 된다.

이미 거짓 신앙이 자리잡고 있는 가나안이기에 참된 하나님 신앙을 전하고자 하는 아브람의 시도는 거친 반대에 부딪치는 것은 피할 수 없는 결과다. 오래 전 조선 시대 말기에 천주교와 기독교가 각각 이 땅에 전래되어 왔을 때 얼마나 많은 피뿌림의 희생이 있었던가? 이유는 유교를 근간으로 한 기존의 사회적 가치와 질서체계에 대한 도전으로 인식되어 졌었기 때문이며 이러한 갈등은 오늘날도 일어나고 있는 현상이다.

2000년 전 예수께서 유대 땅에 오셨을 때 또 그보다 앞서 요한이 왔을 때 왜 그들 모두가 다른 사람도 아닌 동일하게 하나님을 섬기는 자들에 의해 그렇게 비참한 죽음을 당하였는가? 신앙이 이미 신앙으로서의 가치를 상실해 버리고 단지 당대 종교지도자들을 위한 자기 유지의 수단으로 전락해 버렸기 때문이었다. 마치 우상종교를 만들어 지배 이념을 삼고 백성들을 하나로 옭아매기 위한 가치개념들을 생산해내는 이방 사회와 똑같이 되어져 버렸던 것이다. 그러한 그들에게 요한이 그리고 예수께서 그 잘못을 지적하고 회개하라고 권면할 때 그것은 자신들의 지배체계와 가치체계에 대한 정면 도전으로 밖에는 인식될 수 없었던 것이다. 이 가나안도 본래 처음부터 우상종교의 이방인들이 아니었다는 것을 기억해야 한다. 가나안의 아비 함 자신 노아의 둘째 아들로 죄악에 대한 홍수 심판을 직접 목격한 자였고 아버지 노아로부터 하나님에 대한 바른 신앙을 귀가 아프도록 들었던 자였다. 그럼에도 오늘 하나님 신앙이 변질된 이 가나안의 우상종교를 만들어 내었던 것이다.

언제든 하나님의 일을 감당코자 하는 자들은 바로 이러한 사실들을 늘 염두에 두고 있어야 한다. 저항과 거부와 적대감이 우리의 전하고자 하는 진리를 기다리고 있다는 것이다. 동시에 우리의 신앙 자체도 잠시 방심하는 순간 그 생명력을 잃어버린 채 인간의 자기만족과 위로의 수단으로 그리고 경직된 종교체계 유지의 방편처럼 되어버릴 위험성이 있다는 점이다. 그러기에 이러한 상황을 이길만한 충분한 준비가 필요하며 능력이 있어야만 한다. 진리에 대한 깨어있는 마음이 필요하다는 사실을 늘 스스로 자각할 수 있어야 한다.

하나님께서는 이미 이러한 사실들을 알고 계셨기에 아브람이 가나안땅을 향해 출발할 때 **"너를 축복하는 자에게는 내가 복을 내리고 너를 저주하는 자에게는 내가 저주하리니"**라는 말씀으로 아브람을 준비시키셨다. 또 세겜 성에 다다랐을 때에도 **"이 땅을 네 자손에게 주리라"**는 말씀으로 오래 멀리 보고 사역할 것을 당부하셨다는 점을 새롭게 이해하게 된다.

파도 같은 시련 속에서도 (창 12:8-9)

"거기서 벧엘 동편 산으로 옮겨 장막을 치니 서는 벧엘이요 동은 아이라 그가 그곳에서 여호와를 위하여 단을 쌓고 여호와의 이름을 부르더니"(:8)

목축을 주업으로 하는 아브람이 벧엘 동편 산으로 옮겨 장막을 쳤다는 것은 분명 그가 변방으로 쫓겨났다는 것을 의미한다. 하지만 그가 지금 자리한 벧엘 동편 산이 벧엘과 아이 사이에 자리 잡고 있다는 사실과 그가 그곳에서도 단을 쌓고 여호와의 이름을 불렀다는 것은 무엇을 말씀하는 것일까? 왜 성경은 그가 새롭게 거하게 된 이 지역의 위치를 벧엘과 아이 사이라고 상세하게 기록하고 있는 것일까? 이는 무엇보다 그의 현재 위치가 벧엘과 아이 사이의 교통로상이라는 것을 말하고 있다. 이는 아브람이 여기에 자리 잡은 것은 분명 어떤 의도를 가지고 한 행동임을 보여주고 있다. 그리고 이 의도는 그가 여기서 단을 쌓고 여호와의 이름을 불렀다는 사실에서 확인되고 있다. 이는 그가 비록 이 변방으로 쫓겨나올 수밖에 없었지만 그 본래의 사역을 포기하지 않고 이 두 도시를 오가는 사람들에게 하나님에 관한 올바른 신앙을 전하기로 마음먹었다고 하는 사실을 알게 한다.

아브람도 목축하는 자였기에 양털과 젖과 고기를 팔아야 했고 또 자신의 필요한 생필품들을 사야만 했다. 도시와 도시를 오가는 상인들과 또 목동들과의 교류가 있게 됨은 당연한 일이다. 그런 교류와 또 교통로 상의 접촉을 통해 신앙을 전파하고자 함은 자연스런 일이다. 단을 쌓고 그 단을 쌓음이 여호와를 위한 것이었다는 성경의 설명은 그 단을 쌓은 의도가 여호와 하나님의 뜻을 이루고자 하는 것이었음을 말해 주고 있다. 그리고 무엇보다도 그가 거기서 여호와의 이름을 불렀다는 것은 여호와라고 하는 천지창조의 신을 사람들에게 전하여 하나님을 알게 하고자 하는 것이었음을 분명히 전해 주는 대목이다.

"**셋도 아들을 낳고 그 이름을 에노스라 하였으며 그 때에 사람들이 비로소 여호와의 이름을 불렀더라**"는 창 4:26절의 말씀이 바로 이러한 이해를 설명해 주는 증거다. 가인이 아벨을 죽인 사건 이후 아담에게서 셋이 태어나고 또 셋이 에노스를 낳는다. 이 때부터 사람들이 하나님을 이름을 붙여 불렀다. 이는 하나님과 그 나라에 대한 개념이 정의되고 체계적인 신앙 교육이 시작되었으며 하나님이 비로소 신앙의 대상으로 인식되었음을 나타낸다. 하나님을 보지 못하였고 알지 못하는 세대가 시작되었기 때문이다.

도전과 시련 속에서도 결코 꺼지지 않는 아브람의 열정을 본다. 편안한 삶보다는 쫓겨나고 떠나는 것이 있을지라도 나의 신앙을 지키고 그 신앙의 사명을 감당하고자 하는 것이 그의 삶이었다. 그냥 그들과 어울리며 적당히 타협된 선에서 자신만의 신앙을 지키며 살아갈 수도 있었을 텐데 그는 떠나는 길을 택하였다. 하나님 신앙을 전하고 그 신앙이 받아들여지지 않고 대적하는 일이 일어나자 또 다른 전도의 장을 찾아 떠나는 것이었다.

신앙 안에서 한 가지 뜻을 세우면 그것이 이루어지든 이루어지지 않든 끝까지 감당하고자 하는 각오가 중요하지 않은가? 어떤 어려움이 있어도 마지막까지 이 사명을 감당하고 말겠다는 분명한 의지가 필요하다. 특별히 우리의 이 신앙이 부여한 사명은 도처에 도전과 시험이 널려 있는 가시밭길이다. 부르심의 소명과 부여받은 사명에 대한 확고한 의지가 없이는 갈 수가 없는 길이다. 열매는 하나님께서 맺고 거두시는 것이요 나는 씨뿌리는 자의 수고를 감당하겠다는 충성과 희생의 결단이 있어야만 하는 것이다. 세상적 '성공'을 꿈꾼다면 그것 자체가 이미 실패가 아닌가?

세상 사람들은 성공을 다짐하고 살아간다. 물론 우리 신앙인들도 성공을 꿈꾼다. 하지만 우리들의 성공은 좀더 다른 차원을 가지고 있어야만 한다. 그것은 실패에 대한 전제다. 언제든 실패할 수도 있다는 각오임과 동시에 실패를 다짐하는 것이기도 하다. 만약 그 성공이 불의를 용납하고 부정을 통해 가능한 것이라면 이중적 위선과 사기에 의한 것이라면 차라리 성공을 포기하고 실패를 받아들이겠다는 다짐과 결단이 있어야 한다는 것이다. 세상 사람들은 실패를 두려워한다. 그래서 때로는 실패하지 않기 위해서라도 부정과 불의를 받아들이고 교묘한 처세술로 그것을 합리화한다. 양심의 부르짖음과 고통은 의도적으로 외면한다. 만일 신앙인들도 이와 같은 행태로 세상을 살아가고자 한다면 신앙인의 증거가 무엇이겠는가? 하지만 오늘 너무나도 많은 사람들이 우리의 이러한 신앙을 단지 자기 개인의 성공을 위한 수단으로 삼고 있음을 본다. 세상적 성공에 속고 있는 자들을 말이다.

실패를 각오하지 아니하면 비굴해질 수밖에 없는 세상임을 알아야 한다. 실패를 다짐하지 아니하면 불의와 부정과 악과의 싸움에서 질 수밖에 없으며 우리의 신앙도 죽고 만다는 사실을 인식하고 있어야 한다. 성공하기 위해 불의와 불법에 눈감고 나아가 내 삶에 용납하고 받아들여야 한다면 차라리 의와 선을 지키기 위해 실패하겠다는 각오와 다짐이 우리의 신앙을 위해 오늘 너무나도 절실히 요청되는 시대다.

이러한 점에서 아브람의 단을 쌓음이 여호와를 위함이었다는 사실을 새로운 눈으로 보아야만 한다. 그것은 나를 위하여 쌓음이 아니었다는 것을 나타내기 때문이다. 이 시대 많은 사람들이 이런 저런 형식들로 하나님께 단을 쌓는다는 개념의 어떤 신앙적인 행위들을 한다. 하지만 과연 그러한 행위들이 자기 자신을 위해서가 아닌 하나님만을 위한 신앙의 의식에서 나온 것들은 얼마나 될까? 인생의 어느 극적인 순간에 나를 찾아와 만나주신 하나님을 기념하고 내게 주어진 사명을 감당하기 위해 단을 쌓고 결단하고 각오하는 모습이 말이다. 거의 모두가 자기 자신의 세상적 성공을 위해 단을 쌓고 있다는 생각은 사실을 잘못 본 것일까?

"점점 남방으로 옮겨갔더라"(:9)

그러면 아브람의 시련은 과연 세겜에서의 실패로 끝이었는가? 세겜을 떠나 벧엘과 아이 사이의 산지로 옮겨온 아브람은 그 곳도 떠나 더욱 남방으로 옮겨간다. 벧엘을 떠나 점점 남방으로 갔다고 할 때 그 남방은 산지와 사막 지역이다. 즉 유다 산지와 광야 그리고 네겝 사막지역이다(히브리어 성경은 이 남방을 오늘날의 광야와 사막지대인 '네겝'이라고 표현하고 있다). 훗날 가나안 정복 때를 보면 이 남방 산지는 가장 점령하기 힘든 거친 지역이었고 갈렙의 특별한 용기로 유다 지파에 의해 제압된 곳이었다. 그리고 그 아래의 네겝 지역은 불모의 사막과 광야지대로 특히 물이 부족하여 사람이 살기 어려운 곳이었다.

점점 남방으로 옮겨갔다는 것은 더욱 더 살기 어려운 지역으로 옮겨갔음을 뜻한다. 또한 사람이 많이 모여 사는 곳을 떠나 인구밀집도가 희박한 땅으로 나아갔음을 의미한다. 목축에는 전혀 부적합한 땅이었다.

세겜에서 떠나야만 했던 아브람이 벧엘과 아이 사이의 산지에서도 살지 못한 채 점점 더 조건이 열악하고 험악한 환경 속으로 내려가고 있다. 이는 결국 그의 사역은 가나안 족속들에 의해 거부되고 배척되는 운명을 거듭해서 겪고 있다는 사실을 보여준다. 뒷날 애굽에 내려갔다가 올라온 아브람이 다시 정착하는 지역을 보면 벧엘과 아이 사이의 단을 쌓았던 곳이었다. 이는 이 남방 지역이 그 스스로의 원하던 곳이 아니었음을 증거해 준다. 아브람의 사역뿐 아니라 삶까지도 거부되고 배척되는 상황이 계속되고 있음을 알 수 있다(이러한 이해는 좀더 뒤에 그가 애굽으로 내려가게 되는 사건 속에서 분명하게 확인할 수 있다). 진실한 하나님 신앙과 그 구원의 믿음을 저들이 거부했고 우상숭배의 악한 삶이 그 땅을 지배하고 있었다. 그 속에서 아브람은 어디 발붙일 곳도 찾지 못한 채 철저히 이방인이요 나그네의 삶을 살아갈 수밖에 없었다.

그럼에도 불구하고 여기서 보게 되는 중요한 사실은 아브람이 북쪽으로 돌아가지 아니했다는 점이다. 거부되고 배척될 때 어쩌면 북쪽으로 돌아갈 수도 있었다. 편히 살 수 있는 터가 북쪽 하란에 있었고 아버지 데라가 아직 거기에 살고 있기 때문이다. 이는 아브람이 다시는 그곳으로 돌아가지 않고 내가 나의 뼈를 이 땅에 묻겠다는 각오를 확인시켜 보여주는 장면이다. 이곳으로 인도하신 하나님의 뜻을 반드시 이루겠다는 확고한 의지가 지금 그를 이 땅에 붙잡고 있는 것이다. 아브람이라는 인물이 어떤 사람인지 그 속사람과 하나님을 향한 믿음과 부르심에 대한 투철한 소명의식을 분명히 볼 수 있다. 이것이 신앙의 실체요 신앙인의 참모습이며 신앙의 능력이 아니겠는가?

한번 결정되기까지는 신중하다. 그러나 그 신중함은 회피나 게으름이 아니요 최선을 다해 준비하는 훈련의 과정이요 결과다. 쉽게 일을 결정하고 추진하는 사람들은 포기하고 물러서는 것도 쉽다. 그 일의 처음서부터 마지막까지 생겨날 수 있는 모든 변수들과 반드시 필요한 요소들에 대한 검토가 면밀하지가 못하다. 그러기에 생각지 못한 일들이 생겨나면 당황하고 결국은 주저앉고 만다. 아무 원칙과 줏대도 없이 단지 맹목적으로 일을 해결하려고 시도하다가 더 큰 난관에 봉착하기도 한다. 때로 이 세상에서의 사업이라면 그런 도박과도 같은 선택과 결정이 일시적인 성공을 거두기도 하나 그 몰락은 비참하다.

하나님의 일은 철저히 준비된 자만이 할 수 있다. 확인하고 또 확인한다. 그러기에 신중하고 남들 눈에는 답답해 보일 수도 있다. 왜 그러고 있느냐는 힐난이 일어나기도 한다. 하지만 한번 시작되면 흔들림 없이 추진해 간다. 무엇보다도 중요한 것은 신앙의 정도를 벗어나지 않는다는 점이다. 타협하지 아니하며 목표에 대한 비전이 확고하다. 아브람, 그는 스데반의 증언처럼 유업으로 받은 발붙일 만큼의 땅도 얻지 못한 철저히 나그네의 삶이었지만 왔던 길로 되돌아가지 아니했다. 오늘 나와 교회의 신앙은 어떠한지 되돌아보게 한다.

끝나지 않은 시련 (창 12:10)

가나안에 들어온 이후부터 지금까지 아브람의 삶은 거절당하고 훼방당하는 실패의 연속이었다. 세겜에서 네겝 사막까지 내려오는 이 길은 가나안의 중심부에서 밀려나고 또 밀려나 저 사람 살기 어려운 지역까지 내몰린 아브람의 고단한 실패의 여정이었다. 그토록 철저히 준비되어졌고 하나님의 부르심이 있었으며 그 부르심에 순종한 길이었지만 왜 이러한 실패가 계속되어야만 하는 것일까? 하지만 이 길은 왔던 길을 되돌아가지 않고 결코 포기하지 않는 아브람의 강인한 의지와 거듭 거듭 새롭게 도전하는 도전 의식을 보여주는 과정의 길이었다. 이런 삶의 태도 자체가 이미 철저히 연단되고 준비되어 있지 아니한 사람에게서는 절대 있을 수 없는 너무도 소중한 삶의 모습이다.

가나안에 들어온 이후 오늘까지 얼마의 시간이 흘렀는지는 정확치 않다. 하지만 75세가 지난 사람이 보여주는 이러한 정신은 한마디로 놀라운 것이었다. 100세 된 아브람이 이미 자신의 늙음과 한계를 고백하는 것을 본다면 75세 이후의 그의 몸은 이런 엄청난 도전과 힘든 여정을 함께 감당하기에는 그리 쉽지 아니한 때다. 순종하기도 쉽지 않은 때에 더군다나 실패를 경험한다는 것은 오늘 우리의 인식으로 본다면 감당한다는 것 자체가 어렵다. 하물며 이 실패를 딛고 다시 회복해 간다고 하는 것은 도저히 불가능하다고 할 수 있다.

그런데 다시 일어나 거듭 새롭게 도전해 가는 이러한 저력은 오직 신앙만이 우리에게 줄 수 있는 특별한 은혜요 선물이다. 젊은 날에 이미 꿈과 활력을 상실하고 무기력하게 현실에 끌려다니는 삶을 사는 오늘의 젊은이들이 아닌가? 늙었다고 모든 희망을 접고 그저 죽는 날만을 기다리며 다만 하루라도 더 살고 더 즐기기 위해 발버둥치는 오늘의 노년들이 아닌가? 그들 모두에게 너무도 많은 메시지를 전해 주는 아브람의 인생이다.

> "그 땅에 기근이 있으므로 아브람이 애굽에 우거하려 하여 그리로 내려갔으니 이는 그 땅에 기근이 심하였음이라"(:10)

그런데 그것이 끝이 아니었다. 또 다른 어려움이 그에게 몰려온다. 그 땅에 혹심한 기근이 몰아닥친 것이었다. 참으로 힘든 부르심에 순종한 아브람이었다. 그 순종 자체만으로도 그의 신앙이 할 수 있는 몫은 다한 것이라고 생각할 수 있다. 하지만 그 힘든 순종에 뒤이어 거듭되는 이 실패와 고난들은 어떻게 설명해야 하는 것일까? 도대체 하나님의 은혜라고는 찾아볼 수 없는 이런 혹독한 고난을 그는 어떻게 받아들여야 하는 것일까? 사실 실패와 시련은 한 두 번 겪는 것만으로도 우리 인생에게는 충분하다고도 할 수 있다. 육체적으로나 정신적으로나 우리 인간에게는 한계라고 생각되는 연약한 점이 있기 때문이다. 이러한 거듭되는 위기 상황에서 아브람은 결국 어떤 선택을 하게 되는 것일까? 특히 이 기근은 불가항력적인 것으로 피하거나 막아낼 도리가 없는 자연재해다. 사람으로 인한 고난 위에 이제 이 자연재해까지 겹쳐 그에게 닥쳐온 것이었다.

이런 상황 속에서 아브람은 애굽으로 내려가는 선택을 한다. 그리고 이 선택의 목적은 그 애굽 땅에 우거하려 함이었다고 성경은 설명하고 있다. 그런데 이 우거함이 항구적인 것이었든 일시적인 피난이었든 중요한 것은 아브람 자신의 이러한 선택에 대해 하나님께 묻는 과정이 없었다는 사실이다. 가나안에 들어올 때와 같은 하나님의 인도하심이 없이 이루어진 일이었다. 이 선택이 그의 평생의 목표였던 가나안을 떠나는 것임에도 불구하고 그러했다. 혹시 아브람에게 하나님께 대한 신뢰가 사라진 것은 아니었을까? 사람으로부터 당하는 시련은 사람 자신이 죄인이라는 사실을 인식하는 한 참고 이해할 수 있는 것이라고 할 수도 있다. 하지만 이 기근까지 자신을 괴롭히는 상황에 처하도록 내버려두신 것은 어쩌면 하나님의 은혜가 더는 있을 수 없다고 생각할 수도 있기 때문이다.

당시의 애굽. 당대 세계사적으로 볼 때 최고의 문물과 풍요를 이룩한 문명권이었다. 나일강이 가져다준 비옥한 삼각주 평야는 풍요의 원천이었다. 아브람은 어쩌면 이 마지막 재난 앞에서 가나안에서의 사역을 실패로 규정 짓고 모든 것을 포기한 채 이제는 편안한 삶을 살고 싶어 했는지도 모르겠다. 아니면 잠시 쉬며 새로운 기회를 찾고자 했던 것일 수도 있다. 이것이 항구적인 정착을 의도했든 일시적인 피난을 도모한 것이든 아브람은 지금의 재난과도 같은 기근 속에서 이 애굽의 풍요를 의지하고자 했던 것만큼은 분명하다.

신앙인에게 참으로 견디기 힘들게 하는 것이 하나 있다. 그것은 과연 하나님의 은혜가 내게 있는가 묻게 되는 의심이 들 때다. 지금 아브람이 직면하고 있는 현실은 바로 이러한 의심까지도 가능하게 하는 상황이라고 할 수 있다. 오늘 우리의 사역과 삶에 있어서 여러 적대적인 상황은 그렇다고 치더라도 그런데 이 기근처럼 물질의 궁핍까지 겹쳐올 때 우리라면 어떻게 해야 하는가? 실상 이것은 우리의 사역을 현실적으로 불가능하게 만드는 중요한 요인이기 때문이다. 그런데 더 나아가 하나님의 존재마저도 그 어느 곳에서도 찾을 수 없을 때는 또 어떻게 해야 하는가?

애굽 땅. 분명히 아브람의 사역지는 아니었다. 그가 머물 수 있는 곳도 아니었다. 하나님께서 원하시는 곳도 아니었고 하나님께 묻지도 아니했다. 애굽으로 내려가며 나타내 보이는 아브람의 이러한 모습은 아브람이 처음 이 가나안 땅에 들어올 때와는 너무나도 많이 다른 그의 모습이다. 그의 속에 깊은 좌절감이 자리하고 있다는 것을 알려준다. 이제 더는 버틸 수 없는 지치고 피곤한 모습을 발견할 수 있다. 왜 하나님께서는 75세의 나이에 모든 것을 버려두고 당신의 뜻을 좇아 나온 그에게 지금까지의 이러한 실패를 맛보게 한 것이었을까?

그 대답이 무엇이든 신앙은 마지막이라고 여겨지는 순간까지도 하나님께 모든 것을 맡길 수 있는 믿음이 있어야 한다는 것을 알게 한다. 사실이 그러하다. 신앙은 완성이 있을 수 없다. 이만하면 충분하고 다 됐다고 말할 수 있는 자리가 결코 없다. 잠시도 방심하지 않고 잠깐도 잠들지 않고 깨어 있어 두 눈 부릅뜨고 살피는 파수군의 경성함을 갖추는 것 외에는 완성이란 있을 수 없다. 오직 발생 가능한 모든 상황을 맞이할 준비를 갖추고서 말이다.

가나안이 남긴 것 (창 12:11-12)

애굽. 이 땅은 아브람이 자신의 땅 갈대아 우르를 떠나올 때 목표했고 계획했던 땅은 아니었다. 그런데 전혀 외적인 여러 상황에 의해서 이곳까지 오게 되었다. 따라서 전혀 마음으로 충분히 준비하지 못한 상황을 맞이하게 되는 것이었고 그야말로 객지요 이방 땅의 나그네인 셈이었다. 이 애굽 땅에 들어오는 아브람이 보여주는 모습은 어떠한가?

"그가 애굽에 가까이 이를 때에 그 아내 사래더러 말하되 나 알기에 그대는 아리따운 여인이라 애굽 사람이 그대를 볼 때에 이르기를 이는 그의 아내라 하고 나는 죽이고 그대는 살리리니"(:11-12)

가나안에 들어올 때의 아브람은 스스로의 의욕과 열정이 넘쳤으며 그 위에 하나님의 부르심과 약속이 있었다. 그런데 지금 그에게는 두려움과 염려가 가득 차있다. 특히 그 염려와 두려움의 원인은 자신의 아내가 너무 예쁘다는 사실이었다. 이 때문에 자신이 혹시 죽음과도 같은 어떤 위험한 경우를 당하지 않을까 하는 일종의 공포심이 그에게 닥쳐온다. 여기서 생각해 볼 것은 그의 아내 사래의 아름다움이 오늘만의 일이었는가 하는 점이다. 그가 처음 가나안 땅으로 들어올 때의 사래는 더욱 아름다운 용모를 지니고 있었다. 가나안에서의 어려움들을 겪기 전 메소포타미아의 그 풍요로움이 깃들인 모습이었기 때문이다.

그런데 그 때는 왜 이러한 염려가 그에게 없었던 것일까? 만일 있었다면 그토록 담대하게 가나안에 들어올 수 있었겠으며 그 실패에도 굴하지 않고 그토록 열정적으로 자신의 사역을 감당하고자 할 수 있었겠는가? 따라서 오늘 아브람이 그의 아내로 인해 나타내는 그의 마음은 가나안에 들어올 때와는 정반대의 모습이다. 그리고 이것은 애굽을 향하는 이 때 그의 전체적인 삶과 마음이 극도로 위축되고 소심해졌음을 보여주는 단적인 증거다.

소위 '문화충격' 이라는 것이 있다. 한 문화권에 속해 있던 사람이 다른 문화권의 세계 속으로 들어갈 때에 이질적인 문화로 인해 겪게 되는 심리적인 충격을 설명하는 용어다. 속에서 생겨나는 이질감 두려움 갈등 그리고 고향에 대한 향수 등 심적 요인들이 합쳐져 만들어 내는 복합적인 심리 현상이다. 지금의 아브람에게 나타나는 것은 바로 이러한 일종의 문화충격인 것일까? 만일 그렇게 설명되어질 수 있는 것이라면 당시의 가나안과 애굽을 비교해 볼 때 가나안 땅에 들어갈 때가 더 큰 문화충격을 겪어야 하는 때였다. 왜냐하면 이 가나안이 애굽보다 더 호전적이고 악한 문화를 가지고 있었기 때문이다. 반면 애굽은 상대적으로 안정된 나라였기 때문에 오히려 가나안을 벗어난 심적 안정감이 그에게 있어야 함이 더 타당하다고 할 수 있는 것이다.

가나안과 애굽 모두 아브람에게는 이방인의 땅이었다. 그 때나 이 때나 그의 아내 사래의 미모는 변함이 없었다. 이 두 가지 동일한 조건으로 본다면 애굽에서의 상황은 오히려 가나안보다는 더 나았다고도 할 수 있다. 그런데 가나안에 들어올 때는 열정적이고 사명감에 불타올랐던 그가 지금의 애굽 땅에서는 심리적으로 매우 두려워하고 불안해하는 모습을 보이고 있다. 기운 없고 낙심한 심히 초라한 모습이다. 실패와 좌절을 경험한 사람에게서 나타나는 전형적인 모습이다. 사람들의 외면과 배척 그리고 기근까지 겹친 그 어려움으로 인해 떠밀리다시피 이곳 애굽 땅까지 쫓겨온 자가 나타내 보이는 결과적 모습이다. 염려와 두려움과 불안함을 지닌 그저 나약한 한 노인에 불과한 행색이었다.

여기서 우리는 그가 가지고 있다고 생각했던 모든 것이 사라진 때의 한 인간의 본래적 모습을 본다. 그토록 열정적이고 사명감에 불타올랐고 불퇴전의 굳은 의지와 자신감에 차있었던 사람에게 이러한 연약한 모습이 있다는 사실을 짐작이나 할 수 있었겠는가? 의젓하고 늠름한 모습으로 박수갈채와 환호를 받는 사람에게 죽을까 두려워 떠는 근심과 두려움의 근원이 잠재되어 있고 이러한 초췌한 내면이 감추어져 있다는 것을 볼 수 있는 사람은 과연 몇이나 될까? 거듭되는 실패 속에서도 뜻을 굽히지 아니했던 아브람이었기에 그 신앙과 의지를 부러워하고 흠모하게 하던 그였는데 이러한 초라한 모습으로 우리 앞에 서게 됨은 어찌된 일인가?

그런데 바로 이것이 나와 우리 모두에게 존재해 있다는 사실을 우리는 이 믿음의 조상 아브람에게서 확인하게 된다. 과연 누가 누구를 비겁하고 약하다고 욕하고 비난할 수 있을 것인가? 내가 아직 그 상황에 부닥치지 아니했을 뿐이지 내가 어떤 상황에서 어떤 모습으로 변화될 것인지는 아무도 장담할 수 없다. 오늘 아브람의 모습은 이러한 점에서 우리 인간의 본질에 대해서 다시 한 번 확인하게 한다.

그러면 그 아브람의 열정적이고 도전적이었던 사역의 모습은 어디에서 온 것이었을까? 물론 전적으로 신앙에서 기인된 것이었지만 문제는 과연 이것이 순수히 진실한 신앙에서 근원된 것이었을까 하는 점이다. 즉 그의 이 신앙에 인간적인 야심과 같은 어떤 것이 섞여 있었던 것은 아니었을까 하는 것을 생각해 보게 된다. 만일 오늘까지 가나안에서의 그의 사역이 순수한 신앙에서 비롯된 것이었다면 우리는 동일하게 하나님의 사역을 감당했던 다른 사역자들을 살펴볼 필요가 있다. 모세와 바울을 생각해 보자. 그들도 가는 곳마다 거친 도전에 부닥치는 고난을 이 아브람보다도 더 심하게 겪었던 자들이었다. 하지만 그들에게 그 힘겨운 시련에 부닥칠 때에 자기의 목숨을 잃을까 두려워 떠는 이러한 초췌한 모습이 나타났던가?

지금의 아브람에게는 아직 죽음의 위협은 자기 자신의 생각 안에 있는 것이지 현실적으로 생겨난 것은 아니었다. 그럼에도 그는 죽을까 두려워 떤다. 하지만 바울에게서는 죽음의 그림자가 언제나 그의 삶에 넘실되고 있었지만 죽을까 두려워 떤 적은 없었다. 비굴하게 그것을 피하고자 하는 모습은 나타나지 아니했다. 바울 모세 다윗 예레미야 모르드개 등 숱한 믿음의 사람들이 그러했다. 결국 참으로 진실한 신앙인들의 신앙 세계 속에서는 죽음이 두려움이 되지를 못했고 그 위협은 능히 극복할 수 있는 것이었다.

그렇다면 아브람의 현재의 두려움은 어디에서 왜 온 것이었을까? 그의 이 두려움은 전적으로 실패와 좌절감에서 비롯된 것이다. 그렇다면 이것은 그에게 가나안에서의 나의 사역과 삶이 철저히 실패할 수도 있다는 생각과 이를 받아들일 마음의 준비가 없었다는 것을 나타낸다. 그 반대로 이런 실패와는 다른 어떤 기대가 있었다는 것을 나타낸다. 그것이 이루어지지 않고 반대로 자신의 생각지 못한 결과들이 거듭 거듭 닥쳐왔기에 그는 오늘 실망하고 좌절하고 있는 것이다. 그러면 이 기대감은 어디에서 온 것일까? 하나님께로부터 온 것이었을까? 하나님께서는 이미 아브람에게 가나안에 대한 인간적인 기대를 갖지 말 것을 그의 가나안 초기부터 말씀해 주셨다. 만일 인간적인 기대가 있다면 크게 실망하고 좌절하는 일이 있으리라고 미리 경고해 두셨다. 결국 그 기대가 있었다는 것은 그에게 신앙과는 다른 어떤 인간적인 야심, 인간적인 의욕이 있었다는 것을 보여주는 증거다.

하나님의 소명을 받았지만 인간의 의욕과 야심이 그에게 앞서 있었음을 보여주고 있지 아니한가? 만일 인간의 이러한 개인적인 요인들이 없었고 하나님의 부르심에 대한 순종만이 있었다면 그 결과는 오직 하나님께 맡기고 열매가 있든 없든 처음의 마음과 모습을 그대로 유지할 수 있어야 하지 않겠는가? 다른 많은 성경의 신앙인들처럼 말이다. 그럼에도 불구하고 그가 이렇게 낙심하고 실망한 것은 자신의 처음 기대가 충족되지 아니했고 자신의 계획이 뜻대로 이루어지지 아니했기 때문인 것을 증거한다. 즉 부르심은 하나님께로부터 있었으나 그 부르심에 잇따른 약속의 내용들은 정확히 이해하지 못한 채 자신의 생각한 방법과 기대되는 결과들을 거기에 섞었던 것이다.

이 땅을 향한 하나님의 섭리는 먼 훗날이었다. 이 땅 백성들이 그리 쉽게 변할 수 없는 자리까지 이르러 있음을 하나님은 이미 보셨다. 그러했기에 이들에 대한 사역은 오랜 시간이 필요한 것이었음도 아신 하나님이셨다. 아브람을 보낼 때는 지금 당장의 변화가 아니라 다만 아브람을 그 땅에 씨앗처럼 심으려는 것이었다. 먼 훗날을 바라보시는 하나님의 섭리는 이미 아브람을 부르실 때 그 약속 속에서 확인되어졌다. **"내가 너로 큰 민족을 이루고 네 이름을 창대케 하리니"** 라는 약속은 미래의 약속이었지 당장 현실의 약속은 아니었던 것이다. 그런데 아브람은 지금 당장 자신의 당대를 꿈꾸며 이 가나안 족속들의 변화를 기대하지는 않았는가? 그러했기에 직선적이고 조금은 거칠고 오만한 모습으로 저들의 죄를 지적하고 회개하라고 다그치지는 아니했을까? 자신의 말을 통한 성급한 변화만을 기대했지 자신의 삶을 통해 참된 신앙이 무엇인지를 보여주는 오랜 인내와 겸손과 양보와 사랑의 모습은 생략한 채로 말이다. **"이 땅을 네 자손에게 주리라"**는 그 말씀이 아브람의 이러한 성급함 조급함을 지적하고 '천천히 천천히'라고 권면하는 것이었음을 우리는 앞에서 이미 살펴보았다.

이 시대 신앙의 사역과 삶의 일들에 낙심하고 좌절과 깊은 절망감에 젖어 있는 자들은 바로 이 사실을 돌아보아야 한다. 내가 오늘 낙담하고 좌절감에 사로잡혀 있고 때로 나를 오늘 이 자리로 몰아낸 자들에 대한 분노가 있다면 그 이유와 원인이 바로 나에게 있지 아니한가 하는 스스로를 향한 질문을 던져 보아야 한다. 결과에 대한 성급함과 조급함, 나를 돌아보지 아니하고 상대의 허물만을 지적하며 상대에게 반발심을 갖게 했던 오만함, 내 목표를 이루고자 하는 나의 계획과 방법들이 하나님의 때와 방법들을 거스르지 않았는가 하는 마음들이다. 겸손히 씨 뿌리며 오래 인내하고 관용하며 어떤 결과에도 실망치 않으며 하나님만을 바라보는 믿음이 과연 내게 있었는가 하는 돌아봄이 있어야 한다.

원초적 인간 (창 12:13)

가나안에서의 의도했던 사역들이 계획대로 바라던 대로 잘 진행되지 않았다. 도리어 자신이 그들로부터 외면당하고 배척당하는 어려움이 거듭되자 그의 사역은 끝내 실패라는 자리에 이르고 말았다. 그리고 그의 마음에 남은 것은 실패에 따른 좌절감과 허무함이었다. 우리가 여기서 한 가지 분명하게 깨닫고 넘어가야 하는 것은 하나님의 일은 사람과 함께 가는 것이요 사람의 마음을 안고 가는 길이라는 사실이다. 곧 사람의 마음을 얻지 못하고 사람과 함께 하지 못한다면 그것 자체가 이미 실패라고 하는 것이다. 그 이외의 것이 어떠하든지 간에 그러하다. 하나님의 일을 하고자 하는 많은 자들이 착각하고 혼동하는 것이 바로 이점이다. 사람을 마음 속에서 놓쳐버린 채 업적과도 같은 외적인 일 자체에 집착할 때가 그러하다.

어느 한 때 그래도 원하던 어떤 결과를 얻었다고 생각을 하지만 한 순간 물거품처럼 사라져 버리고 황폐한 결과를 맞이하는 경우가 있다. 그것은 사람을 놓친 결과다. 가나안에서의 아브람의 실패가 가나안 사람들의 외면과 배척과 훼방으로 인해 야기되었다고 할 때 이는 아브람이 사람의 마음을 얻는데 실패했기 때문인 것을 증거해 준다. 그리고 이런 상황 속에서 전혀 뜻하지 않게 내려가 접하게 되는 애굽이라는 나라와 전혀 이질적인 문화와 사람들은 아브라함에게 심한 염려 불안 두려움을 안겨다 준다. 처음 가나안에 들어올 때의 그 열정과 의욕과 패기는 간 곳이 없다.

"애굽 사람이 그대를 볼 때에 이르기를 이는 그의 아내라 하고 나는 죽이고 그대는 살리리니" 이 말씀은 그의 심리적 충격이 어느 정도인지를 한눈에 보게 한다. 한마디로 심적인 공황 상태다. 즉 자기 아내가 예쁘기 때문에 애굽 사람들이 자기 아내를 빼앗기 위해 자기를 죽이리라는 것이었다. 이는 그의 속에 죽음에 대한 극도의 공포심이 있다는 것을 보여주는 증거다. 더군다나 자기의 아내를 빼앗기 위해서라는 이유는 그 사회적 개연성과 가능성이 어떠했든지 간에 이 공포심이 전적으로 그의 약해진 속사람과 실패와 좌절을 경험한 한 인간의 내면세계로부터 비롯된 것임을 알게 한다. 특히 이러한 가능성이 가나안보다 이 애굽이 더 높지 않다는 점에서 보면 더욱 그러하다.

어떤 면에서 본다면 우리는 아브람의 현재의 모습을 정도의 차이야 있겠지만 심리적 우울증이라고 말할 수도 있을 것이다. 상대방은 전혀 나에 대해 적대적인 태도를 취하지 않고 있고 또 그 적대적인 태도가 실현되지도 않은 상태지만 상상의 세계에서 이를 기정사실화 하여 상대방의 사소한 말과 행위까지도 자신에 대한 적대적인 태도로 간주하고 때론 공격적으로 혹 때로는 도피적인 반응을 보이는 것이 이 우울증의 한 증상이다. 이 우울증의 원인은 삶의 의욕적인 목표를 갖지 못한 상태의 허무감 무기력증일 수도 있고 큰 실패를 경험한 뒤의 실망감 좌절감에서 오는 경우도 있다.

지금 아브람의 모습은 아직은 생각의 차원에서 가능한 일을 실제 속으로 끌어들여 죽음의 공포에 떠는 너무도 무기력하고 초췌한 모습이다. 가나안에 기근이 들었다고 가나안 사람들이 모두 애굽으로 피난 온 것은 아니었다. 기근이 들었을지라도 그것을 이겨내며 살고 있다. 이 기근이 곧 지나갈 줄을 알기에 또 거처를 이동하고 자신의 부족과 살던 터를 등진다는 것이 지극히 어려운 선택인 것을 알기에 그러하다. 어려워도 이웃과 함께함이 오히려 더 든든하기 때문이다. 만일 아브람도 이들 가나안 족에게 받아들여지고 그들 속에 함께 살 수 있는 터전이 마련되어 있었더라면 굳이 가나안을 떠나 애굽까지 내려오지 않았을 것이다. 더군다나 애굽이 한 사람의 아내를 빼앗기 위해 사람을 죽이고 재산을 강탈하는 그러한 무자비하고 무법한 곳으로 인식되고 있었다면 말이다.

가나안이 본래 목적지였지만 가나안을 떠나 애굽을 향한다. 또 이 애굽에서 무슨 편안함을 기대하는 것이 아니라 정상 이상의 극도의 신경과민과 죽음의 공포를 경험한다. 그러면서도 애굽으로 내려갈 수밖에 없었다는 것은 기근 이외에 가나안을 떠날 수밖에 없는 다른 외적 요인이 있었다는 것과 가나안에서의 삶이 사람들로부터의 거절과 훼방 그리고 내어쫓김의 과정이었음을 알려준다. 완전한 실패의 사역이었다.

늘 거절당하며 살아온 사람, 늘 쫓기며 살아온 사람들의 심리적 강박관념과 병적 증세가 어떠한지를 생각케 한다. 혹 오늘 우리가 이러한 사람들을 만들어 내는 것은 아닐지 생각해 볼 때다. 내 자녀들의 마음에 아픔을 남겨주지는 않았는지, 무심코 외면한 나로 인해 나의 이웃들이 좌절과 상처를 갖고 살아가는 것은 아닌지 살펴보아야 한다. 또 혹 부모나 사람으로 인해 이런 좌절과 외면의 상처를 깊이 간직한 사람이라면 이 아브람을 좀더 깊이 묵상해 보아야 하겠다. 그가 이 좌절의 아픔, 이 우울증과도 같은 심리적인 고통들을 어떻게 치유받아 가는지를.

거절할 수밖에 없을지라도 그 이유를 자상하게 설명해 주어 나의 자녀가 나의 이웃이 외면당한 아픔을 갖지 않게 하자. 따뜻한 미소 용서하는 마음 나누어주는 넉넉함으로 저들이 위로받고 편안한 마음으로 나를 대하며 살아가게 하자. 나의 부주의하고 사소한 한 마디 말의 실수가 사람에게 어떻게 깊은 상처를 남기는지 생각하면서.

"원컨대 그대는 나의 누이라 하라 그리하면 내가 그대로 인하여 안전하고 내 목숨이 그대로 인하여 보존하겠노라 하니라"(:13)

"**원컨대 그대는 나의 누이라 하라.**" 이러한 두려움을 이기기 위해 드러나는 그의 첫 번째 반응은 거짓말이었다. 자신의 현재를 속여서라도 이 심적인 위기감으로부터 도망하고자 한다. 물론 이 거짓말은 단지 자신의 심적인 위기에서 벗어나고자 함이었다. 하지만 만일 그 누군가가 실제로 아내를 달라고 한다면 줘버릴 수도 있는 즉 이 거짓은 자신의 가장 가까운 사람이요 일평생 사랑해 오던 자신의 아내일지라도 버리는 선택으로 나타난다. 그 목적은 오직 하나 자신의 목숨을 보존하고 자기가 살기 위함이었다. "**내가 그대로 인하여 안전하고 내 목숨이 그대로 인하여 보존하겠노라**" 즉 내가 살기 위해서는 어떤 거짓말도 할 수 있고 자신의 아내일지라도 능히 버리고 외면할 수 있는 것이었다. 이는 수단과 방법을 가리지 않고서라도 살고자 발버둥치는 한 인간의 모습이자 지금 그에게 남아 있는 것은 오직 하나 동물적인 생존 본능이라는 것을 알려준다.

자신감과 열정과 소명감을 잃어버린 채 소심한 인생으로 전락해 버린 것이 끝이 아니었다. 그 실패와 좌절은 죽음에 대한 두려움으로 이어졌다. 그리고 이 이방인의 땅에서 거짓말을 해서라도 위기를 모면하고자 하는 모습으로 이어졌다. 더 나아가 자기 아내를 버려서라도 자신의 목숨을 얻기 위해 발버둥치는 한 인간의 모습으로 나타났다.

가나안에 처음 들어올 때의 기개와 꿈과 열정은 고사하고 신앙의 원초적 흔적도 찾을 수 없는 아브람이다. 이것이 우리가 신앙의 조상으로 흠모하는 한 인간으로서의 아브람의 모습이다. 인간으로서의 최소한의 예의도 상식도 잃어버린 육체적 생존 욕구만이 남아 그를 다스리고 있는 원초적 인간의 모습이다. 성경은 한 신앙인이 이렇게까지 변해 갈 수도 있다는 사실을 전혀 가감 없이 그대로 드러내 보여주고 있다. 누가 현재 나의 신앙을 자신할 수 있겠으며 그 누가 타인을 못났다 악하다 비열하다 비난하고 정죄할 수 있겠는가? 단 한 순간도 방심할 수 없는 것이 이 신앙의 길인 것을 알려 주고 있지 아니한가?

인간의 외적인 실패와 상황의 변화가 인간의 내면을 어떻게 일그러뜨리고 황폐화시켜 가는지를 보여준다. 한 때 있다고 생각했던 신앙 그 자체까지도 어떻게 흔적 없이 파괴되어 사라지는지 생생하게 드러내고 있다. 이는 우리의 내면이 준비되어 있지 아니할 때 외적인 조건들에 의해 내 자신의 의지와는 전혀 상관없이 어떻게 무너질 수 있는지를 확인시켜 주는 사례이기도 하다. 참으로 허무하게 꺾이고 황폐해지는 허약한 존재가 바로 인간인 것이다. 오늘 아브람은 실패라는 조건과 상황 속에서 이런 변화를 보여 주지만 때로 사람은 실패뿐 아니라 성공이라는 조건 속에서도 동일한 변화를 겪을 수도 있다. 실패가 비굴함과 같은 부정적인 것들을 만들어 낸다면 성공은 거만 무절제 타락을 불러일으키기도 한다.

그 어떤 외적인 상황의 변화에도 허물어지지 않는 나의 내면을 만들어 가는 것, 그 모든 것들을 능히 이겨낼 수 있는 내 속 사람을 만들어 가는 것이야말로 우리가 신앙을 통해 이루어야 할 최고의 과제요 목표다. 오늘 아브람의 모습은 이것이 만들어지지 않는 사람은 어떤 하나님의 일도 감당할 수 없다는 것을 거울처럼 선명히 비추어 준다. 일을 하기 전 먼저 내 속사람을 연단시켜 가는 것이 가장 우선해야 하는 일임을 말이다. 어떤 주어진 한 가지 상황과 조건의 변화 앞에서 평소에는 점잖은 것처럼 보이던 사람들이 얼마나 치졸하고 야비한 인간으로 변해 가는지를 우리는 이미 보아왔고 앞으로도 더욱 많이 보게 될 것이다. 겉은 멀쩡한 듯 보이나 속은 썩은 고목나무 같은 인간들을.

여기 내면이 철저히 준비된 한 신앙인의 고백을 들어본다. **"우리가 사방으로 우겨쌈을 당하여도 싸이지 아니하며 답답한 일을 당하여도 낙심하지 아니하고 핍박을 받아도 버린 바 되지 아니하며 거꾸러뜨림을 당하여도 망하지 아니하고 우리가 항상 예수 죽인 것을 몸에 짊어짐은 예수의 생명도 우리 몸에 나타나게 하려 함이라"**(고후 4:8-10). 끊임없는 고난 속에서도 한결 같은, 그 내면이 준비된 사도요 신앙인의 모습이다.

깊고 깊은 곳으로 (창 12:13)

"원컨대 그대는 나의 누이라 하라 그리하면 내가 그대로 인하여 안전하고 내 목숨이 그대로 인하여 보존하겠노라 하니라"(:13)

실패와 좌절감에서 오는 두려움, 애굽 사람들이 자신의 아내를 빼앗기 위해 자신을 죽일지도 모른다는 이 죽음에 대한 공포가 그를 이끌고 가는 자리가 어디인지를 본다. 그것은 자신의 아내 사래에게 이제부터는 자기 아내라고 하지 말고 누이 동생이라고 해 달라는 것이었다. 사람들이 사래에게 관심을 보여 올 때마다. 이유는 오직 하나 자신이 안전하고 살기 위해서였다.

사래를 생각해 본다. 그녀는 누구이며 왜 여기까지 와 있는 것일까? 아브람이 본토 친척 아비 집을 떠나왔다면 사래 또한 마찬가지다. 아브람이야 남자이고 자신의 속에 하나님의 바른 신앙을 전하고자 하는 열정과 그 부르심을 못 이겨 여기까지 왔지만 사래 또한 개인적인 열정과 부르심 때문에 여기까지 와 있는 것인가? 그녀가 여기까지 온 것은 오직 아브람 때문이었다. 여자로서 부모 형제 친척을 떠난다는 것은 남자인 아브람이 느끼는 것보다 더욱 큰 슬픔과 아픔이었다. 하지만 그래도 그러한 고통들을 감내할 수 있었던 것은 아브람이 곁에 있었기 때문이었다. 이 남자가 자신을 끝까지 사랑하고 지켜 주리라는 신뢰가 있었기 때문이었다. 즉 아브람을 하늘같이 믿고 오늘 이 애굽까지 따라왔으며 그간의 모든 힘든 일들을 뒤에서 소리 없이 감당해 왔다. 아브람 또한 사래의 마음을 다한 지지가 있었기에 오늘까지 하고자 하는 일을 해 올 수 있었다. 그리고 지금 이 애굽에서의 상황이 남자인 아브람에게 두려움으로 다가온다면 사래에게는 더욱 더 남편을 의지하게 만드는 너무나도 낯선 곳이다.

그런데 아브람이 자신을 이곳까지 이끌고 와서 자기더러 아내라 하지 말고 누이라고 말해 달라고 한다. 이유는 오직 하나 아브람 자신이 살기 위해서였다. **"내가 그대로 인하여 안전하고 내 목숨이 그대로 인하여 보존하겠노라."** 아브람의 이 말 속에는 사래에 대한 배려는 전혀 없다. 사래의 마음은 어떠했을까? 바보 쑥맥이 아닌 바에야 아브람의 이런 태도와 제안에 대해 느낌과 생각이 없을 리가 없다. 한마디로 배신감이 아니었겠는가? 지금까지 자기만을 믿고 그 열정이 아름답고 옳다고 생각하여 기꺼이 자신을 희생하고 여기까지 따라왔다. 부모 형제까지 버리고 온갖 궂은 형편을 마다 아니하고 좇아왔다. 그런데 도저히 돌아갈 꿈도 꿀 수 없는 이역만리까지 와서 자기만이 살겠다고 아내인 자신을 버린다고 할 때 그 미움과 분노, 한 남자에 대한 실망감과 배신감 그리고 좌절감은 또 어떠했겠는가?

그 무엇보다도 중요한 것은 이 순간 사래에게 있어서 아브람을 대한 자신의 존재는 어떻게 생각되어졌을까 하는 점이다. 진정한 인생의 반려자 동반자였을까 아니면 아브람의 인생을 위한 도구요 그 한 부속물에 불과했을까? 지금까지 아브람과 함께 한 삶이 어떠하였든지 간에 지금 이 순간의 그녀에게 느껴지는 자신의 존재 가치는 아브람의 인생을 위한 한 도구라고 밖에는 느껴질 수 없었다. 이것은 오늘 우리 자신들도 나와 함께 하는 사람들을 대해 어떤 생각을 갖고 대하는지 살펴보아야 할 이유가 된다. 어느 한 순간 내가 저 사람에게 있어 단지 그의 목적을 위한 한 도구에 불과한 존재였구나 하고 느낄 때 우리의 심정은 지금의 사래가 가질 수 있는 마음이 아니겠는가? 내 곁의 사람들을 대해 내 인생의 동반자요 서로의 꿈을 함께 이루어 가기 위해 돕고 협력해야 하는 동역자라고 인식할 때 우리는 서로에 대해 좀더 친근하게 대하고 신뢰할 수 있을 것이다.

우리는 여기서 다시 한 번 생각해 본다. 아브람의 속에 있는 이 낯선 사회에 대한 공포가 얼마나 크고 사실적이기에 남자로서의 이 자존심과 체면 나아가 남편으로서의 최소한의 마지막 의무와 책임마저도 버리게 되었을까 하는 점이다. 물론 아브람 자신도 자신의 행동이 얼마나 부끄러운 것인가를 이해하고 있었고 해서는 안 되는 선택을 하고 있다는 사실을 인지하고 있었을 것이다. 물론 여기에는 그의 아내를 실질적으로 버리겠다는 것이 아니요 자신의 아내가 아니라고 하는 것만으로 만일 닥칠 수도 있는 위기를 피하고자 하는 행위일 수도 있었다. 자신들 속에서의 부부관계는 변함없이 유지할 수 있다고 생각하고 말이다.

그렇다고 할지라도 **"내가 그대로 인하여 안전하고 내 목숨이 그대로 인하여 보존하겠노라"** 는 그의 말 속에는 자신을 위해 사래에게 희생해 달라는 요구가 들어있다. 실질적으로 자신의 생명이 위태해질 경우 자신의 아내를 희생시킬 수 있는 뜻과 의도가 분명히 들어있다. 이러할 때 자신의 삶만을 생각하는 이기적이고 비겁한 내면의 모습까지 정당화되고 감추어질 수 있는 것은 아니었다.

지금 세도를 부리며 호연지기를 말하는 자가 있는가? 지금 돈 있다고 남을 업신여기며 힘 꽤나 있다고 약한 자를 무시하고 종 부리듯 하며 어깨를 들썩이는 자가 있는가? 머리 좋고 학식 있고 유능하다고 스스로 자만하는 이들이 있는가? 상황이 바뀌면 온갖 거짓말로 진실을 호도하고 오직 살기 위해 구더기처럼 꿈틀대는 비열한 무리들을 보라. 위기가 닥치면 어제의 호형호제하던 자들에게도 등을 돌려대고 싸늘하게 외면하는 냉혹한 군상들을 보라. 비겁함과 비굴함 온갖 더러운 구정물을 뒤집어쓰고서라도 오직 내 한 목숨 살겠다고 버둥대며 도망치는 자들을 보라. 더러운 밥 한 그릇 얻어먹기 위해 온갖 아양과 아첨을 떨며 부나비처럼 나불거리는 자들을 보라.

오늘 아브람의 모습은 바로 그것이 머지않은 장래에 있는 나의 모습이라는 것을 알려주고 있지 않은가? 내 속에 숨어 있는 비참한 실상이라는 것을 똑바로 비춰주고 있지 아니한가? 인간이 실패 앞에서 죽음의 절박한 위기 앞에서 어떻게 더러워질 수 있는지를 이 속에서 살펴 생각할 수 있도록 말이다. 자기의 아내를 나의 누이로 말하자 하고 돌아서 자신을 생각하는 아브람에게 그 스스로는 과연 어떤 존재로 인식되어졌을까? 자신의 속에 이렇게 우습고 나약하고 비열한 모습이 숨어 있으리라고 이전에는 생각했겠는가? 오직 살기 위해 꿈틀대는 자신의 이런 모습이 감히 이해될 수 있었겠는가?

적어도 아브람에게 이 순간의 자신만큼 인간을 보다 분명하게 이해할 수 있는 모델은 없었을 것이다. 따라서 이 순간의 아브람은 자기 자신을 보고 놀라며 인간의 속에 들어와 숨어 있는 죄의 실상과 인간 자신에 대한 깊은 이해를 가질 수 있었을 것이다. 그러면서 가나안에 있을 때 왜 그들이 자신을 거절하고 외면하고 훼방하고 대적했는지도 이해하였을 것이다. 자신이 그 연약한 인간들을 그 본질을 이해하지 못한 채 얼마나 쉽게 정죄했는지도 깨달을 수 있었겠다. 자신의 성급함이 사람들에게 얼마나 더 큰 상처를 주며 저들의 마음 문을 닫게 했는지도 더불어 성찰할 수 있었을 것이다.

그 내면으로부터 **"아브람아 내 백성을 정죄하는 너는 누구냐"**라고 묻는 하나님의 음성이 그에게 들려져 왔으리라. **"죄에 매인 내 백성의 고통과 아픔을 네가 생각해 봤느냐"** 하는 하나님의 노한 듯한 말씀이 그의 귓가에 들려져 왔으리라.

가나안에 오기 전 아브람이 아무리 신앙을 깊이 이해하고 스스로를 잘 무장했다고 하더라도 인간과 죄에 대한 이처럼 깊은 근원적인 이해에까지는 도달하지 못하였을 것이다. 바로 이것이 그의 사역을 실패케 하는 정말 중요한 요인이 되리라는 것도 감히 생각지 못하였으리라. 바로 이것이 가나안에서의 아브람의 사역이 왜 실패할 수밖에 없었느냐 하는 의문에 대한 대답이다. 그리고 하나님께서 당신의 사역자들을 불러 모으실 때 왜 그렇게 광야의 고난을 겪게 하셨는가 하는 질문에 대한 대답이다. 인간의 연약함을 직접 경험하지 않고서는 인간을 이해할 수 없고 따라서 인간을 대한 사역도 감당할 수 없기 때문이었다. 내가 얼마나 연약한지를 알 때 남도 이해하고 받아들일 수 있는 것이다. 광야에서의 굶주림, 죽음에 대한 공포, 그 쫓기는 자의 고통을 맛봄으로써 사역의 대상인 인간을 바로 알고 바로 다가갈 수 있기 때문이다.

나를 대해 온갖 거짓말로 욕하고 저주하고 부정하는 말들을 듣고 분노와 미움에 사로잡혀 살았던 경험이 있고 또 지금도 그러한 괴로움을 겪으며 살아가고 있는 자가 있는가? 그들이 그러한 것은 그들의 속에 보이지 않는 곳에 있는 두려움 때문이라는 것을 알아야 한다. 그들이 아무리 사회적 정의를 외치고 인간의 의를 외칠지라도 그 이면에는 내가 살아야 하겠다는 인간의 원초적인 두려움과 동물적인 본능들이 숨어 있다는 것을 알아야 한다. 바로 죄가 가져다준 결과들인 것이다. 이것을 이해할 때 남을 꾸짖고 정죄하며 스스로를 자신할 수 있는 사람은 아무도 없다는 것을 깨닫게 된다.

더불어 아브람의 모습에서 한 가지 더 생각해 본다면 외면당해 본 자가 외면하고 거절당해 본 자가 거절하게 된다는 사실이다. 외면당하고 거절당해 본 상처가 또 다른 상처를 피하기 위해 남을 외면하고 거부하게 한다. 사람으로부터 당한 외면과 거부를 통해 깊은 좌절과 실망을 안게 된 아브람이 그 가장 가까운 아내 사래를 또 어떤 좌절과 실패의 수렁으로 밀어 넣고 있는 것인지 결코 아브람을 탓할 수 없게 만든다. 이와 같이 어려운 길이 부름 받은 자의 길임을 새롭게 느낀다.

볼만한 것은 아무것도 (창 12:14)

아브람이 사래에게 이제부터 당신은 나의 아내라 하지 말고 나의 여동생이라 하자고 했을 때 사래는 이에 어떻게 반응했을까? 이를 사래의 입장에서 본다면 남편이 자기가 살기 위해 자신의 아내까지도 내어버리겠다는 비겁한 모습을 보이는 순간이었다. 특히 사래를 대한 지금까지의 아브람의 태도를 살펴본다면 이러한 모습은 이해 가능한 것이라고 넘길 수 있는 것이 아니었다. 아브람과 사래가 결혼한 지 50여년이 지났다. 그리고 아브람은 집안의 장자였다. 그런데 아내 사래는 자녀를 생산하지 못하였다. 이런 상황이라면 아브람은 당연히 후처를 취해 대를 이을 아들을 보아야만 했다. 이것은 당시 사회의 당연한 관습이었다. 이러한 이유가 아니더라도 일부다처제가 인정되는 사회였다. 그럼에도 불구하고 아브람은 사래 이외 어떤 여자도 가까이 하지 아니했다. 이는 사래를 대한 아브람 자신의 사랑의 정도를 가늠케 하는 단적인 사례다. 사래를 얼마나 사랑했고 사래 또한 얼마나 남편을 신뢰하고 의지하며 사랑했겠는가? 그런데 이 애굽 땅 전혀 낯선 이 방에서 사래 자신을 버리겠다는 것이었다.

오늘 내가 둘도 없이 사랑하고 아끼던 것이 어느 날 갑자기 두려움의 근원이 되어질 때가 있다. 너무나도 소중하게 아끼던 어떤 것 때문에 재앙을 당하고 심지어 죽음에까지 이르게 되는 어떤 사람들을 보게 된다. 그것이 권력일 수도 있고 돈이나 보석과 같은 물질일 수도 있으며 때로는 인간관계일 수도 있고 또 때로는 이념이나 가치관일 수도 있다. 만일 그것들이 없었더라면 평안하고 무사할 수도 있었을 텐데 그것들로 인해 사람의 미움을 사고 시기와 원망을 받으며 생명의 고통과 아픔을 느끼게 되는 것이다. 오늘 아브람에게도 어제까지만 해도 너무 소중하고 사랑하고 의지하던 사래라는 존재가 오늘 돌연 그에게 죽음의 재앙을 가져다주는 원인으로 등장해 버렸다. 자랑하며 부러움을 받으며 감사의 근원이 되던 그녀의 아름다움이었고 그녀의 존재였다. 그런데 오늘은 그의 옆에서 마치 없는 것처럼 멀리해야만 하는 심히 부담스런 존재가 되어졌던 것이다.

그러면 아브람에게 사래의 존재가 왜 이렇게 하루아침에 그 존재 가치가 변화되어진 것인가? 그것은 오직 하나 아브람에게 신앙이 시들어졌기 때문이었다. 애굽보다도 더 거칠고 무법한 가나안이었지만 그곳에 있을 때에는 사래의 존재가 전혀 두려움이 되지를 못했던 것은 아브람에게 그 때는 믿음이 충만하였기 때문이었다. 하지만 삶을 지켜주던 신앙이 시들어지고 삶에 대한 열정과 자신감이 사라지자 그의 자랑하고 소중히 여기던 것이 도리어 남의 공격을 받게 되는 원인이 될까 두려워졌던 것이다. 지금도 그 소중함과 사랑하는 마음은 동일하지만 그것을 지킬 자신이 없어졌고 오히려 그것으로 인해 자신의 목숨까지도 위태롭게 여겨졌던 것이다.

신앙이란 무엇인가? 우리가 신앙으로 인해 누리게 되는 유익은 우리에게 진정으로 소중한 것들을 소중하게 여길 수 있게 한다. 참으로 아름다운 것들을 아름답게 여길 수 있는 마음의 눈을 열어준다. 그것들을 지키고 회복하고 누릴 수 있는 지혜와 힘을 준다. 아주 작은 속에서도 참된 감사를 지닐 수 있도록 하여 우리의 영혼과 육체가 건강할 수 있도록 해 준다. 신앙이 없을 때는 자유가 있으나 그 자유로 남의 자유를 빼앗고 방종하며 무절제하며 또 세속적 욕망들로 인해 그 자유가 주는 순수한 아름다움과 가치를 누릴 수 없었다. 하지만 말씀이 주는 진실한 믿음 안에서는 모든 두려움과 염려와 욕망에서 벗어난 순수한 자유를 누릴 수 있게 된다. 어제까지는 보지 못하던 풀 한 포기 꽃 한 송이의 아름다움을 느끼게 되며 그 속에 깃들인 창조의 신비로움과 생명의 숭고함을 깊은 감동을 가지고 바라볼 수 있게 된다.

신앙이 없을 때는 아무리 아름다운 것도 내 욕망의 틀 안에서 바라보게 된다. 저 아름다운 자연도 내 이익을 위해서는 능히 파괴할 수 있다. 아름다운 인간관계도 내 이익의 수단으로 전락해 상처와 아픔을 주게 된다. 아무리 소중한 것도 어느 한 순간 포기하고 버릴 수 있게 된다. 그 어떤 존귀함도 내 이익과 관련이 없으면 아무 가치를 느끼지 못한다. 그것들을 지킬 내적인 힘과 누릴 수 있는 마음의 여유와 자유가 없기 때문이요 내 감정과 생각이 죄의 욕망에 얽매여 있기 때문이다.

신앙이 있다고 생각하는가? 그렇다면 내 속에서 느껴지는 순수한 아름다움과 아주 작은 것들에 대한 감사와 생명의 신비와 창조에 대한 경이감이 있는지 살펴보자. 내게 진정한 아름다움을 느낄 수 있는 지혜가 있고 이 아름다움을 지켜갈 수 있는 용기와 능력이 있는지 생각해 보자. 이것들이 없다면 그래서 여전히 세속적인 욕망에 짓눌려 살며 나의 삶이 찌들어 있고 마음의 자유가 없고 참된 쉼이 없다면 우리의 신앙이 과연 참된 것인가 의심해 보아야 한다. 그리고 어디가 잘못되었는지 점검해 보아야 한다.

사래에게로 돌아가 보자. 사래가 바보 천치가 아니며 감정과 이성을 지닌 한 인간인 이상 사래의 마음은 어떠했을까? 아브람의 이런 태도를 대해 사래는 어떻게 반응했을까? 생각해 볼 수 있는 반응은 크게 두 가지다. 첫째는 배신감에 따른 미움과 분노다. 보통의 인간이라면 피할 수 없는 마음이다. 어떻게 다스리는가 하는 것은 그 다음의 문제다. 그리고 둘째는 남편의 이 비겁함보다는 그 이면에 있는 실패한 자의 외면당하고 쫓겨난 아픔을 이해하고 이것까지도 감싸 안고자 하는 길이다. 이 고통스런 상황에서 과연 사래는 어떤 길을 택하였을까?

"아브람이 애굽에 이르렀을 때에 애굽 사람들이 그 여인의 심히 아리따움을 보았고"(:14)

마침내 아브람과 그 일행이 애굽 땅에 도착했다. 위의 말씀은 먼저 애굽 사람들을 대한 아브람의 태도가 과연 어떻게 나타났을까 하는 점을 생각해 보게 한다. 가나안 땅에서처럼 하나님을 알리는 당당한 선지자의 모습이었을까 아니면 죽을까 두려워 굽신대며 하나님의 이름은 입에 올릴 엄두도 못내는 그런 모습이었을까? 아브람이 애굽에 이르렀을 때에 애굽 사람들이 그에게서 본 것은 그의 아내가 심히 아리땁다는 사실이었다. 즉 이는 애굽 사람들이 아브람 일행을 대하며 살게 되었을 때 그들의 관심을 주로 끈 것은 사래의 아름다움이었다. 곧 그 외에는 그들의 관심을 끌만한 것이 없었다는 것을 나타낸다.

우리는 이를 그가 가나안 땅에 처음 들어갔을 때와 비교해 본다. 그가 가나안에 처음 들어갔을 때에도 그의 아내 사래는 오늘만큼 아니 오늘보다 더욱 아름다웠다. 그런데 왜 그 때 그곳의 사람들에게는 사래의 아리따움이 주요 관심이 되지 못했던 것일까? 그 때는 아브람에게서 하나님에 관한 사역이 먼저 중요하게 나타났기 때문이었다. 그가 가나안에 있었을 때는 가는 곳마다 단을 쌓았으나 이 애굽에서는 전혀 이런 행위가 이루어지지 아니했다는 것이 이를 말해 주고 있다. 곧 사래의 아리따움이 보여지기 이전에 하나님에 관한 선포가 앞서 이루어졌고 이것이 그들과 아브람의 관계를 선점해 버렸던 것이다. 하지만 이 애굽 땅의 아브람 일행에게서 사람들에게 주로 보여지는 것이 사래의 아름다움이었다는 것은 아브람에게서 가나안에서와 같은 하나님에 관한 신앙의 선포가 의미 있게 이루어지지 않았다는 것을 드러낸다.

혹시라도 자신이 죽게 될까봐 두려움에 차있는 아브람에게서 하나님은 전혀 의미 있는 존재가 되지 못하였음이 보여진다. 신앙 그 자체도 그의 삶에 있어서 자신이 살기 위해 감추어야 하는 것이었지 어떤 위협 앞에서도 선포하고 전해야 할 당위성은 갖지를 못했다. 이는 바로 그 신앙 때문에 가나안에서 쫓겨나야만 했던 경험이 그를 짓누르고 있기 때문이기도 했다.

삶에 대한 염려와 두려움이 가득한 자에게서 하나님은 의미 있게 증거될 수 없음을 본다. 자기가 살고자 하는 것이 삶의 최우선 목적인 자는 결코 하나님 나라를 위해 일할 수 없다는 사실을 확인하게 된다. 하나님 나라는 우리의 삶에 있어서 최고의 사명이다. 하지만 두려움이 있는 자는 불의를 보고도 못 본 척 하며 말해야 할 것도 말할 수 있는 용기를 갖지 못한다. 따라서 불의를 지적하고 의를 선포한다는 것은 불가능하기 때문이다. 혹 그런 지적과 선포가 나타나온다 할지라도 이러한 내면에서 나오는 것은 그 어떠한 것도 사람들에게 신뢰와 확신을 주지 못한다.

애굽에서의 아브람에게는 볼만한 것이 오직 그 아내 사래의 아리따움 뿐 그 어떤 것도 그의 삶에 의미 있게 나타나는 것은 없었다. 삶에 찌들고 주눅 들려 어떻게든 이들 속에서 삶의 터를 마련하고자하는 나약한 노인의 모습뿐 이었다. 그렇다면 오늘의 우리에게서는 과연 어떤 것들이 나타나고 있는가? 오늘 나에게서는 볼만한 것이 무엇인가? 내 이웃들은 나의 삶 속에서 어떠한 것들을 발견하고 있는가? 삶 자체에 매여 허덕이는 비쩍 마른 광대 같은 죄인의 인생인가 아니면 온갖 악조건 속에서도 의연하게 신앙을 고집하고 외치는 의인의 인생인가? 나는 신앙인임을 말하나 저들의 눈에 비친 나의 삶은 믿지 않는 자들과 하등 다를 바 없는 속된 것이 되고 있지는 않은가? 저들의 눈에 비친 나의 모습이 내 인생의 본질이라는 것을 알자. 내가 두려워하는 것은 무엇이며 내가 염려하는 것은 무엇인가? 내 삶인가 아니면 이 땅에서의 하나님 나라인가?

아브람의 두려워하고 또 감추고 싶어 하는 사래의 아름다움이 오히려 이 애굽 땅에서 더욱 크게 드러나는 것을 본다. 그의 두려워하고 염려하는 바가 그의 약점이 되어 그의 정신을 훔쳐가고 있는 영적 전쟁의 현장이다. 오늘 내가 매여 있고 내가 근심하는 그것이 바로 나를 대한 사단의 공격 포인트라는 것을 명심해야만 한다.

호수처럼 바다처럼 (창 12:15)

"바로의 대신들도 그를 보고 바로 앞에 칭찬하므로 그 여인을 바로의 궁으로 취하여 들인지라"(:15)

애굽에 들어온 아브람과 그 일행에게서 애굽 사람들이 본 것은 오직 아브람의 아내 사래의 아리따움 뿐이었다. 이제 이런 사실이 어떤 결과를 만들어내는지 본다. 애굽 왕 바로의 신하들도 이 여인을 보고 그녀를 왕에게 말하고 이로 인해 바로 왕은 그녀를 왕궁으로 맞이해 들인다. 분명 왕의 후궁으로 취했음을 의미한다. 이는 아브람이 처음 애굽으로 들어올 때에 사래에게 말했던 대로 사래를 자신의 누이라고 실제로 사람들 앞에서 말하고 행동하였음을 보여준다.

여기서 우리는 오늘까지의 이들의 삶과 이 최종적인 결과를 놓고 한 가지 더 생각해 본다. 이 아브람의 집에는 아브람과 사래 이외에도 조카 롯과 또 하란서부터 동행한 여러 사람들이 함께 있었다. 이들은 과연 오늘의 상황을 어떻게 보고 있었을까? 애굽 사람들은 몰라도 저들은 아브람과 사래 이 두 사람이 서로 부부라는 사실을 다 알고 있었다. 지금의 이 상황은 아브람의 집안에 있는 이 사람들도 아브람과 사래 이 두 사람을 애굽에 들어오던 때로부터 부부가 아니라 오빠와 여동생의 관계로 타인에게 말해 왔고 그렇게 이 두 사람을 대해 왔음을 말해 준다. 사래와 관련된 아브람의 요구는 이들에게도 동일했던 것이다. 어쩌면 이들도 아브람의 안전이 곧 자신들의 안전이기에 그 요구에 따랐을지는 몰라도 속으로는 얼마나 큰 당혹감이 있었겠는가? 그리고 오늘 그 여주인 사래가 애굽 왕의 첩으로 팔려가듯 가는 상황을 보고 있다.

이 집의 사람들은 자신들의 주인 아브람이 왜 자신의 고향 땅을 떠났는지, 아브람이 본래 가나안에 대한 의로운 신앙의 비전을 품고 얼마나 당당한 모습으로 그 땅에 들어왔는지를 기억하고 있다. 험한 실패 속에서도 물러서지 않는 아브람의 꿋꿋한 기개를 이들은 알고 있다. 또한 이들은 아브람이 사래를 얼마나 사랑하였는지 사래 또한 아브람을 어떻게 지극 정성으로 섬기고 위해 왔는지도 잘 알고 있다. 더불어 아브람의 신앙에 대한 증언을 이 집 사람들은 많이 들어왔을 것이다. 타인에게 신앙을 전하고자 하는 이가 자기 집의 사람들에게는 침묵했을 리가 없기 때문이다. 아브람에 의해 그들이 들어왔고 알아왔고 또 보아왔던 그 신앙의 내용들을 아브람의 오늘의 태도와 어떻게 일치시켜야 하는 것일까?

그러했기에 이 집안사람들의 오늘의 상황을 대한 어색함 당혹감은 더욱 크게 느껴지지 않았겠는가? 아브람과 사래가 이런 태도를 요구하기에 그렇게 따를 수밖에 없었지만 속으로는 꼭 이렇게 해야만 하는가 하는 심각한 자괴감이 없을 수 없었다. 무엇보다도 가나안에서의 그 당당하던 주인 아브람이 이렇게까지 형편없이 이지러진 모습 속에서 이들은 신앙 그 자체에 대한 혼란스러움까지 겪고 있다고 볼 수 있다. 그리고 이러한 혼돈과 당혹감은 이날 사래가 바로의 궁으로 들어갈 때에 극에 달했고 말이다.

우리의 신앙에는 거의 언제나 모델이 있다. 대체로 많은 사람들은 그 모델이 보여주는 신앙의 길을 좇아간다. 이 모델은 많은 경우 자신의 속해 있는 교회의 목회자나 혹은 자신을 신앙으로 인도해준 사람이나 부모 등 가까이 있는 사람이 대부분이다. 그 때 이 모델이 변함없이 진실하고 의연한 모습을 보여준다면 이들 또한 거의 그 모습을 닮아가고 자신도 그렇게 되고자 애를 쓴다. 그런데 어느 한 순간 이 신앙의 모델이 전혀 생각지 못했던 기대 이하의 삶과 신앙을 보여줄 때 이들도 거의 예외 없이 신앙의 위기를 겪는다. 심지어는 이로 인해 신앙과 신앙인에 대해 환멸을 느끼고 신앙을 버리게 되는 경우도 있다. 오늘 아브람과 사래의 결과를 지켜보는 아브람의 집 사람들의 심정이 바로 이러하지 않겠는가? 신앙의 모델이 스러져 가는 현장을 온몸으로 경험하고 있는 것이다. 그 정체성의 위기와 혼돈은 말로 표현하기가 어려울 것이다.

지금의 내 자신, 누군가가 관심을 갖고 지켜보는 자가 있다는 것을 알아야 한다. 혹 나로 인해 실망하고 돌아서는 자가 있을 수도 있다는 것을 두려운 마음으로 느낄 수 있어야 한다. 어린 소자 하나라도 실족케 하는 자는 차라리 연자 맷돌을 목에 매고 물에 빠져 죽는 것이 더 낫다고 하신 주님의 경고의 말씀을 되새겨 들어야만 할 때다. 누군가에게 따르고 싶고 배우고 싶은 신앙의 모델이 되어야 하지 않겠는가? 그러한 존재가 너무나도 희귀한 이 시대이기 때문이다.

그런데 바로 이 점과 관련하여 오늘의 상황에서 눈여겨보아야 할 사람이 있다. 지금 이 사건의 중심에 있는 사래 자신이다. 사래는 아브람이 자신에게 누이라 하라고 하던 때부터 어떻게 행하여 왔고 또 지금 바로의 궁으로 그의 후궁이 되어 들어가는 이 순간을 어떤 심정으로 맞이하고 있는 것일까?

"바로의 대신들도 그를 보고 바로 앞에 칭찬하므로" 바로의 대신들이 사래를 보고 칭찬하였다고 한다. 무엇을 칭찬하였다는 것인가? 단지 외모 때문이라면 이런 단어를 쓰는 것이 합당한가? 이 칭찬이라는 표현은 외모보다는 삶과 내면세계에 대한 느낌을 담아내는 단어다. 사래의 어떤 점을 나타내는 것인가? 적어도 아브람의 집에 있는 사래는 외모뿐 아니라 사람들에게 호감을 사고 칭찬받을만한 삶의 요소들을 가지고 있었고 애굽 사람들이 바로 이러한 사래의 인간적인 모습을 보고 확인하였다는 것을 나타낸다. 외모뿐 아니라 인간적으로도 친절과 겸손과 너그러움 등 사람들의 마음을 끄는 삶의 내용들을 가지고 있었고 그 위에 상당한 미모를 겸비하였던 것이다.

적어도 사래에게는 아브람을 대한 배신감이나 미움 분노 등은 전혀 보이지를 아니했다. 만일 고통과 근심 미움 등의 마음이 있었다면 그 얼굴과 삶의 태도에서 드러날 수밖에 없고 이는 아무리 얼굴이 예뻐도 사람들에게 좋은 인상을 주지 못한다. 사래에 관한 소문이 백성들 중에 떠돌다가 신하들에게까지 들려지고 그것이 왕에게까지 전해지며 그가 자신의 후처로 맞이해 들이고자 할 때는 단순히 외모 때문만은 아니다. 애굽에 미인이 없어서 이 70이 넘은 여인을 사람들이 왕에게까지 천거하겠는가? 남편으로부터 거절당하고 외면당한 여인의 아픔과 슬픔이 배어있고 현실을 원망하고 절망하는 여인의 한스러움이 가득하다면 어느 사람이라도 이 여인을 외모만 놓고서 아름답다고 말할 수는 없다. 따라서 이는 사래의 얼굴에는 늘 웃음이 있었고 오고 가는 사람들을 늘 좋은 얼굴로 맞이하고 보내는 편안함이 담겨있었음을 알게 한다. 이는 사래 자신이 아브람의 아내가 아니라 실제 누이로서 아브람을 위해 적극적으로 행동하였음을 보여준다.

사래는 아브람의 그 두려워하는 내면을 이해했다. 더 나아가 아브람이 당할 수도 있는 위기를 자신이 막을 수 있다면 기꺼이 그렇게 하고자 했다. 수동적이 아니라 능동적이고 적극적으로 남편 아브람이 이 낯선 이방 땅에서 편안히 살아가고 긴장을 떨쳐 버릴 수 있도록 행동했다. 내가 아니라 아브람을 위해 생각하고 처신했던 것이다. 아내를 누이라고 속여 자기를 방어하고자 하는 아브람의 비겁함이 아니라 그 연약한 내면세계 가나안에서의 실패가 가져다준 용기를 잃어버린 아픔을 사래는 이해하고자 했던 것이다. 그러므로 사래에게는 아브람을 향한 미움 비판보다는 이해와 관용이 생겨날 수 있었다.

우리는 이 사래에게서 신앙의 세계에서 말해지는 사랑이란 무엇인가 하는 것과 그러한 사랑은 언제 생겨날 수 있는 것인가를 새롭게 생각해 본다. 사래의 사랑은 그가 나를 버리고 그로 인해 내가 수치와 부끄러움을 당하고 내 속에 분노와 미움이 생겨나는 상황 속에서도 그를 위해 내가 할 수 있는 최선의 정성을 기울이는 것임을 발견하게 된다. 즉 최악의 상황과 조건에서도 그를 위해 온 마음을 다한 최선의 노력을 기울이는 것이 바로 사랑이라고 말할 수 있는 것이다. 동시에 이러한 사랑은 상대의 전 삶과 그 내면에 대한 속 깊은 이해가 있을 때 가능하다는 사실도 사래에게서 알게 된다.

아브람은 왜 오늘까지 아이도 낳지 못하는 사래만을 오로지 사랑하며 여기까지 왔을까? 왜 후처를 맞이해 대를 이을 자손을 보고자 하지 않았을까? 바로 이러한 사래의 내조와 사랑과 현숙함과 지혜 때문이 아닌가? 바로 여기서 우리는 엘가나가 자녀를 낳지 못하는 한나를 더 사랑했던 한나의 속에 있던 신앙과 인간적 내면세계가 오늘 이 사래에게서 먼저 보여지고 있는 것을 발견하게 된다. 아브람 이후 오랜 세월이 지난 때에 한나라는 여인이 있었다. 온갖 악조건 속에서도 온 몸을 던져 집안의 화평을 만들어내며 그리고 이스라엘을 구원할 위대한 선지자 사무엘을 잉태해 낸 여인이었다. 한나의 신앙과 삶이 바로 오늘 이 사래에게서 근원되어진 것은 아니었을까? 사래의 아름다운 헌신이 한나에게 흠모하는 신앙의 모델이 되어 그것이 그 여인의 신앙과 내면세계를 만들어낸 것은 아니었을까? 그것이 사무엘을 잉태하는 길을 열었으며 그리고 보다 먼 훗날 마리아라는 여인에게로 이어져 예수 그리스도를 잉태케 하였던 것은 아닐까?

한 인간의 아름다운 외모는 일시적인 호감을 갖게 할 수 있다. 하지만 성숙한 내면이 함께 하지 않는다면 그것은 곧 싫증과 권태와 때로는 혐오를 불러일으키기도 한다. 외모에 이끌려 결혼한 이들이 곧 다투고 이혼까지 이르게 되는 오늘날의 일반적인 현실은 바로 이러한 사실을 나타낸다.

외모는 있으나 그 내면이 전혀 준비되지 않은 천박한 인격의 소유자들 속에서 그리고 외모만 보았지 내면을 보는데 실패한 사람들 속에서 흔히 나타나는 결과다. 외모 때문에 호감을 갖고 다가갔다가도 그 천한 말투와 실망스런 인격으로 인해 환멸을 느끼고 물러나는 경우를 우리는 곧잘 경험한다. 그러나 반면 외모는 별 눈길을 끌지 못해도 내면이 성숙한 사람은 살아갈수록 오래도록 그 아름다움이 더해가며 더욱 깊은 사랑과 존경을 받는다.

사래의 아름다움. 이는 외모의 아름다움만을 두고 하는 표현은 아니었다. 그보다는 그 내면에서 우러나오는 아름다움을 더욱 강조하여 표현하는 말이었다. 내가 아니라 타인을 우선하여 생각하며 타인의 속 깊은 곳까지 이해하여 배려하는 삶이 사래의 아름다움이었던 것이다. 집안 모든 사람들의 혼란과 갈등을 홀로 온몸으로 수습하며 그 가장 낮은 곳에서 오히려 가장 진한 사랑의 아름다움을 감동으로 엮어내는 사래였다. 나에게가 아니라 남에게 더욱 필요한 삶을 사는 그녀였다.

바로가 사래를 취하여 들일 때 사래의 마음은 어떠했을까? 자신을 향한 염려가 아니라 자기가 없이 혼자 살아갈 아브람이 못내 걱정되지는 아니했을까? 아브람이 자신을 버렸다는 것보다는 아브람을 떠나는 것이 몹시 안타깝고 슬프지 않았을까?

사랑은 궁궐 담장을 넘고 (창 12:16)

전쟁에 임한 전투 부대의 전력은 제 2선에서의 후방지원이 얼마나 신속하고 효과적으로 이루어지느냐에 달려있다. 2선으로부터의 병력과 병참지원이 신속 효율적으로 이루어지지 아니하면 제아무리 강한 군대라도 전쟁을 계속할 능력을 가질 수 없다. 축구 경기 또한 마찬가지다. 2선의 미드필더들이 1선의 공격수들에게 효과적으로 볼을 공급해 주지 아니하면 제아무리 탁월한 공격수도 제 기능을 발휘할 수가 없다. 모든 사회 조직도 2선의 중간 관리자 계층이 유능한 인재들로 포진되어 있을 때 그 조직의 효율성은 극대화된다.

제 1선에 있던 아브람이 거듭된 실패로 인해 허물어져 버렸다. 아브람이 인도하던 아브람 집안의 사람들에게도 위기가 닥쳐온 것이었다. 그리고 이 위기는 사래에게까지 감당할 수 없는 고통으로 몰려왔다. 위기를 관리하고 공동체를 유지해야 할 책임과 의무가 2선에 있던 사래의 몫으로 넘어왔지만 그 때의 사래 또한 참으로 고통스런 상황에 내몰리고 있었다. 하지만 불안해하고 두려워하는 아브람을 위해 찾아오고 떠나는 애굽 모든 사람들에게 친절함과 상냥함과 선함을 잃지 아니했다. 집안 식구들에게도 의연하게 대하며 그 중심을 유지했다. 연약한 한 인간을 향해 너 왜 그러냐고 힐난하고 비난하는 것이 아니라 그의 연약함을 가려주고 도와주기 위해 자신이 할 수 있는 모든 것을 온 몸을 던져 다했다. 그리고 그가 남긴 뒷일들을 의연히 감당해 간다.

사랑이란 그가 나를 버리고 내가 그로 인해 고통과 아픔을 맞이하며 때로 내 생명마저 위태하게 될지라도 그를 위해 기꺼이 내 전 삶까지도 바칠 수 있는 것이어야 함을 사래는 온 몸으로 보여준다. 사래의 이 희생이 오히려 아브람 집 사람들의 마음을 울리지 않았을까? 그래서 그들도 이 주인 부부를 위해 무엇이든 하고자 사람들에게 최고의 겸손과 친절로 대하지 않았을까? 사래의 절대적 사랑에서 나온 희생정신이 무너져 가는 아브람과 이 집을 구했고 자신도 애굽 사람들로부터 칭찬 받게 만들었다. 이 낯선 이방인들이 애굽 왕궁에까지 전해지게 만들었던 것이다. 나를 생각함이 아니라 누군가를 위해 희생하는 마음으로 친절과 겸손과 선을 행할 때 참으로 큰 아름다움의 향취를 세상에 남기게 되는 것을 본다.

그러면 애굽 왕궁으로 들어간 사래는 바로 왕과 또 한편 밖에 있는 아브람을 대해서 어떻게 행동하였을까? 아브람 때문에 바로 왕을 혹은 애굽 왕 때문에 아브람을 어느 한 쪽이라도 소홀히 대할 수 있었을까? 혹시 애굽 왕궁에서의 편안하고 화려한 생활로 인해 수시로 짐을 싸들고 이동해야 했던 가나안에서의 그 고단했던 삶을 잊고자 했던 것은 아닐까? 가는 곳마다 외면과 거절을 당하고 심지어 적대적인 상황을 접해야 했던 생활을 지겹게 여기게 되지나 않았을까?

"이에 바로가 그를 인하여 아브람을 후대하므로 아브람이 양과 소와 노비와 암수 나귀와 약대를 얻었더라"(:16)

오늘 본문은 바로 왕이 아브람을 후대하였다는 내용이 기록되고 있다. 그리고 그 후대함의 내용이 양과 소와 나귀와 약대 등 값나가는 가축들이었다고 기록하고 있다. 일국의 왕이 하사한 물품들이었으니 그 양이 상당하였으리라는 것은 미루어 짐작할 수 있다. 이것이 단순히 사래를 아내로 맞아들인 것에 대한 보답과 예물의 차원이었을까? 만일 아브람이 사래의 부모였다면 충분히 가능한 이해라고 할 수 있다. 하지만 여기서의 아브람은 단순히 사래의 사촌 오빠의 관계였다. 부모도 아닌 신부의 오빠에게 이런 후한 예물을 주어야 할 이유가 당시 사회에서 있었을까? 만일 그것이 단순한 예물 혹은 보답의 차원이었고 그것이 당연한 것이었다면 그래서 특별히 생각할 의미가 없다면 성경의 기록상 특징으로 볼 때 그러한 사실을 굳이 여기에 언급해야 할 이유는 없다. 오늘날도 누가 누구와 결혼했다고 할 때 그 오간 예물은 당연한 것으로 여길 뿐 특별히 그 혼수 예물에 대해 관심을 보이지는 않는 것과 마찬가지다. 그러나 단 한 가지 그 혼수에 어떤 특별한 의미와 이유가 담겨 있을 때에는 당연히 그 결혼과 더불어 예물도 관심의 대상이 된다.

그런데 성경은 특히 바로가 아브람을 후대한 것에 대해 **'그를 인하여'** 즉 **'사래로 인하여(혹은 사래를 위하여)'** 라고 그 후대함의 이유에 대해 사래를 특별히 언급하고 있다. 이는 바로가 이처럼 아브람을 후대한 것은 분명 사래로 인해 사래를 위해 행해진 것임을 나타낸다. 사래의 역할을 암시하고 있는 것이요 바로가 사래로 인해 갖게 된 특별한 감사의 마음이 담겨져 있는 것이기도 하다.

바로의 궁에 들어간 사래가 이제 아브람을 대한 자신의 역할을 다 끝내고 아브람을 잊고 사는 것이 아니라 그 궁에서라도 밖에 있는 아브람을 염려하며 왕에게 그를 잘 대해 달라고 간청하였기 때문은 아닌가? 아무 걱정 두려움 없이 편안히 살아갈 수 있도록 아브람을 도와주고 특별히 지켜 보호해 달라고 요청했기 때문은 아니었을까? 그러면서 또 한편은 사래 자신 바로와 주변 사람들을 극진히 섬기면서 말이다. 그것이 무엇보다도 아브람을 위하는 길이었기에. 그녀로 인하여 바로가 아브람을 후대하였다는 것은 바로의 마음에 사래가 흡족하게 여겨졌기 때문인 것을 드러내고 있고 이는 처음의 한 때가 아니요 계속된 과정의 의미를 담고 있는 것이다.

이 먼 곳 이역만리 땅까지 와서 남편으로서 아내를 지켜야 하는 의무와 책임을 다하지 못했다. 오히려 자기가 살기 위해 지금까지 극진히 사랑해 오던 자신의 아내를 버리는 선택을 하였다. 보통의 여자라면 분노하고 미워함이 합당할 것 같은데 사래는 온 몸을 던져 아브람을 감싸고 그를 위해서라면 오히려 어떤 길이든 기꺼이 가겠노라는 희생의 마음을 보인다. 바로에게 가서까지도 아브람을 위해 마음을 쏟고 있는 사래 자신이다. 비록 이 후대함이 바로가 사래를 취하여 들일 때의 일시적이고 의례적인 인사라고 할지라도 그 궁 속에서의 사래는 결코 아브람을 잊거나 그를 저주하지 않았던 것이다.

내가 나의 부모를 사랑한다고 할 때 그 사랑이 나의 부모에게서 그친다면 그 사랑이 빛을 발할 수 있을까? 나의 부모 형제를 향한 사랑이 진정한 아름다움을 지니기 위해서는 그 사랑이 이웃들에게까지 넓혀져 가야 한다. 그러할 때 내 부모 형제는 나로 인해 이웃들로부터도 존경과 사랑을 받게 되고 마음에 진정한 기쁨과 자랑스러움을 간직할 수 있게 된다. 만일 이웃들의 나를 대한 시선이 곱지 않다면 그것은 그대로 나의 부모 형제에게까지 이어져 간다. 바로가 아브람에게 전해준 이 많은 예물은 사래를 향한 바로의 사랑과 감사의 마음이 없이는 불가능한 일이요 이는 사래 자신의 최선을 다한 섬김과 수고를 전제하고 있다.

내가 누군가를 향해 변치 않는 사랑을 주고 변함없이 신뢰할 수 있다면 그보다 더 아름다운 인간관계를 기대할 수 있을까? 나 때문에 상대에 대한 관계를 이렇게 저렇게 변개시키기 보다는 상대방에게 초점을 맞추고 그에 맞는 관계를 설정해 가는 그런 인간관계다. 아브람은 자신을 위해 사래에게 아내의 관계에서 누이의 관계로 관계변화를 요구하였다. 반면 사래는 자신을 위해서가 아니라 아브람을 위해 아내의 관계에서 누이의 관계로의 변화를 받아들였다. 비록 외적인 관계는 변하였을지라도 그 속에 있는 신뢰와 존경과 사랑은 그대로 간직한 채 이어갔다.

존경하고 신뢰할 만한 사람이 없는 시대를 사람들은 한탄한다. 만약 사래도 아브람의 고통 속에 무너져 내리는 그 속 중심을 그의 삶 속에서 이해하지 못했더라면 배신감과 증오의 마음을 가졌을 것이다. 그러나 힘들어하고 괴로워하고 아파하는 한 인간의 내면을 보았다. 실패한 영혼 거부와 좌절을 경험한 한 영혼이 갖게 된 그 내면의 연약함을 보았다. 그래서 그를 욕하기보다는 위로하고 감싸고 자신의 전 삶을 던져 그를 지켜 보호하고자 했다. 자신의 희생을 통해서였다. 오늘 이 시대 우리에게도 이 마음 이 정신이 필요한 것 아닌가? 변함없이 신뢰할 수 있는 사람이 되는 것, 외로워하고 상처받고 힘들어하는 마음을 보고 그것을 이해하여 받아들이고 나를 희생할 수 있는 그런 사람이 되어야 하지 않겠는가? 바로 그러한 사람이 그리스도인이다.

길고도 깊은 어두움의 밤 (창 12:17)

사래가 애굽 왕의 후처가 되기 위해 왕궁으로 떠나기 전날 밤이었다. 50여년 간 그 누구보다도 더 깊은 사랑과 신뢰를 가지고 살아왔던 이 부부가 그간 함께해 온 부부로서의 삶을 끝내는 그 마지막 날 밤 두 사람은 서로에게 어떤 말을 들려주었을까? 한 마디나마 무슨 의미 있는 말을 할 수 있었을까? 아브람은 어떤 얼굴로 사래를 대할 수 있었겠으며 사래는 무슨 말을 남편에게 남길 수 있었겠는가? 그 밤 단 한숨이라도 잠을 이룰 수 있었을까? 날이 밝고 마침내 사래는 애굽 왕이 보낸 화려한 마차를 타고 군사들의 호위를 받으며 왕궁으로 떠난다. 아브람의 눈은 어디를 향하였을까? 아브람 집의 식구들은 오늘의 이 도무지 이해할 수 없는 현실을 어떻게 받아들였으며 그들의 얼굴 표정은 어떠했을까? 애굽 사람들은 왕과의 결혼관계를 맺는 이 이방인 집을 부러워했을지도 모르지만 또 한 편 이 집 식구들의 얼굴에 흘러가고 있는 이 슬픈 분위기를 전혀 감지할 수 없었을까?

사래를 애굽 왕의 아내로 떠나보낸 이후 아브람의 삶은 과연 어떠했을까? 궁에 들어간 사래는 자기 자신보다는 아브람을 더 염려하며 더 간절한 마음으로 사랑하였다. 그 사랑으로 왕의 마음을 움직여 아브람으로 큰 재산을 선물 받게 하고 안전하고 편안하게 살도록 애써줄 때 과연 아브람의 마음은 어떠했을까? 원했던 대로 목숨이 위태로운 상황도 겪지 아니했고 도리어 사래로 인해 더욱 부유해지고 편안한 삶을 누리게 되었기에 만족하며 살아갔던 것일까? 이 부유와 평안이 어떤 대가를 치르고 얻은 결과인데.

일평생 아이를 낳지 못한 여자였지만 후처를 얻을 생각도 않고 다른 여자는 생각도 해보지 않은 채 그녀만 바라보고 살아온 아브람이었다. 아브람을 이해하고 배려하며 위해주는 사래의 마음은 늘 이처럼 섬세하고 지혜로웠다. 그러했기에 그의 집 모든 식구들이 큰 다툼 없이 화목했고 늘 평화로울 수 있었다. 가나안에서의 사역도 그녀의 뒷받침으로 인해 큰 어려움 속에서도 마지막까지 감당해 올 수 있었던 아브람의 가장 든든한 동역자였고 믿음의 후원자였다. 그러한 그녀를 오직 자신이 살기 위해 거짓말로 사람들을 속였고 그 결과로 그녀를 잃고 말았다. 어쩌면 아브람도 설마 사래를 타인에게 주어야 되는 상황이 오리라고는 생각지 않았으리라. 혹 누가 결혼을 요청해 와도 거절하면 되었으니까 말이다. 그러나 애굽 왕이 그녀를 요구해 올 줄은 몰랐다. 그리고 그 요구는 전혀 거절할 수 없었다. 거절했다간 그야말로 목숨이 위태로워질 수도 있었기 때문이었다. 눈 앞에 느껴지는 어떤 위기를 모면하고자 했던 얕은 술수가 오히려 돌이킬 수 없는 화를 초래한 것이었다.

아브람은 이 애굽 땅에 들어온 이후 그들과 어울려 살면서 알게 되었다. 이 땅에 들어오기 전 자신이 가졌던 염려가 전혀 근거 없는 기우였고 그 두려움이 쓸데없는 것이었다는 사실을. 자신의 누이라고 속여 말하지 아니해도 전혀 자신들을 해칠 만큼 야만스런 자들이 아니라는 것도 깨달았다. 오히려 문물이 풍성하고 평안하게 살아가는 족속들이었다. 아브람은 통곡하지 않았겠는가? 자신의 어리석음과 그 비겁함을 땅을 치며 통탄하지 않았겠는가? 그러한 자신을 욕하지 않고 오히려 기꺼이 자신을 희생하며 남편을 지켜 보호해 주고자 했던 사래였기에 더욱 후회하며 부끄러움으로 얼굴을 파묻지 않았겠는가?

그는 참으로 모진 결단과 각오를 갖고 그리고 하나님 안에서의 큰 비전을 안고 가나안으로 들어왔다. 그러나 그의 사역은 완전히 실패였다. 가나안 땅 어디에도 삶의 자리 사역의 교두보를 확보하지 못했고 애굽 땅까지 밀려 내려왔다. 어쩌면 아브람의 속에는 다시는 가나안으로 올라갈 의욕을 상실한 채 이방인의 땅 애굽에서 삶의 처소를 얻고자 급급한 마음으로 내려왔으리라. 그런데 어찌된 일인가? 이 땅에서 자신의 둘도 없이 소중한 아내 사래를 잃고 만 것이었다. 도저히 있을 수 없는 일을 당한 것이었다. 자신의 무능 자신의 소심함과 비겁함 때문이었다. 그런데 그런 상황 속에서도 사래가 보여준 희생과 지혜와 세심함은 아브람의 이러한 부족함들을 더욱 크게 드러내어 주었다.

사래가 없는 아브람의 삶의 공간, 이런 텅 빈 공간이 자신에게 있을 줄은 상상도 못한 자리였다. 마음의 후회와 터져나오는 통탄은 고사하고 그 비어버린 공간의 허전함과 외로움은 말로 표현하기가 어려웠으리라. 그녀가 떠나간 이후 오히려 그녀로 인해 물질의 부요함은 늘어갔고 삶의 평안도 커져갔다. 왕이 돌봐주는 사람을 감히 누가 함부로 대할 수 있었겠는가? 하지만 함께 나눌 이가 없는데 그 부요와 평안이 무슨 소용이 있겠는가? 모든 것이 제대로 만족하게 돌아가는 것이 있을 수 없었다. 양과 소와 가축이 늘어나고 종이 늘어나면 뭣하겠는가? 여주인이 보살펴야 할 자리들은 그냥 그렇게 내던져진 채로 헝클어져 있었고 아브람에게는 그 빈 자리가 더욱 크게 느껴지기만 했다.

가나안에서의 실패, 애굽 땅에서의 뼈아픈 실수와 아내 사래의 잃어버림, 그리고 헝클어진 삶의 현장들, 한 인간 아브람의 총체적인 실패와 좌절의 현장이었다. 집안 식구들에게도 권위를 상실한 불쌍하고 어리석은 인간으로 비춰지는 아브람의 상황이었다. 자기 아내를 내어버리는 어리석음과 무능, 자기를 살리기 위해 아내까지도 내어버릴 수 있는 사악함과 거짓말하는 죄가 하나님의 종이라 스스로 일컬으며 자부하였던 자신에게 있는 줄을 그는 오늘에서야 알았다. 가나안 족속들을 죄인이라고 정죄하고 회개를 재촉하며 스스로는 의인이라고 자처했지만 이런 추함이 자기 속에 있는 줄은 꿈에도 생각 못했다. 오늘에서야 아브람은 죄가 인간의 속 어느 깊은 곳까지 내려와 있는지를 자세히 알았다. 그 죄가 궁극적으로는 죽음에 대한 두려움을 통해 인간을 어떻게 교묘히 조종하는지 비로소 깨달았다. 왜 저들이 죄에 대해 저토록 무능력한지 그 원인을 오늘에서야 철저히 파악했다.

아브람의 신앙. 지금까지는 밖으로만 향하였고 회개해야 할 자들은 저들이라고만 여겼었다. 자신은 절대 의인이었다. 저들의 거부와 반발이 아브람에게는 도무지 이해되지 아니했고 자신의 의가 저들을 오히려 멀어지게 만드는 것을 깨닫지 못했다. 그러나 오늘 비로소 인식한다. 자신의 생명보다 귀한(오늘에서야 깨달은 사래의 존재 가치였다) 아내 사래를 잃고 나서야 자신의 내면을 자신의 허물을 본다. 자신이 얼마나 연약하고 강자 앞에서 얼마나 약하고 비겁하고 추해질 수 있는지를. 어떤 죄악도 스스로 만들어낼 수 있는 죄인이라는 것을. 그러했기에 아브람은 이 실패와 좌절 속에서 자신에게 주어진 그 긴긴 밤을 소리 없이 통곡하며 깊이 회개한다. 참으로 참담한 심정으로 더할 수 없는 비통함과 애통함으로 자신의 죽음을 곡하듯 가슴을 뜯으며 처절하게 회개한다. 사래가 있었던 그 자리를 온통 통곡의 눈물로 채운다. 사래 없는 이 평안함 이 부유함이 웬 일인가 하면서.

회개. 내 생명보다 더 귀한 자를 잃어버린 자의 통곡하는 눈물이 바로 회개의 자리다. 나의 죄로 인한 나 자신의 죽음을 내 스스로 통곡하고 애통해함이 바로 이 회개다. 살아있으나 죽은 것과 같은 인생이요 살아있음이 오히려 부끄러움을 느끼게 해주는 바로 그러한 자리다. 아브람은 인생의 가장 처절한 순간을 보낸다. 모든 것이 무너져 내린 절대 좌절을 온 몸으로 겪는다. 생활은 가장 편안하고 더욱 부유해진 가운데였다.

훗날 이 아브람의 후손인 이스라엘은 자신의 죄를 용서 받기 위해 양이나 염소나 송아지나 짐승을 가지고 제사장 앞에 나아왔다. 그들이 제사장 앞에서 자신의 죄를 고백하고 앞에 있는 짐승의 머리에 손을 얹어 안수하고 그 죄를 짐승에게 옮겨놓는다. 그리고 제사장은 그의 죄가 옮겨진 그 짐승을 칼을 들고 죽이고자 한다. 그 순간 터져 나오는 고통스러워하는 짐승의 울부짖음과 죽지 않으려는 짐승의 몸부림을 본다. 그 짐승에게 죄를 옮겨 놓은 이스라엘 사람은 자신의 죄가 한 생명체를 얼마나 고통스러운 죽음으로 이끌고 가는지를 확인한다. 그 몸부림과 그 울부짖음 속에서. 제사드리는 자 자신의 몸부림이어야 했고 그의 입에서 나와야 하는 울부짖음이 그 짐승을 통해 대신 보여졌고 들려졌던 것이었다. 이것이 속죄의 제사였다. 이것이 회개의 자리였다. 바로 지금의 아브람의 삶의 자리인 것이다.

회개란 윤리적이고 도덕적인 차원에서의 반성이나 뉘우침이 아니다. 벌 받는 것을 두려워하여 일시적으로 잘못을 시인하는 그런 것이 아니다. 나의 죄로 인해 내 생명보다도 더 귀한 자를 잃어버린 자의 통곡하는 눈물이요 살아있음이 오히려 부끄러운 나 자신의 죽음을 놓고 애곡하는 그 비통함이 바로 회개다. **"세리는 멀리 서서 감히 눈을 들어 하늘을 우러러 보지도 못하고 다만 가슴을 치며 가로되 하나님이여 불쌍히 여기옵소서 나는 죄인이**

로소이다 하였느니라"(눅 18:13). 이 세리의 회개가 바로 참된 회개요 오늘 아브람의 자리다.

참으로 고통스러운 인생의 때였다. 하지만 가장 고통스러운 이 회개의 자리가 또한 거듭남의 자리였다. 이것이 새로 태어남이었고 새로 시작됨이었다. 사래의 사랑과 순종과 희생이 만들어낸 아브람의 가장 극적인 변화의 순간이었다. 가나안에서의 실패와 좌절 속에서도 침묵하였던 하나님께서 아브람의 삶 중에서 가장 보고자 했던 것이 바로 이 순간의 아브람이었다.

아브람의 사역이 실패로 끝난 것 같지만 그 사역은 아브람의 속에서 가장 놀랍고 아름다운 열매를 만들어 놓고 있었다. 그 어떤 것도 이룰 수 없는 결과였다. 신앙인의 실패, 겉으로는 실패이나 그 어떤 값을 치르고도 얻을 수 없는 가장 값진 열매를 그 실패자의 속에 남겨 놓는다. 그러기에 그저 실패가 실패로 남을 수밖에 없는 자는 진짜 실패자요 그는 참된 신앙의 정수를 알지 못하는 자다. 참된 신앙인, 그는 실패 속에서도 나만이 볼 수 있고 알 수 있는 열매를 누리는 자다. 좌절하나 거듭남을 경험하는 자다.

"여호와께서 아브람의 아내 사래의 연고로 바로와 그 집에 큰 재앙을 내리신 지라"(:17)

회개와 거듭남을 경험하는 아브람의 삶은 이제 어떻게 되어야 하는가? 철저히 무능력할 수밖에 없는 상황이다. 아브람 스스로는 이 자리에서 헤어 나올 수 있는 그 어떤 시도도 할 수 없는 때다. **"여호와께서 …바로와 그 집에 큰 재앙을 내리신지라."** 막다른 궁지에 몰린 아브람을 위해 하나님께서 직접 역사하신다. 하나님께서는 지금까지의 모든 전개되는 상황을 지켜보고 계셨고 아무것도 할 수 없는 당신의 종을 위해 이제 무언가를 해주어야 할 때라고 판단하셨다. 바로 새로운 시작이 그를 기다리고 있는 것이다.

하나님은 당신의 백성이 헤어나올 수 없는 깊은 수렁을 향해 갈 때도 알고 계시고 보고 계신다. 그리고 어느 때에 손을 내밀어 그의 손을 잡고 이끌어 내셔야 될지도 아신다. 그를 위해 꼭 필요하다고 보시기에 그의 연단을 위해 그냥 내버려두실 때도 있고 반면 끌어올리실 때도 있다. 그에게 가장 알맞은 때에 가장 적절한 은혜를 베푸시는 것이다. 사래를 보낸 이후의 아브람의 고뇌와 아픔과 그 속에서 나오는 깊은 회개를 보신 이후였다.

아닌 밤중에 홍두깨 (창 12:17-18)

"여호와께서 아브람의 아내 사래의 연고로 바로와 그 집에 큰 재앙을 내리신 지라"(:17)

사래를 자신의 아내로 취하여 들인 일로 인해 바로 왕의 궁에 임한 재앙들. 이 재앙은 아브람과 사래의 관계를 정상으로 돌려놓기 위한 하나님 자신의 개입이었다. 아브람의 깊은 회개에 뒤이은 참으로 귀한 하나님의 은혜였다. 당신의 백성을 놓치지 않고 보시며 가장 적절한 때 가장 귀한 은혜로 도와주시는 하나님의 놀라운 섭리이기도 하였다. 그런데 우리는 여기서 두 가지의 이상한 의문점을 발견하게 된다. 그 첫째는 왜 하나님께서는 굳이 이 재앙이라는 수단을 통하여 이 문제를 해결하고자 하는 것일까 하는 점이다. 그냥 말로써 바로에게 사래가 아브람의 누이가 아니라 아내이니 그를 돌려보내라고 하실 수도 있는 것 아닌가? 바로 자신도 아브람과 사래의 거짓말에 의해 그녀를 취한 것이라고 할 때 바로 또한 피해자요 그러므로 그에게 임한 이 재앙은 전혀 억울한 것일 수도 있기 때문이다. 두 번째의 의문은 이어지는 다음의 말씀에서 나타난다.

"바로가 아브람을 불러서 이르되 네가 어찌하여 나를 이렇게 대접하였느냐 네가 어찌하여 그를 네 아내라고 내게 고하지 아니하였느냐"(:18)

이 재앙에 뒤이어 애굽 왕 바로는 아브람을 부른다. 그리고 그에게 왜 사래를 너의 아내라고 말하지 않고 누이라고 하여 나를 속였느냐고 따지듯 묻는다. 바로는 이 재앙이 남의 아내인 사래를 자신의 아내로 맞이하였기 때문이라는 사실을 정확히 인식하고 있다. 즉 바로는 자신의 집에 임한 어떤 재앙의 원인을 사래 때문이라고 정확하게 파악하고 있는 것이다. 그가 그 재앙이 사래 때문이라는 것을 어떻게 알았을까? 지금 바로가 아브람에게 추궁하듯 묻고 있다는 점에서 아브람 자신이 이 관계를 발설하지는 않았음이 분명하다. 하나님께서는 아무 말 없이 재앙을 내리시고 바로는 이것이 사래 때문이라는 것을 안다. 무언가 연결되지 않는 단절이 이 속에 들어가 있다. 원인과 결과를 연결시키는 과정의 단절이 숨어 있다는 것이다. 왜 하나님께서는 말로써 바로를 깨우쳐 상황의 회복을 시도하지 않으시고 재앙이라는 징계의 수단을 통해 바로를 압박하는 것인가? 또 바로는 어떻게 이 재앙이 사래 때문이라는 것을 정확히 인식할 수 있는 것일까? 이런 점들이 이 말씀 속에 들어가 있는 감추어진 비밀의 내용들이다.

이제 우리는 사래가 궁으로 들어오던 날부터 생겨나는 가능한 모든 상황들을 추적해 봄으로써 그 해답을 찾아가 보자. 먼저 아브람에 관해서는 우리가 앞서 살펴보았다. 아무것도 할 수 없는 절대 무능력한 자리에서 나오는 깊은 통곡의 회개가 아브람의 삶의 자리였고 신앙의 현장이었다. 물론 사래와 다시 살 수 있는 기회를 달라고 하는 간절한 기도가 올려졌음도 당연하겠고 오늘의 결과 또한 그 회개와 간구에 대한 하나님의 응답이기도 하였다. 하지만 왜 재앙이어야만 하는지와 어떻게 바로가 사래와 아브람의 관계를 그 재앙을 통해 알게 되었을까 하는 데 대해서는 답을 줄 수 있는 입장이 아니다.

그러면 오늘의 사태가 있기까지 사래와 관련된 바로의 입장을 생각해 보자. 오늘 재앙이라는 사건을 놓고 본다면 아닌 밤중에 홍두깨 격인 사건이 바로 오늘 그가 당한 일이었다. 당대 세계 최고의 왕국을 다스리며 태양신의 아들 바로(파라오)라고까지 칭해지며 숭상 받는 절대 권력자였다. 그에게는 불가능이란 없어 보였고 또 부족해 보이는 것도 없었다. 이방 땅에서 온 아리따운 여인을 취한 것도 왕의 일상 중에서 일어나는 작은 일이었다. 사래 이전에 많은 여인들이 왕의 후궁으로 이미 와 있었고 그것은 왕으로서 누릴 수 있는 당연한 것이었다. 아무도 감히 뭐라고 할 사람은 없었고 하등 양심의 가책도 있을 수 없는 일이었다. 그가 곧 법이었고 그 땅의 모든 것이 그의 소유였기 때문이다.

사래의 외적인 미모뿐 아니라 그녀의 더욱 아름다운 성품으로 인해 바로 또한 그녀를 진심으로 좋아하게 된다. 그래서 이 여인의 요청을 다 받아들여 그녀의 오빠인 아브람을 후대한다. 사래를 박대하지도 아니했고 아브람을 괴롭힌 것도 아니었다. 바로는 왕으로서 자신의 누릴 수 있는 권리를 누렸고 또 이에 대한 왕으로서의 체면도 지켰다. 사래와 관련해서 그의 할 수 있는 바는 다했던 것이다. 그런데 그녀로 인해 재앙을 당한다고 하는 것은 그야말로 아닌 밤중에 홍두깨이다.

그렇다면 여기서 바로의 궁에 들어온 사래의 마음과 그 마음에서 우러나오는 그녀의 행동과 태도는 과연 어떠했을까 하는 점을 생각해 보자. 바로의 궁에서 편히 살 수 있게 된 것으로 마냥 편안해 하고 즐거워하며 살아갔을까? 궁 밖의 아브람을 남편이 아닌 오빠처럼 여기며 언제까지라도 그렇게 살아갈 수 있었던 것일까? 적어도 처음에는 궁 밖의 아브람을 위해 의도적이라도 편한 웃음을 지으며 마음 속 깊이 있는 것들을 감출 수 있었으리라. 그러나 시간이 흐를수록 그녀의 얼굴에는 웃음이 가시고 어두운 그늘이 서서히 드리워진다. 아브람이 사래를 그리워하며 괴로워하는 것처럼 사래 또한 아브람에 대한 그리운 정을 억제할 수 없음은 당연했다. 그리고 이러한 변화는 그녀가 아무리 감추고 싶어도 감출 수 없었고 주변 사람들에게도 느껴짐은 어쩔 수 없는 결과다. 시간이 지남에 따라 이 부자연스럽고 잘못된 관계를 정리하고 원래대로 회복하고 싶은 마음은 더욱 간절해져만 갔으리라. 이러한 때에 사래가 할 수 있는 바 최선의 노력은 어떤 것이었겠는가? 당연히 간절한 기도를 밤마다 하나님을 향해 올렸으리라.

그러면서 우리는 여기서 한 가지 사실을 더 추론해 본다. 과연 아브람과 사래의 관계가 계속 숨겨졌을까 하는 사실이다. 세상에 비밀이란 없는 법이다. 아브람 집 사람들이 이를 다 알고 있고 이들이 날마다 애굽 사람들과 접하며 살아가고 있다. 더군다나 왕이 보낸 애굽 사람 노비들도 이 집에 많이 들어와 있다. 나이 80이 된 사람이 어째서 혼자 사는지 어떻게 70살 된 여동생이 그에게 있고 그녀 또한 시집도 가지 않은 채 오빠를 따라 그 먼 거리를 이동해 여기까지 왔는지 저들에게 당연히 궁금한 사항이 되지 않았겠는가? 몰래 몰래 귀동냥으로 듣고 말해지는 사실들이 모든 것을 다 드러내지 않았겠는가? 당대 아브람 또한 왕의 아내의 오빠로 왕이 후대하는 자였으니 자연 사람들의 이목을 끌게 되는 위치에 있었고 이런 저런 화제의 중심에 있을 수밖에 없는 입장이었다.

사래의 결혼을 시점으로 어느 정도의 시간이 흐르고 아브람도 사래도 힘을 잃어간다. 눈에 띄게 말수가 줄어들고 얼굴에는 활기가 사라져 간다. 그리고 아브람과 사래가 서로 부부지간이었다는 사실이 애굽 사람들의 입에서 입으로 전해지고 그것이 종국에는 왕의 귀에까지 들어가게 되었으리라. 만일 이러한 소문이 왕의 귀에 들어갔다면 당연히 왕은 사래를 불러 이 소문의 진위를 확인해 보고자 했으리라. 그러지 않아도 처음과는 달리 무슨 큰 고민이라도 있는 것처럼 사래의 모습에서 활기가 사라졌기 때문에 왕은 궁금함을 갖고 확인해 보고자 하였으리라. 이러한 상황이 실제로 벌어졌다면 사래는 왕 앞에서 어떤 말을 하였을까? 처음처럼 계속 부부간이 아니라 오누이 관계라고 거짓말하며 왕을 속이고자 하였을까?

여기서 우리는 왜 하나님께서 바로의 온 집에 재앙을 내리셨을까 하는 점을 생각해 보게 된다. 이 재앙은 명백히 죄를 범한 자를 대한 징계의 수단으로써 성경에 일반적으로 등장한다. 이로 볼 때 만일 바로에게 사래와 관련하여 어떤 잘못도 없다면 바로 자신에게는 이 재앙이 전혀 부당하다고도 볼 수 있기 때문이다. 만일 바로가 아브람과 사래의 관계를 전혀 알지 못했다면 말이다. 하지만 하나님의 징계의 수단으로 등장하는 이 재앙이 오늘 바로에게 내리고 있다는 것은 무엇을 말하는가? 바로 자신 사래와 아브람의 관계와 그간의 사정을 알고 있었음에도 관계를 회복시키려 하지 않았고 오히려 이를 거부했기 때문이라고 할 때 이 재앙은 이해가 가능해진다. 바로가 아브람을 불러 추궁할 때에 이미 아브람과 사래의 관계를 알고 있었다는 사실은 이를 뒷받침해 주는 분명한 증거가 된다. 왕 자신의 최종적인 확인은 사래에게서 나온 것이었다. 사래 자신에게 확인하지도 않고 이러한 사실을 아브람 앞에서 말한다는 것은 있을 수 없는 일이기 때문이다.

여기서 우리는 한 순간 인간의 실수로 헝클어진 상황 잘못된 관계를 바로 잡으려는 사래의 수고를 생각하게 된다. 사래가 아브람과 자신의 관계를 추궁하는 왕 앞에서 이를 시인하고 올바로 밝힌다고 하는 것이 과연 쉬웠을까? 어쩌면 왕을 속인 죄로 죽을 수도 있는 일이었다. 바로 왕의 입장에서 본다면 이방인 부부에게 속아서 유부녀를 왕의 아내로 취한 결과를 빚은 것이었다. 있을 수 있는 일이 아니었고 만일 이 사실이 세상에 밝혀진다면 한 마디로 모욕과 수치를 당하게 되는 것이었다. 충분히 죽음으로 다스릴 수 있는 사안이었고 왕의 신하들이라도 그냥 있을 수 없는 일이었다. 사래의 시인과 고백은 이러한 위험을 안고 있는 것이었다. 하지만 아브람과 헤어진 채로 살아간다고 하는 일은 불가능함을 느끼는 사래였기에 이것 때문에라도 그녀는 목숨을 걸고 이 사실을 시인하였으리라. 하나님과의 신앙의 관계에서 그녀 자신도 아브람과 자신이 만들어온 오늘의 상황이 하나님을 대한 불신앙의 결과였다는 것을 분명히 깨달을 수 있었다. 그렇기에 하나님과의 바른 신앙의 관계를 회복하기 위해서라도 그녀는 왕 앞에서 솔직해지고자 하는 결단을 하였으리라.

신앙 안에서의 정직은 어떤 의미를 가지고 있는 것인지 우리는 여기서 보게 된다. 하나님을 향해 나의 허물과 죄를 사실 그대로 인식하고 고백하는 것뿐 아니라 사람을 대해서도 그 결과가 죽음이나 큰 고통을 초래하는 것일지라도 있는 그대로 시인하고 용서를 구하며 그 결과를 기꺼이 받아들이는 것이다. 예수님께서는 예물을 단에 드리다가도 형제와 다툰 일이 생각나거든 먼저 가서 형제에게 잘못을 정직히 고백하고 용서를 받은 다음 그리고 와서 예배드릴 것을 말씀하신다. 아나니아와 삽비라가 교회 앞에서 죽음을 당한 것도 먼저는 교회를 속인 것이요 두 번째는 그 속인 것을 추궁하는 교회 앞에 정직히 시인하고 고백하지 않았기 때문이었다. **"이에는 이로 눈**

에는 눈으로 갚으라"는 성경의 가르침은 남의 이를 상하게 한 자, 남의 눈을 상하게 한 자, 남의 생명을 해한 자는 그에 상응한 자신의 책임을 솔직히 인정하고 받아들이라는 내용을 담고 있다. 남을 상하게 한 죄를 저지른 자가 그 책임으로 자신의 받을 대가를 회피한다면 그것은 신앙이 아니라는 의미다.

잘못된 관계 헝클어진 상황을 바로잡기 위해 인간의 일에 개입하시지만 그 최종적인 판단은 사람과 그의 믿음에 따라 행하시는 하나님이다. 내 입으로 내뱉어져 잘못된 것들은 내 입의 고백을 통해 회복하도록 하시는 것이다. 내가 잘못해서 생긴 결과들이라면 내 스스로 거기에 대해 책임을 지겠다는 책임의식을 요구하시는 것이요 이는 참된 회개가 있는 자라면 당연한 것이다. 그 때 하나님께서도 그 중심을 보고 도와주실 수 있는 것이 아니겠는가? 오늘 본문 속에 나타나는 사래의 숨겨진 신앙이요 삶의 모습이다.

네가 어찌하여 (창 12:18-19)

아브람의 아내인 사래를 애굽 왕이 자신의 아내로 맞이해 들이고 이 결혼이 속은 결혼이었다는 사실이 모든 사람에게 드러난 이 사건은 애굽 왕과 왕실의 입장에서 보면 그리 단순한 사건이 아니다. 한 이방인이 자신이 살기 위해 자신의 아내를 아내가 아닌 누이요 처녀라고 속여 애굽 왕의 아내가 되게 하고 자신은 그 반사 이익을 누린 희대의 사기극이었다. 여기에 애굽 왕과 왕실뿐 아니라 애굽 국민까지도 기만당한 아주 망신스런 사건이었다. 엄연히 남편이 시퍼렇게 살아있는 유부녀요 처녀가 아닌 할머니 같은 여자를 아내로 맞이해 들이고 이것이 만천하에 드러났다. 왕의 권위와 체면은 땅에 떨어졌고 백성들 앞에서도 웃음거리가 된 심히 부끄러운 일이었다. 당대 애굽이라는 나라가 차지하고 있는 국제 관계까지 고려한다면 국제적인 망신거리였다고 할 수도 있다. 아브람이라는 한 개인에게만 초점을 맞춰 그것이 있을 수도 있는 일이라고 말할 수 있는 사건이 아니었다. 왕을 속였다는 것 자체가 잔인한 형벌을 면할 수 없는 엄청난 범죄행위이다. 왕실의 존엄성과 국가의 자존심을 생각해서라도 저들을 죽여야 한다고 주장하는 자가 많지 않았겠는가? 왕 자신에게도 분노가 치밀어 오르지 않았겠는가?

아브람을 맞이할 때 이 애굽 왕의 태도는 어떠하였고 이 말을 하는 애굽 왕의 얼굴 표정은 어떠했을까? 온화한 표정과 좋은 기분으로 말을 하고 있었을까? 딱딱하게 굳은 심각한 얼굴 표정이었으리라. 아브람을 맞이하는 신하들의 얼굴도 '저런 천하에 거지같은 자가 감히' 라는 노기와 심히 상한 기분이 얼굴에 그려져 있었다. 아브람 자신도 왕이 왜 자신을 보자고 하는지를 이미 알고 왔었기에 그 또한 이미 긴장되어 있었으리라. 그 긴장은 단순한 긴장의 차원이 아니라 자신의 거짓말이 탄로났고 그 결과가 어떤 것인지를 알기 때문에 죽음에 대한 두려움이었다고 보는 것이 정확할 것이다.

"네가 어찌하여 나를 이렇게 대접하였느냐 네가 어찌하여 그를 네 아내라고 내게 고하지 아니하였느냐 네가 어찌 그를 누이라 하여 나로 그를 취하여 아내를 삼게 하였느냐…"(:18-19)

"네가 어찌하여 … 네가 어찌하여 … 네가 어찌하여 …" 세 번씩이나 거듭 반복되는 "어찌하여"라는 왕의 말은 왕 자신의 곤혹스러움과 창피함을 담고 있고 나아가 치밀어 오르는 분노를 감당하지 못해 하는 고통에 겨운 말이 아닌가? 두 주먹을 불끈 쥐고 의자의 팔걸이를 내려치며 소리치는 모습이 아닌가? 이러한 애굽 왕의 추궁을 받는 아브람의 얼굴은 어떻게 되었을까? 사색이 되었으리라. 두려움으로 그는 한마디 말도 제대로 할 수 없었으리라. 당대 가장 강력한 국가의 왕을 속였고 그것이 이제 탄로났으며 또 그것으로 인해 심한 재앙의 고통이 왕실에 임하였으니 어찌 살아날 수 있다고 생각하였겠는가? 심각한 표정과 말로써 이러한 사실을 추궁해 오는 왕의 얼굴을 감히 바라볼 수조차 없었을 것이다. 더군다나 남자로서 자기가 살기 위해 자기의 아내를 버린 수치가 드러나는 순간이었다. 무슨 말로 자신의 비겁함과 왕을 속인 죄를 변명하며 생명을 구걸하겠는가? 하지만 그 마지막에 이어지는 애굽 왕의 말은 무엇이었는가?

"네 아내가 여기 있으니 이제 데려가라" (:19)

애굽 왕 바로. 감히 누구에게 무릎 꿇을 수 있는 존재가 아니다. 그 왕의 자리는 자신을 속인 자를 그냥 놔둘 수 있는 자리가 아니다. 더군다나 자신의 소유를 자신의 뜻과는 반하여 내주거나 포기할 수 있는 위치가 아니다. 왕의 위엄과 체면 국가의 자존심 때문에라도 그렇게 할 수가 없다. 그런데 왕으로부터의 엄청난 보복을 두려워해야 하는 이 순간 잠시 긴 침묵이 흐르고 어쩌면 아브람의 변명이 있은 후 왕의 입에서 **"네 아내가 여기 있으니 이제 데려가라"**는 말이 나온다. 아브람은 자신의 귀를 의심하지 않았겠는가? 모든 상황을 생각해 볼 때 감히 있을 수 없는 일이었기 때문이다.

이 순간 아브람의 속에서는 어떤 생각이 떠올랐을까? 이제는 살았다 하는 안도의 한숨이 나왔겠는가? 살았다 하는 안도감보다는 **'하나님!'** 하는 감격의 부르짖음이 솟구쳐 나오지 않았겠는가? 자기가 살기 위해 자기의 아내를 누이라고 속였던 그 거짓이 들통나고 그 비겁함이 수치가 되어 나타나는 순간이었고 왕을 속인 대가로 죽음을 기다려야 하는 그 순간이었다. 그런데 그 때 오히려 잃은 아내를 되찾게 된 것이었다.

회복. 당대 역사상 최고의 존재인 애굽 왕을 상대로 한 완전한 회복이었다. 그에게 수치와 파멸감을 안겨준 그 분노의 현장에서 살아난다는 것은 꿈에도 생각할 수 없는 상황이었다. 지켜주시는 하나님 도와주시는 하나님 회복시켜주시는 하나님을 이보다 더 완벽하게 체험할 수 있을까? 가장 비극적인 실수를 통해 가장 놀라운 하나님의 은혜를 경험하는 순간이었고 가장 부끄러운 순간을 가장 복되게 누리는 놀라운 현장이었다. 다시는 함께 할 수 없으리라고 여겼던 사랑하는 남편과 아내가 재회를 이룰 수 있게 되는 이 순간이었다. 그 무엇보다도 자신들의 불신앙에서 나온 돌이킬 수 없는 실수를 용서해 주신 하나님의 용서가 있었다. 용서해 주시고 회복시켜 주시는 하나님의 은혜가 그에게는 말로 다할 수 없이 감사했으리라.

또 한 번의 은혜가 여기에 있다. 감히 감당할 수 없는 가장 처절한 밑바닥을 경험한 한 신앙인에게 하나님께서 더해 주시는 선물이 여기에 있다. 자신의 죄로 인해 죽을 수밖에 없는 자이나 그 죄를 용서 받고 살아났을 뿐 아니라 자기의 생명보다 더 귀한 아내까지 찾을 수 있었다. 아브람의 그 처절했던 회개를 통해 얻은 하나님의 놀라운 은총이었다. 하나님께서 허락하신 회복이었고 더해주신 구원의 은총이었다.

사람이 죽을 병이라고 의심되는 병을 몸에 지니고 있을 때 심히 고통스러워한다. 이것이 죽을 병이 아니길 바라는 간절함이 신앙인이 아니어도 간절한 기도가 되어 나오고 내가 살아날 수만 있다면 하는 단 한가지의 소망만을 품게 된다. 그런데 그 때에 그 병의 징조가 죽을 병이 아니라는 진단 결과를 통보받는다면 어떠하겠는가? 또 만일 우리가 전혀 우발적인 실수로 사형을 언도받고 사형장에 이끌려 갔다고 가정해 보자. 그 사형장의 사형 도구들을 볼 때에 우리의 몸과 마음과 모든 것은 얼어붙어버릴 것이다. 생명 그 단 한 가지에 대한 소망이 그의 전부라고 할 수 있을 것이다. 그런데 그 죽음의 직전에 사면이 선포되었다고 하자. 그의 심정은 어떠하겠는가?

구원이라고 하는 것은 우리가 누릴 수 있는 많은 것 중에 한 가지의 그저 그렇고 그런 것이 아니다. 죽을 수밖에 없는 내가 그 죽음에서 살아날 수 있는 유일한 길을 얻은 것이다. 구원을 이루고자 찾는 우리의 심정이 어떤 것이 되어야 하는지 시인은 마치 목마른 사슴이 시냇물을 찾아 헤매는 것이라고 표현한다. 마실 물이 없는 사막에서 마실 물을 애타게 기다리며 갈해 본 적이 있다면 우리는 이 목마른 사슴을 이해할 수 있을 것이다. 사래를 다시 찾고 죽을 목숨도 건진 아브람의 심정이 어떠할지는 굳이 말할 필요가 없다.

구원의 길을 찾은 오늘 우리의 감격은 너무 메말라 있지 않은가? 이 구원이 우리 신앙의 전부가 되어야 하고 신앙의 핵심 주제임에도 불구하고 저 멀리 산언저리에 서 있는 작은 나무나 풀 한 포기처럼 사소하게 여겨지고 있지 않은가? 아무 감정도 느낌도 없이 이 구원의 은총을 바라보고 있지 않은가?

들어갈 때와 나올 때 (창 12:20)

"바로가 사람들에게 그의 일을 명하매 그들이 그 아내와 그 모든 소유를 보내었더라"(:20)

바로가 그의 신하들에게 아브람과 관련된 일을 명하였다고 할 때 이 명령의 내용은 무엇이었을까? 저들의 가진 것을 모두 빼앗고 애굽에서 내쫓으라는 것인가? **"그 아내와 그 모든 소유를 보내었더라"**는 말은 그들의 생명과 소유물에 대해 조금의 해도 끼치지 않았다는 사실이 나타난다. 잘 선대하고 보호해서 가나안으로 돌아갈 수 있도록 모든 배려를 아끼지 말라는 내용을 담고 있다. 그리고 이에 더하여 애굽을 떠나 가나안에 도착한 아브람을 볼 때에 은 금과 육축이 풍부하였고 그 규모는 수백 명의 군사를 거느릴 정도의 엄청난 것이었다. 이는 바로가 아브람을 보낼 때에 상당한 재물과 사람을 더하여 주었다는 것을 알게 한다. 어떻게 된 일이었을까?

아브람이 사래의 일에 관해 설명할 때 그는 바로 앞에서 왜 자신들이 애굽으로 왔으며 어떻게 이런 실수를 저지르게 되었는지 가나안에서의 사역과 실패에 대해 낱낱이 설명하였을 것이다. 그리고 바로 왕에게 재앙을 내리신 자신의 믿는 하나님은 어떤 신인지도 자세히 설명하였다. 그리고 이제

다시 돌아가 감당해야 할 일이 어떤 것인지도 자세히 들려주었으리라. 이에 대해 바로가 **'그의 일을 명하매'**라고 할 때 **'그의 일'**이란 바로 가나안에서 아브람이 해야 할 사역과 관련된 것이 아니었겠는가? 더군다나 자신들에게 임한 재앙으로부터 벗어나야 하는 부담이 있었기에 그들에게 필요한 모든 것을 더해 주고 아브람과 그 일행을 더욱 잘 대접해서 안전하게 보내라는 명령이 아니었겠는가? 그 재앙을 생각한다면 아브람을 홀대한다는 것은 있을 수 없는 일이었다. 바로는 이들이 가나안의 기근을 피해 이 애굽으로 온 것도 아브람과 사래로부터 들어 알았다. 그러므로 가나안으로 돌아가서 충분히 살 수 있도록 모든 것을 마련해서 보냄으로써 자신과 자신의 궁에 임한 이 재앙을 벗어나고자 함은 당연한 결과다.

"너는 오직 그의 나라와 그의 의를 구하라 그리하면 이 모든 것을 너희에게 더하여 주시리라"는 말씀의 증거가 되는 현장이다. 가나안을 떠나올 때는 기근을 이기지 못한 물질적 궁핍이 그에게 있었다. 하지만 애굽 땅에서 어떤 노동도 장사도 하지 아니하였지만 그에게는 이제 가나안에서의 모든 것을 감당할만한 물질적인 풍요가 주어졌다. 그의 신앙을 연단한 하나님께서 이제 그에게 일할 수 있는 충분한 물질도 함께 공급하여 주신 것이었다. 오직 그의 나라와 그의 의를 구하며 그것을 위해 준비된 그에게 하나님께서 더해주신 은혜였다. 물론 이와 같은 물질적인 풍요도 중요하지만 애굽을 벗어나는 아브람에게 더욱 중요한 것은 생명의 구원을 받은 자로서의 하나님의 은혜에 대한 감격과 모든 것이 회복된 실로 오랜만에 누리는 평안함이다.

아브람이 애굽을 떠날 때의 이러한 모습을 그가 이 땅에 들어올 때의 모습과 비교해서 살펴보자. 들어올 때는 실패와 좌절로 일그러진 모습이었고 애굽 사람에 대한 두려움으로 초췌해져 있었다. 하란을 떠나 가나안으로 올 때의 그 옹골찬 기백은 어디론가 사라지고 기근에 쫓겨 어찌해서든 살고자 발버둥치는 인물이었다. 그런데 오늘 애굽을 나가는 그에게는 왕의 보호함이 있었다. 무엇보다도 그에게는 내면으로 더욱 깊어진 성숙함이 배어있었다. 기백보다는 겸손함이 그를 압도하고 있었고 하나님을 새롭게 경험한 관조적인 믿음이 생겨나 있었다. 하나님의 역사를 조용히 지켜볼 수 있는 기다림과 인내의 믿음이었다. 이전에는 자기 자신이 돌격하여 그 결과까지 얻고자 하는 성급함이 있었다. 그러나 지금은 결과는 하나님의 것이요 자신은 다만 씨 뿌리는 자로서의 사명을 감당할 수 있는 준비가 되어 있었다. 멀리 내다보고 천천히 움직여 갈 수 있는 여유가 생긴 것이었다. 그 무엇보다도 상대의 아픔을 이해하고 무엇이라도 용납할 수 있는 마음을 소유하였고 인간 그 자체와 인간을 지배하고 있는 죄에 대한 철저한 이해를 소유하였다.

의는 있었으나 그 의로 인간의 연약함을 느끼고 이해하기보다는 오히려 정죄하는 것이 더 컸던 그였다. 인간의 변화가 더딘 것을 참고 기다리지 못하고 다그치고 재촉하는 신앙의 기질이었다. 어쩌면 그의 집 사람들도 그가 틀리지 않고 옳다는 것은 아나 실수를 용납하지 않고 사소한 허물도 크게 나무라는 그로 인해 숨 막히는 갑갑함을 느꼈을 수도 있었다. 하지만 애굽을 돌아 나오는 아브람의 얼굴에는 온화함이 배어 나왔고 관용하고 인내하는 모습으로 사람들을 대하는 전혀 다른 사람이 되었다.

동시에 들어갈 때는 실패자의 초췌함 죽음을 두려워하는 비굴함이 그에게 있었으나 나올 때는 애굽 왕의 군대가 애굽 밖까지 호위해서 지켜주는 왕 같은 당당함이 있었다. 가나안에서의 사역을 포기하고 다시 도전할 수 있는 자신감마저도 상실했던 그에게 전혀 다른 마음과 눈으로 가나안을 새롭게 보게 하시며 이렇게 등 떠밀어 다시 가도록 하시는 하나님의 오묘한 섭리였다. 이제 내가 너를 이와 같이 보호해 주리라 하는 하나님의 약속이 이 속에 있지 아니한가?

그 무엇보다도 우리는 이 애굽에서의 아브람의 경험을 통해 죄의 죽음과 생명의 구원이라는 신앙의 정확한 메카니즘을 발견하게 된다. 먼저는 죄와 그 죄가 가져오는 죽음에 이르기까지의 죄의 메카니즘이다. 기근에 쫓겨 애굽으로 올 수밖에 없는 아브람에게 죽음에 대한 두려움이 나타난다. 이 두려움은 실패로 인해 자신감을 상실한 연약해진 인간의 심성 속에 파고 들어와 뒤에서 보이지 않게 그를 조종하는 죄의 속성이었다. 이 두려움에서 벗어나기 위해 아브람은 아내 사래를 자신의 누이라고 말하여 사실을 숨기고 속인다. 곧 거짓이라는 죄의 실체적 현상이 나타난다. 이 때까지만 해도 죄의 심각성은 그다지 크게 인식되지를 못했다. 아무에게도 피해를 주지 않는다고 여겨졌기 때문이었다.

하지만 이 사소할 수도 있는 죄는 먼저 가장 가까이 있는 사래에게 감당하기 힘든 어려움을 안겨주고 아브람 집 사람들의 신앙과 삶에 대한 심각한 혼란을 야기한다. 그리고 애굽 왕실로 들어가 그 왕과 왕실을 쑥밭으로 만들어 놓는다. 그리고 결과적으로 이 죄는 부메랑이 되어 아브람에게 죽음을 가지고 되돌아온다. 여기서 나타나는 죄의 메카니즘은 한 인간의 두려움에서 시작된 죄가 타인을 파멸시키고 결국은 나에게로 돌아와 나를 죽음으로 몰고 가는 일련의 과정이다. 어떤 사소한 죄도 결국의 최종 목적지는 나 자신이라는 사실이 나타난다. 왜 인간이 죄로 인해 죽을 수밖에 없는가 하는 문제에 대한 하나의 정형화된 답을 제시해 준다.

이 죄의 메카니즘에 이어 나타나는 두 번째는 바로 구원의 메카니즘이다. 아브람은 자기 자신의 죄로 인해 죽을 수밖에 없는 상황에 처하였고 여기서 살아난다고 하는 것은 불가능해 보였다. 하지만 그는 사소한 듯한 죄가 일으킨 전혀 생각지 못한 이 엄청난 현실을 확인하고 처절하게 회개한다. 살아있으나 이미 죽은 자와 같은 자신을 놓고 깊이 회개한다. 그 회개에 뒤이어 하나님은 하나님 자신의 능력으로 바로를 다스리시고 아브람의 모든 것을 회복시켜 죽음의 질곡에서 구원하신다. 이것이 죽음에 이르게 하는 죄의 메카니즘을 깨고 들어온 구원의 메카니즘이었다.

애굽에서의 아브람의 삶은 이와 같이 죄에서 시작되어 죽음에 이르는 과정과 회개에서 시작되어 구원에 이르는 우리 신앙의 완전한 패러다임을 보여주는 장이었다. 그리고 그 죄가 인간의 속에 어떻게 자리 잡고 있으며 그 죄에 의해 인간이 어떻게 조종당하고 있는지를 통해 인간 그 자체에 대한 완전한 이해를 제공하는 장이기도 하였다. 애굽을 벗어나오는 아브람에게는 그 무엇보다도 이와 같은 신앙에 대한 온전한 이해가 이루어져 있었던 것이다. 고난 속에서 건진 보석처럼 귀한 은혜였다.

※ (바로가 아브람을 내보내었다. 이는 아브람과 함께 하시는 하나님도 함께 내보냄이었다. 이를 통해 그가 얻고자 하는 것은 육신의 평안이었다. 아브람을 잘 대접해서 내보내었지만 그 속에는 나의 편안함을 얻고자 하는 것만 있을 뿐 참된 영생의 구원을 누릴 은혜의 기회는 사라져 버렸다. 그 재앙을 통해 살아 계신 하나님 참된 신을 보고 알았더라면 참으로 좋았을 것을).

아! 아브라함

| 창세기 13장 |

제2부 떠나는 자 보내는 자

온갖 역경 속에서 그 속사람을 더욱 깨끗하게 또 강하게 하는 사람이 있다.
그러나 그 고난 속에서 오히려 인간의 헛된 욕심을 키워가는 자가 있다.
똑같은 대상을 놓고서도 한 사람은 그것을 피해야만 했고,
다른 사람은 반드시 손에 넣어야만 했다.
무엇이 이런 차이를 만들어내는 것일까?

새 하늘과 새 땅 (창 13:1-2)

"아브람이 애굽에서 나올새 그와 그 아내와 모든 소유며 롯도 함께 하여 남방으로 올라가니"(:1)

애굽에서의 모든 삶을 마치고 다시 한 번 가나안으로 들어가는 아브람과 그의 일행이다. 성경은 이전에 하란을 떠나 가나안으로 들어올 때의 아브람을 이렇게 기록하고 있다. **"아브람이 그 아내 사래와 조카 롯과 하란에서 모은 모든 소유와 얻은 사람들을 이끌고 가나안 땅으로 가려고 떠나서 마침내 가나안 땅에 들어갔더라"** 하란을 떠나 가나안에 들어오던 때와 오늘 애굽에서 다시 가나안 땅에 들어올 때의 상황 묘사는 거의 동일하다. 적어도 외적으로는 거의 변함이 없는 똑 같은 조건과 상황인 것을 느끼게 해준다. 하지만 겉보기가 그렇다고 해서 과연 아브람과 그 집 사람들도 똑같은 모습일까? 그 때나 이 때나 똑같은 마음일까?

하란을 떠나 처음으로 가나안에 들어오던 그 때를 돌이켜 보자. 그 때 아브람은 신앙적으로는 하나님의 부르심에 대한 소명의식이 분명했고 그 부르심이 부여해준 하나님의 일에 대한 확고한 사명감이 있었다. 그리고 정신적으로는 그 일을 적극적으로 수행하고자 하는 뜨거운 열정이 있었으며 어떤 어려움도 이겨내리라는 강한 도전 정신이 있었다. 물질적으로도 그 모든 사역을 감당할만한 충분한 재산이 갖추어져 있었다. 모든 것이 부족함이 없었다. 하지만 가나안에서의 첫 사역을 마치고 애굽으로 내려갈 때의 그는 어떠했는가? 신앙은 있었으나 뒤에 감추어져 있었다. 가나안에서 보였던 단을 쌓는 행위가 애굽에서는 전혀 나타나지 않는다. 그 대신 죽을까 두려워 떠는 한 나약한 인간의 모습만이 나타난다. 곧 오직 살겠다는 마음 하나로 자기의 아내를 누이라고 하는 거짓말과 자신의 가장 사랑하는 아내일지라도 버려 남의 아내로 주어버리는 생존 본능만이 남아있는 모습이었다.

물질적으로는 어떠했는가? 가나안 남방에서 애굽으로 떠나야만 했던 결정적인 이유는 기근을 이기지 못했기 때문이었다. 즉 그 기근을 이겨낼 수 있는 물질이 그에게는 전혀 없는 상태였고 하란에서 가지고 온 모든 재산도 다 써버린 상태였다. 곧 애굽으로 내려가는 아브람은 신앙에 있어서나 정신적으로 또 물질적으로 모든 에너지가 완전히 고갈된 상태였다. 가나안에서의 실패가 그에게 이러한 좌절과 비참한 패배를 안겨주었던 것이다.

하지만 오늘 애굽을 떠나 또 다시 가나안을 향하는 아브람의 모습은 어떠한가? 신앙으로는 하란을 떠나 처음 가나안에 들어올 때와는 비교할 수 없을 만큼 성숙해 있었다. 죄와 인간에 대한 온전한 이해를 이룬 자의 깊은 회개를 경험하였으며 그 회개를 통해 죽을 수밖에 없는 상황에서 살아나는 구원의 감격을 누렸다. 신앙이란 무엇인가 하는 완전한 이해를 그 뼈저린 실수를 통해 갖게 되었던 것이다. 그리고 그의 마음 속에는 살기 위해 어떤 거짓말도 마다 않게 만들었던 죽음에 대한 두려움이 사라지고 하나님께서 나의 생명 나의 길을 지켜주신다는 완전한 평안함이 자리 잡고 있었다. 이젠 누구든지 어떤 상황이든지 온유하고 겸손한 마음으로 받아들일 준비가 갖춰졌다. 바로 그 때에 완전히 바닥났던 물질도 이전보다 더욱 크게 채워지는 놀라운 풍성함을 누릴 수 있었다. 회복과 성숙이 그의 삶 전체에 자리하고 있었던 것이다.

한 마디로 하란에서 가나안으로 들어올 때의 아브람과 오늘 애굽에서 가나안에 다시 들어갈 때의 아브람은 적어도 겉으로는 별 차이가 없는 것 같았다. 하지만 속마음으로는 하늘과 땅 만큼이나 큰 차이가 있었다. 죽었다가 다시 살아난 자의 거듭남과 새로워짐이 그에게 있었다. 그가 처음 가나안에 들어올 때 그 가나안은 그에게 긴장감을 느끼게 해 주었다. 그 후 모든 것을 실패한 채 애굽으로 내려갈 때는 좌절과 패배감 그리고 이런 결과를 안겨준 가나안 사람들을 향한 분노와 미움이 있었다. 하지만 애굽을 경험한 후 다시 대하는 오늘의 가나안은 하늘도 땅도 다 변해 있었다. 외형적으로는 변한 것이 아무것도 없었지만 그의 속 마음이 변해져 있었기에 그것을 바라보는 그의 눈길도 변하였고 눈에 보이는 모든 것이 새로워져 있었다. 새 하늘과 새 땅이었다. 아무도 그를 맞이하는 이는 없었지만 그에게 가나안은 마치 고향에 돌아온 것 같은 정다움과 푸근함을 느끼게 하지 않았겠는가? 참된 신앙이 우리에게 열어주는 놀라운 하나님의 은혜의 세계다.

우리는 여기서 새롭게 확인한다. 우리의 믿음은 계속 변화하며 성장해야 하는 살아있는 유기체와 같다는 사실이다. 사도는 이를 달음박질에 비유하여 상을 얻기 위해 달려가는 선수처럼 끝없는 신앙의 경주를 할 것을 성도에게 권면한다. 이를 위해 육체의 훈련이 아닌 경건의 훈련을 요구하고 있다. 그리고 우리의 믿음이 독수리가 날갯짓하며 오름같이 그리스도의 장성한 분량까지 자라가며 성장해 가야 한다고 가르친다. 즉 달려감과 자라남이 신앙의 연단을 통해 이루어야 하는 신앙의 중요한 과제요 목표임을 밝히고 있다. 아브람의 애굽은 바로 이러한 달려감과 자라남이 어떻게 무엇을 통해 이루어지는지를 오늘 우리에게 보여주는 생생한 신앙의 현장이다. 이러한 성장과 성숙은 다시 가나안에 들어온 이후의 아브람에게서도 계속되어지는 것을 우리는 이어지는 그의 삶의 기록들을 통해 목격하게 된다.

만일 오늘 우리가 이러한 신앙의 성숙과 성장을 생각지 못하고 있다면 그것 자체가 죽은 신앙 아니겠는가? 아브람이 처음 가나안에 들어올 때의 그 열정적인 신앙을 갖고서도 결국은 모든 것을 파멸로 몰아갔던 것처럼 말이다. 자기의 죄를 발견하고 그 죄를 깊이 통회하며 끝없이 자기를 낮추는 그 신앙의 길을 계속해 가지 않는다면 그럴 수밖에 없지 않겠는가? 계속해서 달려가고 자라가는 자신을 지금 내 삶의 현장에서 확인하지 못한다면 이미 신앙의 빨간 불이 켜져 있는 것 아니겠는가?

가나안에 올라올 때의 아브람의 눈에 모든 것이 변해 있었던 것처럼 이제 그의 아내 사래는 또 어떤 모습으로 그에게 들어왔을까? 이후에 전개되는 두 사람의 삶 속에서 사래는 어떤 위치에 서게 될까? 아브람이 세상 모든 사람들에게 큰소리칠지라도 단 한 사람 사래에게만은 꼬리를 내릴 수밖에 없었다. 이것이 성경을 통해 확인되는 실제이기도 하다.

"아브람에게 육축과 은 금이 풍부하였더라"(:2)

성경이 굳이 애굽을 떠나 가나안으로 들어오는 아브람의 소유에 대해 특별히 육축과 은 금이 풍부하였다고 따로 떼어 언급하고 있음은 왜일까? 하란을 떠나 처음 가나안에 들어올 때의 아브람의 소유와는 어떤 차이가 있는 것일까? '하란에서 모은 모든 소유'(12:5)는 아브람 자신이 하나님의 일을 위해 필요하다고 생각되는 만큼 스스로 준비한 것이었다. 그는 할 수 있는 대로 최선을 다해 많은 물질을 모으고자 했을 것이다. 오늘 우리들도 하나님의 일을 하기에 앞서 먼저 돈부터 계산하는 것처럼 말이다. 하지만 그 재물은 아브람의 사역을 성공하게 하는데 아무런 기여도 하지를 못했고 그 사역의 실패와 더불어 네겝에서 기근을 만났을 때는 모두 사라지고 말았다.

그런데 오늘 이 풍부하다고까지 말해지는 육축과 은과 금은 어떻게 생겨난 것인가? 성경이 풍부하다고 할 때는 어느 정도인 것일까? 다시 온 가나안에서의 아브람의 삶을 보면 그 재물은 400여명의 군사를 기르고 훈련시킬 만큼의 엄청난 재물이었다. 어떻게 이러한 재산이 생긴 것이었을까: 아브람이 장사를 했는가? 농사를 지었는가? 그 기근에 쫓겨 빈털터리로 생명의 두려움을 느끼며 내려간 그가 그곳에서 언제 이러한 재산을 모을 수 있었겠는가? 낯선 이방인으로서 말이다. 하나님께서 바로를 통해 더해 주신 것이었다. 이제 가나안의 사역을 위해 몸과 마음과 모든 것이 온전히 준비된 그에게 그 땅에서의 모든 것을 위해 부족함 없이 더해주시고 채워주신 것이었다.

하나님의 일에는 돈이 문제가 될 수 없음을 말해주고 있다. 돈이 있을지라도 온전한 신앙이 준비되어 있지 아니하면 아무것도 할 수 없다. 하지만 돈이 없을지라도 신앙이 준비된 자에게는 하나님께서 더해주시는 은혜로 재물을 공급해 주신다. 그 재물을 위해 고민하고 수고하지 않을지라도. 그것이 성경의 증거다. 이것이 군사로 부름 받은 자가 자기 생활에 얽매이지 않는 은혜요 그의 나라와 그의 의를 구하는 자에게 더해 주시는 은혜다.

실패를 통해 (창 13:1-2)

"아브람이 애굽에서 나올새 그와 그 아내와 모든 소유며 롯도 함께 하여 남방으로 올라가니 아브람에게 육축과 은금이 풍부하였더라"(:1-2)

사람은 실패를 통해 성숙한다고 하던가? 애굽에서 나오는 아브람은 참으로 많이 변화되어 있었다. 하란을 떠나 가나안으로 올 때의 그도 아니었고 가나안에서 쫓겨나 애굽으로 도망가다시피 할 때의 그도 아니었다. 겉모습은 그대로였을지 모르나 그의 보이지 않는 속사람은 이젠 무엇이라도 담을 수 있을 만큼 넓어져 있었다. 어쩌면 그의 이 애굽 체류 기간은 모세의 광야 40년 기간이었을 것이며 사울 왕에게 쫓겨 도망다니던 다윗의 광야 기간이었을 것이다.

열정적이고 도전적이기만 하였던 모세가 그 열정으로 사람을 살리는 것이 아니라 도리어 죽여 놓고 도망쳐 머물렀던 것이 미디안 광야 40년이었다. 그 기간 동안 육신의 혈기는 줄어들었으나 하나님과 세상을 겸손하게 바라보고 순종할 수 있는 내면의 세계는 도리어 넓어져 갔다. 백성들의 그 어떤 원망과 불평과 거역함도 기꺼이 감당할 수 있는 준비가 그 광야 생활을 통해 이루어졌다. 다윗 또한 유다 광야에서의 쫓김과 방황을 통해 인간과 죄에 대해 보다 깊이 이해하고 신앙과 세상을 관조할 수 있는 힘과 능력을 갖추었다. 왕 한 사람이 잘못 생각하여 그 자리를 자기 개인의 야심을 이루기 위한 자리로 여기게 될 때 백성들 모두와 한 국가 전체가 어떤 고통에 휘말리게 되는지를 똑똑히 목격하였다. 나라를 어떻게 다스려야 할지 온 몸으로 배우고 느낀 시간들이었다.

아브람에게 애굽은 훗날 모세와 다윗이 겪게 되는 그 광야였고 신앙인들이 훈련되고 연단 받는 이유가 무엇인지를 알게 해주는 교과서적인 사건이었다. 가나안 땅에 들어올 때만 해도 하나님을 위해 모든 것을 포기할 준비가 되어 있다고 생각했던 자신이었다. 그러나 실상 스스로의 속에 죽음을 얼마나 두려워하고 자신의 목숨을 위해 자신의 사랑하는 사람, 자신만을 의지하고 따르던 자신의 아내까지도 버릴 수 있는 비겁함이 있었다는 것을 그는 알지 못하였다. 하나님을 위해 모든 것을 포기할 수 있다는 그 생각이 얼마나 감정적이었는지를 애굽을 경험하기까지는 인식하지를 못하였다. 스스로도 놀랐고 부끄러워 얼굴을 들 수 없었으리라. 만일 그러한 상태에서 그의 인생이 계속되었더라면 그는 한 사람의 실패자로서 스스로를 자책하며 패배적인 삶을 살게 되었을 것이었다. 꿈도 소망도 없이 무기력한 노인으로 생을 마칠 수밖에 없었다. 세상을 하나님 앞으로 바르게 이끌어 가고자 하는 젊어서의 의욕과 기백은 한낱 꿈으로만 돌린 채 말이다.

하지만 자신의 속에 자신이 정죄하던 자들의 삶 속에 있는 것들과 전혀 다름이 없는 더러움과 악함, 아니 그보다 더 못한 자신의 내면세계가 있다는 것을 발견한 그 때가 그에게는 새롭게 시작할 수 있는 때였다. 스스로의 선택으로 버린 그 아내의 빈 자리를 보며 통곡하며 회개하였다. 이전에 무모하고 겁 없는 모습으로 힐난하고 정죄했던 자들의 그 상처를 떠올리며 회개했다. 온전히 거듭나기 시작했던 것이다. 그리고 오늘 자신은 그녀를 버렸지만 자신을 위해 모든 것을 희생했던 아내 사래의 희생과 헌신이 그 속에서 더욱 빛났다. 바로 그 순간서부터 가나안에 들어온 이래 침묵하셨던 하나님께서 기적 같은 섭리로 그를 돕기 시작하였다. 하나님은 무엇을 원하시는지 언제 우리와 동행하시고 우리를 도우시는지를 깨달았다. 인간이 인간을 새롭게 하고 위로와 도움을 줄 수 있는 것은 희생과 섬김이라는 것도 새로이 알게 되었다. 자신의 내면을 보지 못한 인간은 타인을 볼 수 없고 세상도 볼 수 없다는 것을 알았다.

애굽을 나서는 아브람은 이렇게 달라져 있었다. 그의 앞에 가나안은 새롭게 열려지기 시작했다. 죄의 짐을 지고 힘겹게 걸어가는 불쌍한 죄인의 영혼이 보이기 시작했던 것이다. 왜 그렇게 사느냐고 힐난하며 홀로 갑갑해했던 자신의 속에 인간의 영혼을 향한 이해와 자비와 긍휼이 자리 잡고 있었다. 넉넉히 세상을 포용할 힘을 얻었고 겸손과 사랑의 사람으로 변한 아브람이었다.

다시 온 그곳이지만 (창 13:3)

"그가 남방에서부터 발행하여 벧엘에 이르며 벧엘과 아이 사이 전에 장막쳤던 곳에 이르니"(:3)

가나안으로 다시 들어온 아브람. 그가 향하는 곳은 어디인가? 그가 가나안에 다시 들어올 때에 그는 이제 어디로 가서 어떻게 다시 이 가나안에서의 삶을 시작해야 했을까? 적어도 이 문제는 가나안에 다시 들어온 이 시점에서의 아브람에게는 심각한 사안이다. 그에게 실패를 안겨주었던 아픈 기억이 서려 있는 땅이었다. 이제는 또 다시 이전과 같은 실패를 반복할 수도 또 해서도 안 된다는 생각이 강하게 자리 잡고 있었기 때문이다. 이러한 고민을 안고 그가 향하는 곳은 어디인가? **"남방에서부터 발행하여"** 라는 말씀은 그가 남방 곧 네겝에서 잠시 머물렀음을 뜻한다. 애굽에서 경황없이 벗어나와 가나안의 남쪽에 다다른 후 그는 그곳에서 잠시 머물며 집안을 추스르고 정리하였다. 그리고 이제 어디로 가서 어떻게 새 삶을 시작할까 생각하며 가나안에서의 삶과 사역을 새로이 준비하는 시간을 가졌으리라.

이 문제를 생각할 때에 그의 마음 속에 제일 크게 떠오르는 것은 그 옛날 이들과의 첫 번째 만남에서 왜 실패하여 쫓겨나게 되었던가 하는 것이 아니었겠는가? 따라서 그의 사고 속에 분명히 들어와 있는 생각 하나는 절대 조급해서는 안 된다는 것 이제는 먼 앞날을 바라보고 천천히 저들에게 접근해 들어가야 하겠다는 것이었으리라. 저들의 속에서 저들과 함께 하는 삶의 터전을 잡는 것이 급선무라고 판단하였겠다. 이것이 없이는 절대 성공할 수 없음을 그는 알았기 때문이다. 왜냐하면 그의 첫 번째 사역이 실패하였던 가장 중요한 이유 중 하나가 서로를 이해할 수 있는 그들과의 삶의 자리를 공유하지 못했기 때문이었다.

앞서 있었던 아브람의 가나안 사역은 왜 실패하였던가? 분명한 신앙전달이 있었고 아브람의 삶 또한 저들과의 관계 속에서 그리 어긋난 것이 없었음에도 저들이 아브람을 거부한 것은 무엇 때문이었을까? 보통의 인간관계에서 서로를 이해할 수 있는 삶의 공간이 공유되지 못했을 때 사람은 사소한 허물로도 적대적인 태도를 취하게 되고 상대를 거부하는 것이 보통이다. 반면 상대에 대한 오랜 경험을 통해 서로 간에 친밀감이 형성되었을 때는 어떤 큰 실수나 잘못도 기꺼이 이해하고 용납할 수 있게 된다. 친밀도가 높을수록 상대에 대한 이해와 용납하는 마음도 커져가는 것이다.

아브람의 경우 가나안 사람들과의 친밀감이 전혀 형성되지 않은 상태, 즉 그들이 아브람을 그들의 삶에 받아들일 준비도 되지 않은 상태에서 저들의 잘못된 삶을 지적하고 바른 삶과 신앙을 말할 때 저들은 거부할 수밖에 없었던 것이다. 따라서 아브람에게 가나안에서의 삶을 위해 먼저 있어야 하는 중요한 것은 그들과의 삶의 자리를 함께 하는 것이었다.

이와 같은 모든 생각을 정리한 후 그는 이 남방을 떠나 길을 간다. 그가 도착한 곳은 어디인가? **"벧엘에 이르며 벧엘과 아이 사이 전에 장막 쳤던**

곳에 이르니." 왜 그가 처음 가나안에 들어올 때에 가장 먼저 갔던 가나안의 중심부 세겜으로 가지 않았을까? 그는 그 때 가나안을 준비하면서 세겜을 사역의 중심지로 보고 한걸음에 달려왔었는데 말이다. 또 쫓겨날까 두려워서였을까? 그것은 아니다. 애굽을 경험하고 한층 성숙한 지금의 아브람에게는 이러한 두려움이 있을 수 없다. 그렇다면 남은 것은 무엇일까? 그가 분명히 가나안의 중심부를 염두에 두면서도 중심 지역에 바로 들어가지 않고 그 중심 지역의 주변부에 머무는 것은 이유가 무엇인가? 그가 지금 자리잡은 벧엘과 아이 사이의 산지 지역은 가나안의 중심부에 가까이 있으면서 중심부의 여러 지역을 연결하는 지리적인 특징을 가지고 있다. 무엇을 말하는가? 그 때는 쫓겨나와 자리잡은 곳이었지만 이제는 저들에게 들어가기 위해 천천히 준비하는 곳으로 이 장소를 선택했음을 보여준다. 그저 어떡하든 이 가나안에 발붙이고 사는 것이 목적이 아니요 궁극적으로는 저들에게 들어가 저들에게 하나님을 전하는 것이 목적이라면 말이다.

처음에 아브람은 맹목적이라고 할 만큼 목표에 집착한 저돌적인 태도를 가졌었다. 그 결과 그는 그들 사회 속에 받아들여지지 못한 채 튕겨져 나오고 말았다. 그들을 이해하지 못했고 아브람 자신부터가 그들을 자신의 삶에 받아들이지 못했기 때문이었다. 삶 속에서 함께 이해하고 용납할 수 있는 공유점을 만들지 못했기 때문이었다. 따라서 그가 이제 벧엘과 아이 사이에 장막을 친 것은 이제 서서히 이 가나안에 자신의 근거지부터 확보하고 그들과의 관계를 조금씩 열어가는 접근 방법을 택하고 있음을 보여준다. 단번에 승부를 가르려 하기보다는 평생을 그들과 함께 하며 그들과의 삶 속에서 살아계신 하나님을 온 몸으로 보여주고 증거하리라고 다짐하고 계획하는 아브람이었다. 실제로 이후 아브람의 가나안에서의 사역은 입으로 하는 것이 아니라 희생과 섬김의 사랑으로 온 삶을 통해 실행하는 것이 중심이 된다.

입으로는 하나님을 증거하나 삶으로는 그 하나님에 대한 신앙을 스스로 부인하는 것이 오늘 신앙인들이 범하는 잘못이다. 세상은 우리의 삶 속에서 우리의 전한 하나님이 진짜인지를 눈으로 보고 확인하고자 하나 그 하나님은 입에서만 들려나올 뿐 그 삶에서 전혀 보여지지 않는 것이다. 다시 말해 전하는 자 스스로에게 하나님이 정말 그러하다고 하는 증거가 있지를 않다. 그 때 그들이 보고 생각하게 되는 것은 무엇인가?

정말 멋진 광고를 보게 되는 경우가 있다. 그 광고에 매혹되어서 물건을 구입했는데 실제 제품의 질은 광고 내용과는 전혀 다른 조잡스러운 저질이었다고 해보자. 이러할 때 그 소비자가 느끼는 감정은 저질 제품 때문이 아니라 엉터리 거짓 광고로 나를 속인 것과 내가 거기에 우롱당하였다는 사실 때문에 더욱 분노한다. 이후 그는 다른 광고에 대해서도 이 처음의 속은 느낌으로 대하게 된다. 귀를 반쯤 열고서 저게 다 거짓말이지라고 생각하면서. 혹 그 광고를 믿고자 하는 자가 있다면 '바보야 저게 다 정말인지 아니?' 라고 핀잔을 주기도 한다. 그 광고가 거의 실제에 접근한다고 할지라도.

입으로는 하나님을 전하나 삶은 그렇지 못한 우리의 신앙이 바로 이러하다고 할 수 있지 않은가? 입으로 떠들지 아니했다면 차라리 그러려니 하고 넘겨 버릴 수도 있다. 하지만 앞에서는 이렇게 살겠다고 외쳐 놓고서 뒤에서는 전혀 다른 모습을 보일 때 두 얼굴의 사람, 이중인격을 느끼게 되고 그 신앙까지도 부정하게 되는 것이다. 삶이 뒷받침되지 않는 신앙의 전파는 오히려 혐오감만 불러일으킨다. 희생과 섬김 인내와 절제 자비와 긍휼이 있는 삶이 뒷받침되게 될 때 신앙의 전파는 힘을 얻게 되는 것이다.

훗날 바벨론에 포로로 잡혀갔던 이스라엘이 해방되어 예루살렘으로 귀환할 때다. 1차 귀환이 있은 후 에스라에 의해 약 구천여명의 제 2차 귀환이 이루어지던 때였다. 이 귀환자 중에는 어린이와 부녀자가 3/4을 넘었고 이들을 데리고 사막을 가로지르는 수천리 길을 여행한다는 것은 심히 위험한 일이었다. 그 때 에스라는 왕에게 구하여 이 귀환자들을 지켜줄 군사들을 충분히 얻을 수도 있었다. 하지만 그는 그것을 거부하고 모두에게 금식을 선포하며 오직 하나님께만 간구하도록 하였다. 그리고 군대 없이 길을 출발하였다. 위험하고 무모하기까지 하였지만 그가 그 길을 택한 것은 자기가 평소에 왕에게 한 말이 있었기 때문이었다. "**우리 하나님의 손은 자기를 찾는 모든 자에게 선을 베푸시고 자기를 배반하는 모든 자에게는 권능과 진노를 베푸신다 하였으므로…**"(스 8:22) 우리 하나님이 우리를 지켜주신다고 말해 놓고도 왕에게 우리를 지켜달라고 말하는 것이 신앙에 어긋나는 것이요 하나님을 배반하는 것이라고 그는 생각했다("**…길에서 적군을 막고 우리를 도울 보병과 마병을 왕에게 구하기를 부끄러워 하였음이라**"(스 8:22)) 이것이 스스로의 말을 뒤집는 것일 뿐 아니라 자신이 한 신앙의 말과 자신이 전한 하나님을 왕이 신뢰하지 않고 거짓으로 여기게 될 것을 염려한 때문이었다. 그래서 그는 차라리 군대 없이 위험을 감당하는 길을 택하였다. 물론 이러한 그와 그의 일행을 하나님은 안전하게 예루살렘까지 인도해 들이셨다. 신앙과 삶이 일치된 자에게 하나님이 더해주신 복이었다.

애굽을 경험하고 다시 가나안에 들어온 아브람, 불같은 열정은 속으로 간직한 채 좀더 신중하고 사려 깊은 모습으로 이 가나안을 대한다. 한층 성숙한 삶으로 이 부르심의 사명을 감당하고자 한다. 가나안에서의 사역은 먼저 그 자신부터 변하게 만들었던 것이다. 아브람 자신의 변화가 그의 사역의 가장 큰 첫 열매였다. 그가 가나안에로의 부르심을 응답하지 않은 채 갈대아 우르와 하란에 그대로 있었다면 절대 경험할 수 없는 신앙의 자리다.

　내가 하나님의 부르심에 임하여 하나님의 일을 감당하게 될 때 그 첫 은혜의 대상은 바로 나 자신이라는 사실을 알아야 한다. 모질도록 힘든 상황을 겪을 때에도 은혜는 늘 내 속에서부터 시작된다. 나의 삶이 이 은혜를 드러낼 때 거기서부터 전도의 사역은 열려진다. 내가 변하지 않는 곳에는 남도 변화됨이 없다. 내가 은혜를 누리는 것이 없는데 무슨 은혜를 남에게 알게 하고 전하겠는가? 내 삶 속에서 하나님이 우러나올 때 거기서부터 우리는 하나님의 사람이 되는 것이요 은혜의 도구가 될 수 있다.

오월동주(吳越同舟) (창 13:4-5)

"그가 처음으로 단을 쌓은 곳이라 그가 거기서 여호와의 이름을 불렀더라" (:4)

여기서의 처음이란 최초로서의 의미가 아니라 '앞서' '이전에'라는 뜻으로 가나안에 처음 왔을 때를 의미한다. 곧 이전에 그가 벧엘과 아이 사이 산지에 자리하고 단을 쌓았던 바로 그곳이다. 물론 그 때 쌓았던 단은 허물어지지 않고 그대로 있었으리라. 아브람은 이전에 단을 쌓고 머물던 그 자리에 오늘 다시 돌아와 예배드리며 사람들에게 하나님을 전한다. 이 때 예배드리는 그의 마음은 어떠했을까? 이전에는 저들 속에 받아들여지지 못한 채 쫓겨나와 머물던 곳이었고 오늘은 저들 속에 다시 들어가기 위해 준비하며 머무는 곳이었다. 장소도 동일하고 그 예배도 동일하지만 예배드리는 아브람의 마음은 전혀 달라져 있었다.

신앙의 새로운 깊이를 깨달은 한층 성숙한 마음이었고 어쩌면 그 자신 옛날 이곳에 서 있던 자신의 모습을 떠올리며 속으로 빙그레 웃고 있었으리라. 아직 설익은 풋사과 같이 어설픈 자신이었지만 다 자라 농익은 것처럼 스스로를 착각하고 있었던 것이기에 조금 쑥스러운 미소를 떠올렸으리라.

어쩌면 사래는 언뜻 언뜻 혼자 미소짓는 아브람의 얼굴을 볼 때마다 누구보다도 그 웃음의 의미를 잘 이해하였을 테고 그녀 속에서도 많은 신앙의 상념들이 필름처럼 지나가고 있었을 게다. 사람들에게 하나님을 전하는 태도와 말씨와 얼굴 표정 등 모든 것이 달라져 있는 아브람이었기에 말이다.

지금 여기가 전부가 아니라는 생각. 지금의 내가 다 이루고 다 자란 것이 아니라는 속 생각이 있을 때 우리는 남을 받아들이고 배려하며 나 자신을 용납할 수 있는 여지를 갖게 되지 않을까? 그 속에서 진정한 겸손이 우러나오지 않겠는가? 다 자라 다 알고 있고 내가 더 많이 안다고 할 때 겸손이 스며들 여지가 없고 실수를 용납할 여지가 사라진다. 지금 이 자리, 그 옛 자리에 다시 돌아와 서있는 아브람은 자신을 돌아보며 조금은 쑥스러운 웃음을 지었겠다. 하지만 아마 이런 모습까지도 보아 알고 넉넉히 자신을 품고 인도해 오신 하나님께 대한 말할 수 없는 감사가 있었으리라.

이전 여기서 여호와께 예배드릴 때에는 배척당한 것에 대한 분함과 속상함과 하나님을 대한 불평까지도 있을 수 있었다. 새로운 도전을 각오하고 다시는 물러서지 않겠다는 인간의 오기가 있을 수도 있었다. 하지만 오늘 드리는 예배에는 깊은 감사와 겸손이 담겨 있다. 여호와의 이름을 소리 내어 부르지도 못한 채 속으로 젖어들어가는 '**하나니-ㅁ**' 하는 그리고 두 눈에는 눈물이 촉촉히 적셔져 나오는 모습이었으리라. 그 오묘한 섭리 신비한 능력에 감격 감탄하면서.

오늘 우리의 예배가 이렇게 달라질 수 있다는 것을 아는가? 지금 내가 드리고 있는 이 예배가 전부가 아니라는 사실을 늘 인식할 수 있어야 한다. 좀더 감사와 감격이 넘치는 예배가 있고 이 자리 누군가는 나보다 더 의미 깊은 예배를 드리고 있다는 것까지도 생각할 수 있어야 한다. 모든 것을 체험하고 다시 돌아와 예배드리며 흘리는 그 눈물을 다른 사람들은 그냥 무의미하게 바라볼 수도 있다. 하나님에 대한 경험이 다르기에 말이다. 오랜 시간 마음으로는 갈망하나 예배드릴 수 없었던 사람이 다시 돌아와 그토록 그리던 예배를 드릴 때 그 예배가 어찌 같을 수 있겠는가?

감격이 떠나가고 감사도 사라져버린 예배, 올 때나 갈 때나 똑같은 무미건조한 예배가 오늘 우리의 예배가 아닌가? 좀더 깊은 신앙의 세계가 있음을 알지 못한 채 스스로 가장 많이 아는 척 가장 높이 이른 척 하며 앉아 있지는 않은가? 오늘 이 4절의 말씀 속에 들어있는 아브람의 예배야말로 우리가 간절히 사모해야 할 그 예배의 자리다. '이제 하나님께 맡기겠습니다, 이젠 하나님만 바라보고 따라가겠습니다' 라고 고백하는 신앙의 자리다. 불같은 혈기 인간의 야심이 사라지고 고요한 묵상이 자리하는 그러한 신앙의 자리다.

"아브람의 일행 롯도 양과 소와 장막이 있으므로"(:5)

그런데 이렇게 완전히 달라진 아브람과 달리 아브람과 함께 하는 그 모든 상황 속에서도 전혀 달라지지 않은 한 사람이 있다. 바로 아브람의 조카 롯이다. 이미 성경은 앞서의 말씀에서 **"롯도 그와 함께 갔으며"**라는 표현을 통해 롯의 존재가 어떤 문제를 일으킬 소지가 있다는 암시를 한 것을 알고 있다. 그 롯이 여기서 다시 한 번 본격적으로 거론되기 시작하고 있다. '**아브람의 일행 롯**' 이라는 말씀은 아브람과 함께 머물고 함께 떠나며 늘 함께 생활하는 아브람 공동체의 일원으로서의 롯을 설명한다. 이 공동체는 분명 아브람의 꿈과 비전에 따라 움직이고 아브람의 뜻에 순종하는 아브람 중심의 공동체다. 이러한 공동체에서 중요한 것은 지도자에게 신앙과 윤리 도덕의 측면에서 하자가 없고 지도자의 뜻이 잘못된 것이 아닌 한 지도자를 존중해 주고 그 뜻에 따르며 질서를 지켜나가는 일이다. 나의 개인적 생각과 소유를 우선하는 것은 공동체의 조화와 질서를 깰 수도 있는 심각한 문제다.

그런데 "롯도 양과 소와 장막이 있으므로"라는 말씀은 가나안에 처음 들어올 때의 롯에 대한 설명에서는 없던 부분이다. 이는 롯이 아브람의 일행으로 아브람의 공동체 속에 속해 있지만 별도의 독립된 거처와 구별된 소유를 지니고 있었고 자신만의 배타적인 삶의 영역을 구축해 왔음을 드러내고 있다. 이는 단지 소유만이 따로 있었다는 것이 아니라 롯이 바라고 생각하는 바가 아브람과는 다른 어떤 것이었음을 보여준다. 아브람과 함께 동행하면서도 간섭받기 싫은 자기만의 영역을 가지고 있었다. 자기만이 꿈꾸는 미래에 대한 다른 생각이 있었고 아브람의 소유와는 구별된 자기만의 재산을 지니고 있었다는 것이다.

한 공동체 안에 살면서도 재산과 거처를 따로 하며 공동체와는 구별된 자신만의 영역을 확보하고 있다. 또 그 생각하고 바라는 것도 다르다고 할 때 그와 공동체의 관계는 어떠하며 또 공동체 전체는 어떻게 되겠는가? 아브람의 공동체는 선교를 목표로 하는 신앙공동체요 삶의 가치와 하나님의 가르침을 중시하는 소위 말하면 이념공동체라고 할 수 있다. 그런데 이에 반해 롯에게서 강하게 나타나는 것은 물질에 대한 집착이다. 여기서 우리는 아브람과 롯 이 두 사람의 개인적 성향이 아주 다르다는 것을 알 수 있다. 즉 아브람이 타인을 소중히 하고 공동체를 위해 사는 사람이라면 롯은 나 개인을 우선하는 자다. 또 롯이 물질을 중요시 한다면 아브람은 정신적인 가치를 보다 중요시 여기며 사람 그 자체를 귀하게 여긴다. 곧 아브람이 이념공동체적인 사람이라면 롯은 이익공동체적인 사람이라고 할 수 있을 것이다. 전혀 다른 두 성향의 사람이 한 공동체 속에 살고 있고 지금까지 함께 지내온 상황이었다.

가나안에 처음 들어올 때부터 오늘까지 아브람은 그 엄청난 좌절과 시련을 겪으면서 온전히 새롭게 거듭나는 경험을 해왔다. 하지만 롯은 아브람과 모든 것을 함께 하며 그 몸부림과도 같은 처절한 연단과 갈등들을 옆에서 직접 보고 함께 겪으면서도 오늘까지 전혀 변한 것이 없었다는 사실이다. 그저 구경꾼 방관자였고 그 속에서도 자신만의 길을 따로 생각하고 있었다.

가나안에 처음 왔을 때처럼 롯도 오늘 아브람이 예배드리는 이 자리에서 함께 예배드린다. 세월이 지나 둘이 똑같이 예배드리지만 아브람은 완전히 변화된 거듭남을 경험한 신앙으로 예배드리고 있었고 롯은 그 때나 이 때나 똑같은 모습이었다. 아브람이 오늘 이 가나안과 세상을 향한 새로운 사랑을 가지고 예배드리고 있었다면 롯은 여전히 물질을 바라고 추구하는 마음으로 예배드리고 있었다. 비록 그 예배의 자리에 함께 있을지라도 이 두 사람의 예배는 전혀 다를 수밖에 없다. 그 옛날 가인과 아벨이 서로 하나님을 향해 예배를 드렸지만 아벨의 제사는 열납 된 반면 가인의 제사는 받아들여지지 아니했다. 동일하게 하나님을 향한 예배를 드렸지만 그 예배의 본질은 전혀 달랐던 것이다.

지금도 많은 사람이 한 자리에서 예배드리고 있지만 변화되는 사람이 있고 전혀 변화되지 않는 사람이 있다. 말씀을 감사와 감격으로 받아들이는 사람이 있다면 전혀 무관심하게 지나치는 사람이 있다. 적극적으로 신앙에 참여하는 자가 있는 반면 자신을 개방하지 못한 채 밖으로만 도는 사람이 있다. 오늘날 사람들이 개인주의화 되면서 교회공동체 속에서도 섞이지 못한 채 물과 기름처럼 겉도는 것은 서로의 생각이 다르고 가치관이 하나가 되지를 못하고 미래에 대한 기대와 소망도 다르기 때문이다. 이는 교회공동체가 모두가 함께 바라보고 달려갈 수 있는 비전을 정확하게 제시해 주지 못한데 따른 원인도 있지만 서로가 자신만의 각기 다른 꿈과 뜻을 공동체를 통해 펼쳐보려는 데에도 기인하고 있다. 그러기에 공동체는 힘이 없고 힘을 안으로 소진시킨다. 공동체 내부의 갈등을 정리하고 개인과 개인을 조정하느라 밖을 돌아보지 못한다. 그리고 시간이 지나면 그 공동체는 꿈도 비전도 상실한 채 친목단체화 되고 서서히 소멸해 간다.

아브람 공동체는 처음부터 그 목표가 분명했다. 가나안 땅에서의 올바른 신앙의 전파가 그 유일한 목적이었다. 그리고 이 목적을 위해서 모든 것을 희생해 왔고 훈련과 연단을 받아왔고 변화를 경험하여 왔다. 그런데 유독 롯만은 오직 자신만의 세계를 구축해 왔고 삶의 목표를 따로 만들어왔다. 하나님 나라 속에서 오늘 우리가 그러하지 않은가?

知足願云止
(족한 줄 알면 그만두기를 원하노라) (창 13:6)

애굽이라는 땅을 통해 온전히 새롭게 거듭난 아브람과 그 모든 삶의 과정을 함께 하면서도 거의 변화를 경험하지 못한 롯, 과연 이 두 사람이 함께 길을 갈 수 있을 것인가? 롯이 과연 아브람이 가고자 하는 길을 끝까지 동참할 수 있을 것인가? 또 이 두 사람이 함께 하는 동안 이들이 만들어내는 공동체의 분위기와 문화는 어떠할 것인가? 그리고 이들이 공동체 속에 결국은 만들어내는 결과는 각각 무엇일까?

"그 땅이 그들의 동거함을 용납지 못하였으니 곧 그들의 소유가 많아서 동거할 수 없었음이라"(:6)

지금 아브람이 정착한 곳은 벧엘과 아이 사이의 산지 지역이다. 왜 그는 이 땅에 정착한 것일까? 그가 가나안 땅 안에서 자신의 거처를 정할 때 고려한 기준은 어떤 것이었을까? 오늘 본문의 말씀은 아브람의 공동체 안에 아브람의 재산과 롯의 재산이 각각 따로 있었고 그 합쳐진 규모가 상당했음을 보여준다. 곧 아브람이 정착한 지역이 이 모두를 수용해서 관리하기에는 좁을 만큼 이들의 재산 특히 가축이 많았음을 알게 된다. 그리고 이는 이 지역이 아브람 공동체가 자리 잡기에는 현실적으로 여건이 부족한 곳이었음을 설명해 준다. 아브람은 왜 이렇게 좁은 지역에 자리 잡은 것이었을까? 이곳이 자신들의 모든 소유를 두기에는 그리 부족하다는 것을 알지 못했던 것일까?

전혀 그렇지 않다. 왜냐하면 이곳은 이미 이전에 거주하였던 곳이기 때문이다. 이곳의 자연 조건과 거주 환경에 대해 아브람은 충분히 알고 있었다. 그렇다면 이미 알고 있음에도 굳이 이곳에 자리 잡은 것은 조금 더 깊이 생각해 본다면 부족했다기 보다는 넉넉하지 않았다고 봄이 더 타당할 것이다. 아브람이 바보가 아닌 이상 살아갈 터를 삼을 만한 넉넉한 곳을 놔두고 굳이 자기 공동체가 함께 살아가기에는 부족한 좁은 지역을 택할 리가 없기 때문이다. 자기 공동체가 자리 잡기에는 충분하지는 않지만 아브람의 보기에는 그래도 이만하면 함께 살아갈 수 있다고 판단했기에 이곳에 터를 확보한 것이었다.

그렇다면 왜 아브람은 이 가나안 땅 넓은 곳을 다 놔두고 굳이 이 벧엘과 아이 사이의 이 좁고 불편한 지역에 자리 잡은 것이었을까? 자신들의 가축을 생각해서라면 당연히 물과 풀이 넉넉한 보다 넓은 지역을 찾아 그곳에 거처를 펴야 할 것인데 말이다. 보통의 사람이라면, 먹고 사는 것을 삶의 가장 중요한 목표로 삼는 사람이라면 이것이야말로 삶의 선택을 결정하는 최우선 고려 사항이다. 혹 다른 삶의 꿈과 목표가 있을지라도 기본적으로 이와 같은 삶의 조건을 먼저 생각하는 것이 지극히 일반적이다.

우리는 여기서 거듭난 신앙인으로서 아브람이 가지고 있는 삶의 가치관을 발견하게 된다. 그 첫 번째의 사실은 아브람에게 있어 거처를 결정하는 우선순위는 가축을 기르며 먹고 살아가는 것이 아니었다고 하는 사실이다.

그것이 최우선 고려 사항이었다면 벧엘과 아이 사이의 이 산지는 선택할 수 있는 곳이 아니었다. 많은 가축들을 생각하였다면 그는 더 넓고 물과 풀이 넉넉한 곳을 찾아야만 했다. 가나안 땅은 그의 재산을 다 둘 수 없을 만큼 좁은 땅은 아니었기 때문이다. 이러한 점에서 우리는 재산이 그의 인생의 중요한 선택 기준은 아니었다는 것을 분명히 발견할 수 있다.

이러할 때 더불어 나타나는 중요한 두 번째 사실은 재산을 유지하고 늘리는 것이 그의 인생의 목표도 아니었다고 하는 점이다. 만일 그에게 그의 재산을 늘리고자 하는 욕심이 있었다면 그래서 늘어날 재산을 생각했더라면 보다 넓은 기회의 땅을 찾아야지 이렇게 지금 현재의 가축과 재산을 두기에도 불비한 이 산지를 택할 수는 없기 때문이다. 따라서 세 번째로 그에게서 보여지는 중요한 사실은 현재의 가진 것에 만족하고 이만하면 충분하다고 하는 생각이다. 즉 그에게는 이 세상의 것들에 대해서는 현재의 상태에 자족하는 마음이 있었음을 알게 된다.

아브람에게 있어서 재산은 어떤 의미가 있었는가? 무조건 포기되어져야 하고 죄를 불러일으키는 죄악시 여겨져야 하는 것이었는가? 우리는 아브람이 벧엘과 아이 사이의 산지 지역에 자리 잡게 된 이유 속에서 그의 삶의 목표를 생각해 본다. 그것은 의심의 여지가 없이 오직 신앙의 전파였다. 재산을 증식하고 유지하는 것이었다면 현재 이곳에 자리 잡는다는 것은 있을 수 없는 일이었기 때문이다. 그러할 때 이 재산은 어떤 의미를 지니게 되는가? 그것은 이 신앙의 사역을 감당해 가기 필요한 도구요 수단이었다. 하나님께서 아브람에게 이 많은 재산을 더해 주실 수 있었던 것도 그에게 형성된 이와 같은 물질관이 분명하였기 때문이었다. 재산이 목적이 아니었고 그 재산을 다스리는 삶의 자리가 건강함을 보셨던 것이었다.

이러한 아브람이 그의 공동체에 속한 식구들에게 요구한 삶의 태도는 어떤 것이었을까? 아브람은 자신의 공동체 내에 있는 재산과 가축들을 생각했을 때에 그가 생각한 것은 넉넉지는 않지만 그래도 서로 도와 양보하면 살아갈 만한 곳이요 이만하면 됐다고 하는 것이었다. 따라서 함께 있는 식구들에게도 이와 같은 생각을 가질 것을 요구하는 것은 당연하다. 그리고 이 재산보다도 우리가 더 큰 관심을 기울여야 하는 것은 이들 가나안 사람들에게 하나님 신앙을 전파하는 것이라고 가르쳤을 것이고 이를 위해 모두 힘을 합하자고 권면하였을 것이다.

그러면 아브람의 마음 깊은 곳에 있는 삶의 선택을 결정짓는 가장 중요한 기준은 무엇이었는가? 그것은 당연히 신앙의 전파였다. 어떻게 하는 것이 이 가나안 사람들에게 가장 자연스럽게 접근해 갈 수 있으며 어디서부터 저들에게 하나님을 믿는 참된 신앙의 도리를 전할 수 있을까가 최우선 순위에 있었다. 이를 위해 자신의 보다 좋은 삶의 조건들을 기꺼이 포기했던 것이다.

우리는 이상과 같은 아브람이 보여주는 물질에 대한 그의 가치관을 통해 거듭난 신앙인의 삶의 모습을 발견하게 된다. 물질이 삶의 선택에 있어서 제 일의 조건이 아니요 삶의 최우선 순위도 아니라고 하는 것과 삶의 목적도 아니라고 하는 사실이다. 부족한 여건 중에서도 만족하며 서로 양보하고 협력하고자 하는 마음이 거듭난 사람이 이웃들을 대해 갖는 마음이기도 하다. 그리고 그 모든 마음과 힘을 모아 이 땅에 사는 날 동안 오직 하나님 신앙을 이웃에게 전하기 위해 최선을 다한다.

이 세상에는 신앙의 열정을 간직한 이들이 참으로 많다. 하지만 그들이 자신들의 신앙에 모든 것을 선뜻 걸지 못하고 신앙의 주변에서만 맴도는 이유는 바로 이 삶의 조건들 때문이다. 마음으로는 이 신앙의 일들에 대해 모든 삶을 다하고 싶지만 그러기 위해서는 포기해야 할 것들이 너무 많다. 또 포기함으로써 감당해야 하는 물질적 손해가 마음에 걸리기 때문이다. 내 삶에 신앙이 더해졌을 때 이는 동시에 내 삶에 덜어내야 하는 부분이 있다는 것을 의미한다. 신앙에 맞지 않는 요소들이 있고 또 신앙을 위해 희생해야만 하는 요소들이 있는 것이다. 바로 이 점을 이들은 알지 못한다. 그래서 흔히 그들이 갖게 되는 생각은 이것만 되면 혹은 저것만 해놓고 하는 생각이다. 그래서 신앙의 현장은 이미 있는 자들 가진 자들의 부와 지위의 과시장이요 남는 시간 가지고 일하는 양로원처럼 되어져 간다. 내 것을 포기함이 없이 내 자신을 희생함이 없이 신앙 속에서 무엇을 건져 올릴 수 있겠는가?

아브람에게도 물질은 반드시 필요한 것이었다. 그리고 그는 이미 풍부한 물질을 지니고 있었다. 하지만 그에게는 이만하면 됐다라고 하는 스스로 자족할 수 있는 마음이 있었다. 이 마음이 있었기에 그 물질은 하나님이 더해 주신 것이었다. 하나님의 신앙을 위해서는 그 이미 있는 물질조차도 언제든 포기할 수 있는 준비가 되어 있었기 때문이었다. 훗날 그의 100세 때 얻은 아들을 번제로 드리라고 했을 때 오직 하나님을 두려워하는 마음 때문에 아들마저도 포기할 수 있었던 아브람이었다.

더 비옥하고 넓은 땅이 있음에도 굳이 벧엘과 아이 사이 교통로상의 산지에 자리 잡은 아브람의 선택이었다. 신앙을 위해 더 좋은 삶을 기꺼이 포기할 수 있는 신앙인이요 좀더 궂은 자리라도 마다하지 않고 스스로를 희생시킬 수 있는 사람임을 보여준다. 그러면서도 세겜 성으로 가지 않은 것은 작은 곳에서부터 서서히 시작해 가겠다는 그의 장기적인 계획을 보여준다. 참으로 지혜로운 모습이었다. 그의 이 모든 것이 오직 한 가지 목표를 향해 이루어지고 있었다. 가나안 정복 곧 가나안에 대한 신앙의 전파였다. 열정의 사람, 인내의 사람, 절제의 사람, 이것이 신앙의 사람 아브람이었다.

문제는 거듭난 사람 아브람의 이러한 신앙과 삶을 그 배에 함께 탄 롯은 어떻게 받아들일 것인가 하는 점이다. 전혀 신앙으로 변화되지 못한 롯이 과연 이러한 아브람의 삶을 자신의 삶에 받아들일 수 있을 것인가?

두 주인 (창 13:7)

거듭난 신앙인으로서의 아브람의 삶. 이러한 그의 삶은 벧엘과 아이 사이의 산지에 거하는 것으로 나타났다. 주어진 사명을 위해 편안함과 안락함과 물질에 대한 욕심을 접어버린 그의 모습이었다. 그런데 과연 이 공동체 내의 다른 사람들도 아브람의 이러한 삶의 철학과 가치관을 그대로 받아들일 수 있는 것일까? 여유가 없어서 옹색한 것은 몰라도 여유가 있음에도 일부러 절제하고 옹색한 삶을 살고자 할 때 과연 함께 하는 모든 사람이 이를 흔쾌히 따를 수 있는 것일까?

"그러므로 아브람의 가축의 목자와 롯의 가축의 목자가 서로 다투고 또 가나안 사람과 브리스 사람도 그 땅에 거하였는지라"(:7)

"아브람의 가축의 목자와 롯의 가축의 목자." 이는 아브람 공동체 내에 별도의 명령 계통을 지닌 두 부류의 사람들이 존재했고 이들은 서로의 소유와 존재에 대해 분명한 구별감을 가지고 있었다는 것을 나타낸다. 즉 한 공동체 내에 두 주인이 있었다는 사실이다. 아브람을 주인으로 섬기고 그의 지시를 따르는 사람들과 롯을 주인으로 모시고 롯의 지시를 따르는 이 두 부류의 사람들이 그리 충분치 않은 제한된 영역 속에 함께 살고 있다. 서로가 서로에게 어떻게 대하며 공동체 전체로는 어떤 모습을 갖게 될 것인가? 서로에게 양보하고 협조하면 함께 잘 살아갈 수 있지만 만약 이러한 태도를 갖지 못한다면 이 공동체는 갈등과 대립에 휩싸일 수밖에 없다.

'아브람의 가축의 목자와 롯의 가축의 목자가 서로 다투고' 결과는 서로간의 갈등과 반목이었다. 서로 좋은 초장을 차지하기 위해 싸웠고 먼저 내 가축에게 물을 먹이기 위해 다투었다. 서로를 견제하고 적대했으며 한 공동체 식구로서의 동질감이 아니라 '너는 너 나는 나'라고 하는 구별감을 가지고 서로를 대했다. 아브람 공동체 전체가 속으로 멍들어 가고 나누어져 왔음을 드러내는 말씀이다. 이럴 경우에는 서로의 작은 허물과 실수라도 상대에게 큰 약점이 되고 큰 상처를 남긴다. 즉 공동체 내에 화목함이 사라지고 사랑도 흔적을 찾기 어려우며 함께 한다는 것이 삶을 괴롭게 하고 상당히 피곤하게 만드는 요인이 된다.

그렇다면 문제는 과연 이렇게 속에서부터 나누어지고 화합하지 못하는 공동체가 밖으로는 어떻게 비추어질까 하는 것이다. 과연 이러한 모습으로 가나안에서의 신앙 전파의 사명을 잘 감당해 갈 수 있을 것인가? 이 점과 관련하여 오늘 말씀은 이 공동체 내의 싸움이 이들 공동체만의 문제가 아닌 보다 심각한 결과를 초래하는 것이었음을 암시하고 있다. **"또 가나안 사람과 브리스 사람도 그 땅에 거하였는지라"** 지금 아브람 공동체가 머물고 있는 이 지역에는 그들뿐 아니라 가나안족 사람들과 브리스 족속 사람들도 함께 살고 있었다. 이 공동체 내의 갈등과 다툼이 저들에게 보여지고 알려졌다는 내용을 전하고 있다.

어느 날 애굽에서 올라온 낯선 이방인들이기에 자연 저들에게는 관심의 대상이 되었을 것이다. 또한 이들이 상당한 규모의 재산을 지니고 있었기에 더 큰 주목을 받았을 것은 틀림없다. 만일 이 때 이 공동체가 일체 화합하여 선하고 덕스러운 모습을 저들에게 보인다면 저들에게 좋은 영향력을 미칠 수 있다. 아브람이 뜻하고 있는 저들에 대한 신앙의 전파도 쉽게 이루어질 수 있다. 하지만 싸우는 모습을 보인다면 저들에게 비웃음과 조롱의 대상이 된다. 보다 심각한 문제는 가나안 선교를 목적으로 하는 아브람의 사역 자체가 큰 차질을 빚을 수밖에 없다는 사실이다. 부자요 부족한 것 없으면서도 자기들끼리 더 많이 가지려고 아귀다툼하듯 싸우는 이들이 좋은 소리 듣지 못할 것은 불을 보듯 뻔한 것 아니겠는가? 밖을 향해 선한 모습을 보이지 못하고 안에서부터 싸우고 골병든 공동체가 밖을 향해 선한 영향력을 미칠 수 있는 여지는 없다. 결국 안에서부터 다투고 분열된 이것으로 인해 아브람의 신앙 전파 사역이 또 다시 시작부터 중대한 위기에 봉착했음을 말해 주고 있다.

그렇다면 왜 이러한 결과가 생겨났을까? 목자들이 이렇게 다투게 되기까지 아브람과 롯 이 두 사람은 이런 사실을 전혀 몰랐단 말인가? 분명 이러한 갈등이 목자들에 의해 이 두 주인에게 알려졌을 텐데 이들은 이에 대해 어떤 조치를 취하고 어떤 반응을 보였을까? 바로 이 점과 관련해 우리는 목자들의 이러한 다툼이 각각의 주인에게는 책임이 없을까 생각해 본다. 혹시 아브람과 롯 두 사람 모두든지 아니면 어느 한 쪽이라도 이런 사태를 초래하고 만들어 나가는 원인제공자로서의 태도를 견지하지 아니했을까 하는 점이다.

보통 어느 공동체 내의 사람들이 만들어내는 분위기와 문화는 그 공동체 지도자의 리더십 유형에 크게 좌우된다. 지도자가 목표지향적이고 일 중심적이며 도전적이면 그 조직의 전체 문화는 상당히 거칠고 경직된다. 서로에 대한 온정적인 배려가 약해지며 과업수행에 부적합한 사람은 언제든 도태되고 만다. 반면 지도자가 분명한 비전을 제시하면서도 일의 과정과 사람을 더 중시한다면 그 공동체는 전체적으로 온화하고 부드럽고 여유가 있다. 이 공동체의 리더가 정직 성실하면 그 구성원들도 부정을 저지를 수 있는 기회가 상대적으로 줄어든다. 반면 리더가 수단과 방법을 가리지 않고 이윤만을 추구한다면 그 집단의 사람들도 수단껏 자기 몫을 챙기기 위해 편법과 부정을 사용하고 익힌다.

이러한 점에서 생각해 본다면 아브람과 롯 이 두 사람의 리더십 유형은 어떠한가? 아브람 공동체는 아브람이 하나님으로부터 부여받은 꿈과 비전에 의해 움직여 가는 조직이었다. 아브람이 이 산지에 자리 잡은 것도 이 꿈과 비전을 실천해 가기 위해서였다. 이를 위해 이곳의 여건이 넉넉하지는 않지만 서로 화합하고 협력할 것을 요구하였다. 서로 도우며 또 희생할 것은 내가 먼저 희생하기를 원했다. 따라서 이 공동체의 구성원이라면 당연히 지도자인 아브람의 뜻을 존중하고 그의 뜻에 순종해야만 했다. 그런데 롯은 자신만의 별도의 재산과 사람을 가지고 있다. 몸은 아브람에게 속해 있었지만 마음으로는 자신만의 다른 생각과 야심을 키우고 있었던 것이었다. 그는 자신의 재산을 따로 갖고 이 재산을 크게 불려 거부가 되고자 하는 욕심을 지니고 있는 사람이었다.

이런 상황에서 아브람의 목자들과 롯의 목자들이 서로 자신들의 소유를 우선하려 하여 다툰다. 양보하지 못하고 화합하지 못하고 있다. 이들의 이러한 다툼과 갈등에 대해 각각의 주인들은 어떤 책임을 지고 있는 것일까? 만일 두 주인이 서로 화목했다면 그래서 서로 양보하고자 했다면 이런 결과가 생길 수 있었을까? 감히 종들이 싸울 수 있었을까? 만일 싸움을 야기한 목자가 있었을지라도 주인들이 이들의 갈등과 다툼을 엄하게 꾸짖고 다스렸다면 이러한 상황은 생겨날 리가 없다. 그러므로 양쪽 집안 목자들의 싸움은 분명히 그 주인들에게서 기인되었고 주인들의 책임이다. 양보치 못하도록 조장했고 싸움의 시시비비를 가리지 않고 싸움을 일으킨 자들을 벌하지도 아니했다. 따라서 두 주인 중 둘 모두이든지 아니면 어느 누군가는 이 싸움을 조장한 주도적 책임이 있다. 만일 한 사람이 양보하고 화목하고자 할지라도 다른 일방이 계속 자기 이익만 추구한다면 이 싸움은 진화가 불가능하기 때문이다. 과연 누구일까? 아브람인가 롯인가?

목자들이 다투고 또 다투도록 내버려두었다면 그 이유는 분명 자신들의 재산을 더 소중히 여기는 때문이었고 공동체의 화목과 이웃의 평안보다는 내 양떼의 증식에만 더 관심을 기울이는 때문이었다. 무엇보다도 이 가나안을 향한 하나님의 사명을 생각지 못한 자에 의해 야기된 결과였다. 그렇다면 이 다툼의 원인제공자는 롯임이 분명해진다.

아브람 자신 롯이라는 한 사람을 믿었다. 그에게 상당한 자율권과 독립적인 삶을 살 수 있는 여지를 부여해 주었다. 그런데 이것이 정작 자신의 공동체 안에 악의 씨앗이 되어 공동체를 어지럽히는 요인이 될 줄은 미처 생각지 못했다. 어떤 면에서는 가장 믿는 자로부터 가장 큰 도전과 방해를 받고 있는 셈이었다. 롯이 오늘 자신이 속한 공동체에 이러한 해로운 일을 행하고 있는 것은 결국 그가 거듭나지 못한 것이 궁극적 원인이었다.

어느 공동체든 갈등을 만들어내는 사람이 있다. 만일 그가 공동체의 작은 구성원 중 하나라면 그 갈등은 대체로 찻잔 속의 태풍과도 같다. 쉽게 끝이 나고 어떤 면에서는 그로 인해 구성원들이 한 걸음 더 성숙해 지는 계기가 되기도 한다. 그러나 만일 그 갈등이 지도자가 일으켰거나 지도자에 의한 불만에서 비롯되어진 것이라면 쉽게 끝나지 않는다. 반드시 큰 상처와 후유증을 남긴다. 그리고 결국은 그 리더가 나가든지 아니면 공동체가 나뉘어지는 결과를 초래한다. 혹은 깨어져 없어지든지.

공동체의 가장 큰 적은 내부에 있다는 것을 알려주는 사건이다. 공동체가 안으로부터 나뉘어지고 갈등할 때 밖을 향해서 전혀 기능할 수 없고 오히려 심한 멸시와 야유와 천대를 받게 된다는 사실을 기억해야 한다. 안을 다스리는 것이야말로 밖을 향해 일할 수 있는 첫 걸음임을 명심해야 한다. 일보다는 사람을 준비하고 다스려 나가는 것이 제일 중요한 첫 번째 과업임을 인식해야 한다. 이제 가나안에서 새롭게 사역을 시작하려는 순간에 아브람에게 찾아온 어려운 문제를 본다. 물질중심적이고 이기적인 롯에 의해 생긴 결과였고 이 롯은 아브람 자신이 의지할 대상으로 삼고자 스스로 택한 사람이었다. 아브람은 그를 믿었고 꾸짖기보다는 용납했으며 다스리기보다는 스스로 행하도록 그에게 맡겨 놓았었다. 이것이 오늘 모든 것을 시작부터 망가뜨리는 요인이 된 것이었다.

공동체의 갈등. 이는 결국 그 속의 사람들이 전부 혹은 일부가 거듭나지 못한 결과임을 증명해 주는 사실이다. 거듭나지 못한 자들이 거듭난 자의 삶의 선택과 가치관을 이해하지 못할 때 이들의 갈등은 피할 수 없는 결과로 나타난다. 그리스도와 벨리알이 함께 연합할 수 없는 것처럼 거듭난 자와 거듭나지 못한 자는 함께 일을 도모할 수 없기 때문이다.

나를 떠나라 (창 13:8-9)

"아브람이 롯에게 이르되 우리는 한 골육이라 나나 너나 내 목자나 네 목자나 서로 다투게 말자"(:8-9)

공동체 내에 생긴 심각한 분란과 다툼에 대해 책임 있는 지도자는 어떤 조치를 취해야 하는 것일까? 또 어떤 것으로 그가 책임 있는 지도자라는 것을 알 수 있을까? 지금의 이 공동체가 겪고 있는 위기 상황에 대해 아브람은 롯에게 말한다. **"우리는 한 골육이라"** 여기서의 골육이라는 단어는 아브람이 타인과의 관계에서 그 관계성을 인식하는 중요한 단어다. 과연 이 골육이라고 말해지는 관계의 대상은 어디까지를 포함하는 것일까? 자신의 조카 롯만을 의미하는 것일까? 혹은 이 공동체 내에 속해 있는 모든 사람들에게까지 연장해서 적용되어지는 표현일까? 우리는 아브람이 골육이라고 하는 아주 특별한 표현을 하게 된 그의 인식을 그가 오늘 가나안에서의 사역을 하게 된 배경에서 찾아 생각해 본다.

아브람이 하란을 떠나 가나안으로 오게 된 때는 그의 나이 75세 때의 일이었다. 그리고 그가 가나안으로 오게 된 것과 연관시킬 수 있는 역사적 배경이 되는 사건은 노아의 죽음이었고 이는 그의 나이 58세 때였다. 그가 가나안으로 오기 17년 전의 일이었다. 그렇다면 아브람이 그의 아버지 데라와 함께 갈대아 우르를 떠나 하란으로 온 것은 아브람 58세 이후 75세 사이의 일이었다. 어쩌면 아브람은 노아가 죽자마자 갈대아 우르를 떠났을 지도 모른다.

그렇다면 노아의 죽음과 아브람의 떠남은 어떤 관계를 갖고 있는 것일까? 여기서 우리는 노아의 죽을 때의 상황과 그가 남긴 뜻이 무엇이었을까 생각해 본다. 노아의 죽음이 있을 때 쯤 이 세상은 이전에 노아와 그의 가족이 경험했던 홍수와도 같은 사건을 겪는다. 그것은 언어가 나뉘어지는 하나님의 심판이었다. 이 심판은 바벨탑 사건에 뒤이은 것이었고 그 바벨탑은 홍수 이후 다시 번성한 인간 죄악의 절정의 사건이었다. 이 속에는 인간 상호간의 피비린내 나는 살육의 전쟁이 들어있었다. 이 모든 사건이 노아의 둘째 아들 함에게서 비롯되어졌으며 바로 이 함의 죄악의 세력이 그의 넷째 아들 가나안과 그의 자손들로 이어져 가나안 땅에 그 중심적 뿌리를 내리고 있었던 것이다.

이 때 세상을 나누어 살육의 전쟁을 벌이고 있던 자들을 노아의 입장에서 보면 모두 자신의 직계 자손들이었다. 즉 노아의 자손이 아닌 자는 단 한 명도 없었으며 모두가 오늘의 아브람이 표현하는 골육의 관계에 있었다. 노아 자신 이와 같이 자기의 자손들이 나뉘어져 싸움을 하고 서로를 노예로 삼아 학대하는 현장을 보고 있었다. 그 자신 죽음에 임할 때 그의 심정은 어떠하였겠으며 그의 마지막 당부가 있었다면 무엇이었겠는가? 이 모든 고통스런 역사가 함에 의해 저질러졌고 그가 가나안에 살고 있다고 할 때 그는 무엇을 소원하며 죽었을까?

아브람의 가나안 땅으로의 여행은 이러한 역사적인 배경을 가지고 있고 아브람 자신 노아의 직계 자손이다. 아브람은 왜 가나안으로 왔는가? 한 조상에게서 난 골육의 형제들이 나뉘어져 싸우는 이 역사를 보고 이를 바로 잡기 위해서가 아닌가? 그가 가나안에 온 때는 이 땅 모든 사람들의 한 조상인 노아가 죽은 지 불과 17년 후였다. 곧 17년 전만 해도 이들 모두가 한 자손이라는 것을 증언해 주는 그 유일한 조상이 살아 있었던 것이다. 아브람이 노아의 신앙을 이어받았다면 노아에게 있었던 이 골육의 개념은 당연히 아브람에게도 있다. 그리고 이 골육은 롯뿐 아니라 이 세상 모든 사람을 대한 개념인 것이다.

이 골육의 개념은 롯과 함께 한 아브람의 현재 공동체만을 놓고 생각해 본다면 롯을 포함한 자신의 공동체 내에 있는 지체 모두를 대한 아브람 자신의 인식이다. 네가 아프면 나도 아프고 네가 즐겁고 기쁘면 나도 그러하며 네가 어려운 문제로 힘들어하면 나 또한 함께 그 짐을 나누어지고 고민해 주는 그러한 공동체 의식을 나타내고 있다. 이 속에는 아브람이 자신의 공동체 구성원들을 어떻게 생각하고 대해 왔는지가 여실히 드러난다. 단순히 얻어서 부려먹는 종이 아니었다. 보살피고 필요를 해결해 주어야 하며 인간적인 자긍심을 가지고 생활할 수 있도록 끝까지 책임지고 보호해 주어야 하는 자신과 같은 한 지체로서 생각하고 대해왔던 것이다.

오늘 교회공동체가 서로의 구성원에 대해 '형제' '자매' 라고 부르며 형제애를 나타내는 것은 바로 이러한 아브람의 **'골육'** 개념과 일치한다. 단지 쉽게 부르기 위한 호칭이 아니라 한 부모에게서 태어난 친형제 자매와 같은 사랑과 정으로 대해야 하는 것이 신앙공동체의 관계성이다. 이 시대 우리의 신앙공동체가 깊이 인식하고 있어야만 하는 신앙 인식이다.

이러한 골육 개념으로서의 관계성 인식을 지닌 아브람이 오늘의 사태에 대해 어떻게 대처해 나가는지 살펴보자. **"나나 너나 내 목자나 네 목자나 서로 다투게 말자."** 여기서 '나나 너나' 라는 말은 지금의 이 다툼이 아브람과 롯의 사이에도 불편한 긴장 관계를 만들어 내고 있음을 보여준다. 동시에 이러한 불편을 해소하기 위해 두 사람간의 어떠한 시도가 있었지만 원만하게 해결되지 않았음도 드러내고 있다. '서로 다투게 말자.' 우리는 서로 다투어서도 안 되고 계속해서 이러한 식으로 나가서도 안 된다는 생각을 드러낸다. 특히 아브람의 이 말은 저들 목자들의 다투고 다투지 않고는 우리 두 사람에게 달려있다는 것이요 결국 오늘의 결과는 두 사람의 책임이라는 뜻을 담고 있다.

공동체 내에서 보면 계속해서 긴장을 만들어 내는 사람이 있는 것을 본다. 긴장을 만들어내고 갈등 관계 속에 있는 것을 마치 즐기는 듯한 사람들이 있다. 그 갈등 상황을 해소하기 위한 어떤 시도도 무위로 돌아가도록 한 채 자신의 일방적인 주장만을 고집해 나가는 사람이 있다. 반면 끝없이 해결을 시도하며 화평을 이루고자 애쓰는 사람이 있다. 아브람은 지금의 이 상황을 심히 짐스럽게 느끼며 이 다툼을 가라앉히려고 노력한다.

"네 앞에 온 땅이 있지 아니하냐 나를 떠나라 네가 좌하면 나는 우하고 네가 우하면 나는 좌하리라"(:9)

롯에게 **'나를 떠나라'** 고 말하는 아브람. 그가 지금까지 기울여온 모든 시도가 한 눈에 들어오는 한 마디 말이다. 어떤 말로도 어떤 노력으로도 도저히 다스려지지 않고 합해지지 않는 사람을 대해 최종적으로 내리는 단호한 결정이다. 가만히 보고만 있다가 어느 날 갑자기 판을 뒤집어 깨버리는 것이 아니다. 최선을 다한 연후에 마지막 남은 한 가지 선택을 내리는 것이다. '**네 앞에 온 땅이 있지 아니하냐.**' 땅으로 치자면 넓은 땅이 얼마든지 있고 또 좋은 땅을 찾자면 그 또한 얼마든지 있지 않느냐 하는 말이다. 지금까지 화합되지 못한 것이 롯에게 있는 땅에 대한 욕심 때문임을 확인해 주는 표현이다. 동시에 아브람이 지금의 이 곳을 택한 것은 땅에 대한 욕심도 아니고 더 좋은 땅이 있는 것을 몰라서도 아니라는 것을 보여준다. '**나를 떠나라**'. 그러므로 땅에 대한 욕심이 있는 자 물질에 대한 소욕만으로 가득 차있는 자는 도저히 함께 할 수 없고 이 공동체 속에 있게 할 수 없다는 아브람의 의지가 나타난 말이다.

아브람 공동체는 오직 바른 신앙을 소유하고 바른 삶을 추구하며 이 신앙을 전파하는데 본질적인 사명을 가지고 있다. 물질이 필요하지만 물질을 탐욕적으로 추구하는 이익공동체는 아니다. 더군다나 이 공동체는 이웃과의 관계를 소중히 하여 이웃을 향해 열려있는 공동체요 따라서 이웃들이 지켜보고 있는 공동체다. 결코 탐욕스런 모습을 보일 수도 없으며 안에서부터 싸우고 갈등하는 모습을 보여서도 안 된다. 지금의 아브람에게는 무엇보다도 이것이 중요하다. 주변에 함께 살고 있는 가나안 사람과 브리스 사람에게 자신들의 사는 모습이 그대로 노출되고 관심의 대상이 되고 있기 때문에 더욱 그러하다. 저들에게 하나님에 대한 바른 신앙을 전하고자 하고 있는데 안에서부터 병들어 무너져 가고 있다. 밖으로 기울여져야 할 힘이 안에서의 갈등으로 인해 소진되고 방해받는 것을 용납할 수 없는 것이다.

'**나를 떠나라**' 는 아브람의 말 속에는 어떤 선교적 사명도 사회적 책임도 거부하고 오직 물질만을 집착하여 추구하는 롯의 삶이 담겨있고 이에 대한 아브람의 최종적인 결단과 각오가 서려있다. 사랑하는 조카 롯이다. 본토 친척과 아버지까지도 떠난 아브람이요 더군다나 아들이 없는 상태이기에 믿고 의지하고픈 존재다. 어찌 아픔이 없고 고민이 없겠는가? 하지만 아브람이 이러한 모진 결단을 하는 것은 인간적인 관계보다는 이 공동체에 주어진 하나님의 소명을 보다 소중히 생각했다. 이 공동체가 수행해야 하는 사명을 우선했다. 그래서 롯이 떠나는 것이 이 사명을 위해 그리고 공동체 전체를 위하는 길이라고 판단했다.

공동체에게 주어진 하나님의 요구를 거스리는 사람, 공동체가 추구하는 비전을 함께 공유하고 수고할 수 없는 자를 공동체는 어떻게 해야 할까? 함께 가기 위해 설득하고 가르쳐야 하겠지만 궁극적으로는 그를 떠나게 하는 것이 최종적이고 또 최선의 선택이다. 꿈과 뜻이 맞지 않는 사람이 한 지붕 안에 함께 동거하는 것은 서로에게 고통이다. 해야 할 일을 하지 못한다. 떠나야 할 사람이 떠나지 아니하고 떠나보내는 결단을 하지 못함으로 공동체가 무너지는 경우가 얼마나 많은지.

"네가 좌하면 나는 우하고 네가 우하면 나는 좌하리라." 롯을 떠나보내기 위해 아브람은 어떤 희생이라도 감수하겠다고 결단한다. 그런데 중요한 것이 있다. 그의 이 말 속에는 롯을 떠나보냄과 동시에 아브람 자신도 떠나겠다는 뜻이 있다. 자신도 롯이 떠나고 나면 그 반대 방향으로 떠나겠다는 것이다. 비록 롯이 떠날지라도 이곳에서는 이미 할 일을 할 수 없는 상태가 되어버렸다는 판단이 깔려있다. 롯이 남겨놓은 상처가 아브람의 사역을 완전히 그르쳐 놓은 상태에까지 이르렀음을 보여준다. 롯을 떠나보낼 수밖에 없는 당위성을 보여주는 대목이기도 하다. 한 인간을 대한 사적인 감정 때문에 하나님의 사역이 방해받는 고통스런 현실을 경험한 아브람의 아픈 고뇌가 느껴진다.

한 인간에 대한 동정심 혹은 인간적인 의로 인해 하나님의 사역이 방해받는다면 그래도 그를 용납하고 그와 동행해야만 하는가? 하나님의 말씀은 공동체 내에서 저질러지는 악에 대해서는 이에는 이로 눈에는 눈으로 되갚으라고 하신다. 범죄를 보고도 못 본 척 하고 알고도 모르는 척 하는 자들까지도 똑같이 단호하게 다스릴 것을 요구하신다. 왜인가? 이러한 것을 용납해서는 하나님의 공동체가 안에서부터 무너지기 때문이다. 밖으로 선한 영향력을 발휘할 수가 없기 때문이며 하나님의 나라가 방해받기 때문이다. 예수님 또한 공동체 안에서 범죄한 자를 대해 한 두 번 찾아가 권면한 후에 그래도 듣지 아니하면 개처럼 이방인처럼 취급할 것을 공동체에게 가르친다(마 18:15-17). 하나님의 공동체야말로 엄한 규율과 질서가 세워져야 하는 곳이다. 어설픈 사랑이라는 명목으로 인간의 사적인 감정과 신앙이 혼동되는 일이 있어서는 안 됨을 경계하고 있다.

한편 아브람의 이 말은 자신의 사역을 이렇게 망가뜨리고 떠나가는 롯이지만 그를 미워하고 괘씸하게 생각하는 것이 아니라 그가 원하는 것을 우선해서 선택하도록 마지막까지 친절과 배려를 아끼지 않는 마음을 담고 있다. 우리가 남과 헤어질 때 혹 서로가 뜻이 맞지 않아서 헤어져야만 할지라도 마지막까지 우리가 잃지 말아야 할 것이 있다. 그것은 신앙이 우리에게 요구하는 의와 선이다. 그가 나쁘다고 나 또한 그를 함부로 대하는 것이 아니다. 그가 비록 나에게 큰 상처를 남길지라도 나는 그에게 최선을 다한 선과 의를 전해 주어야 한다는 것이다. 간혹 원수처럼 헤어지는 경우를 본다. 과연 하나님의 얼굴을 대할 수 있을까? 마지막까지 롯을 대한 사랑과 친절을 잃지 아니하는 아브람의 모습은 오늘 우리의 공동체가 그 최후의 순간까지 잃지 말아야 할 가장 소중하면서도 궁극적인 가치가 무엇인지를 알려준다. 만일 이것을 잃어버린다면 그 어떤 크고 놀라운 업적을 이룬다 할지라도 울리는 꽹가리처럼 헛된 것이 되지 않겠는가?

거듭난 자와 거듭나지 못한 자의 가는 길은 결국 이렇게 갈라질 수밖에 없다. 거듭나지 못한 자는 거듭난 자의 가는 길을 결코 받아들이지 못한다. 그 거듭난 자의 희생의 삶을 자기의 삶에 받아들일 수 없기 때문이다. 왜 내 것을 포기해야 하는지 이해하지를 못하고 왜 굳이 고난을 자청해서 가는지도 알지를 못한다. 거듭나지 못한 자로부터 야기되는 끝없는 갈등과 다툼을 다스리지 못한다면 거듭난 자 또한 스스로 지치고 결국은 주저앉게 된다. 이것이 신앙의 역사였다.

카놋사의 굴욕 (창 13:10)

"네 앞에 온 땅이 있지 아니하냐 나를 떠나라 네가 좌하면 나는 우하고 네가 우하면 나는 좌하리라." 지금까지 온갖 힘든 일들을 함께 겪으며 여기까지 온 자신의 조카 롯을 대한 말이었다. '**나를 떠나라**' 이제 더는 너와 함께 할 수 없다는 의미요 롯과의 모든 사회관계의 단절을 선언하는 말이다. 롯을 대해서는 큰아버지의 입장에 있었다. 자손이 없었기에 아들처럼 아꼈던 자요 가장 가까운 인척 관계에 있는 롯이었다. 이러한 아브람과 롯의 관계성을 생각해 본다면 아브람의 이 선언은 어느 날 갑자기 나온 말이 아니다. 삶의 모든 과정에서 생각과 뜻을 달리해 온 롯이었기에 참고 참다가 더는 용납할 수 없고 용납해서도 안 되겠다는 판단에서 나온 결단이다. 그 동안 수도 없이 훈계도 하고 책망도 하였지만 전혀 생각이나 행동이 변함이 없는 롯 스스로의 선택을 전제하고 있는 것이다. 아브람에게는 이것이 사람으로서의 인정을 끊는 것이었기에 오랜 번민과 고민 끝에 나온 모진 결단이었고 동시에 롯으로 인해 겪어왔던 마음의 고통이 담겨있다.

사람이 세상을 살다가 부닥치는 어려움 중에 사람으로 인해 겪는 어려움만큼 힘든 일도 없다. 아무리 힘든 일이 있어도 그것은 때가 되어 지나가면 그만이고 또 어렵고 힘든 만큼 끝내고 난 이후에는 오히려 진한 보람과 교훈을 얻게 되는 것이 보통이다. 하지만 사람과의 관계로 인해 겪는 고통은 쉽게 끝나지도 않을 뿐더러 사람의 속을 골병들게 하고 지치게 한다. 인간성마저 황폐화시키는 결과를 낳는다. 우울증 대인기피증과 같은 정신질환들 그리고 스트레스로 인한 육체적 질병, 억압과 분노가 폭발되어 나타나는 폭력 행위, 혹은 알콜과 마약 도박중독증 같은 정신병리적 질병으로 빠져들기도 한다. 현대인들이 주로 겪고 있는 보편적이면서도 심각한 고통들이다. 더욱이 이러한 결과는 그 사람이 가족 관계에 있을 때 더욱 그러하다. 남 같으면 안 보면 그만이라고 할 수 있지만 싫든 좋든 보고 마주쳐야 한다. 싫다고 외면할 수 없으며 원하지 않을지라도 얽혀들어야 하는 필연적인 관계가 거기에 있다. 그렇기 때문에 그로 인해 받게 되는 스트레스는 타인간의 관계에서 겪게 되는 것보다 상대적으로 더욱 클 수밖에 없다.

이제는 나를 떠나라고 말하는 아브람의 말 속에는 이와 같은 고통과 숱한 고뇌의 날들이 들어 있다. 네가 좌하면 나는 우하고 네가 우하면 나는 좌하리라 말하며 자신도 떠나겠다는 뜻을 나타내는 것은 이 롯으로 인해 망가져버린 이곳에서의 하나님 사역에 대한 아쉬움과 분노가 서려있는 아브람의 내면을 내비치는 말이기도 하다. 한 사람과 맺은 인생의 관계와 동행이 아름다운 열매로 맺어진다면 얼마나 좋겠는가? 하지만 이같이 혐오하는 마음으로 그 관계가 끝나게 된다면 그리고 그의 필생의 사역이 이로 인해 망가지게 된다면 이는 모두에게 불행이 될 수밖에 없다. 오늘 우리의 만남은 어떻게 이루어져 가야 할까? 나는 어떤 사람으로 내가 만나는 이들에게 기억되고 존재되어져야 하는 것일까? 그 선택은 전적으로 나에게 달려있음을 알아야 한다. 참으로 좋은 도반(道伴)을 만나는 것이야말로 우리가 하나님께 간절히 기도해야 하고 또 우리가 축복으로 여겨야 하는 삶의 내용이 될 것이다.

롯. 아버지처럼 자신을 아껴주던 가장 가까운 사람으로부터 이제는 이쯤에서 우리의 관계를 끝내자 하는 말을 듣는다. 어떤 한 인생이 함께 하던 벗이나 동료 친구로부터 이제는 헤어지자라는 말을 듣는다면 그것은 그가 무엇을 얻었든지 간에 상관없이 실패한 인생으로 남을 수밖에 없다. 사회적 생명의 사망선고와도 같은 말이다. 그의 지나온 삶 전체가 모조리 부정당하는 현실이기 때문이다. 만일 우리가 이러한 현실을 만나게 된다면 우리는 어떻게 해야만 하는 것일까? 그렇게 되어지는 것이 당연한 상대로부터 오는 것이라면 오히려 나의 지조 있는 삶을 놓고 감사해야 할 것이다. 하지만 절대로 그렇게 되어서는 안 되는 이로부터 그러한 결과를 당한다면 어떻게 해야 하는 것일까?

롯에게 아브람의 존재는 자신을 지극히 아끼고 사랑해 온 아버지와 같은 사람이었다. 나아가 이 세상에서 하나님 나라를 이어가는 마지막 남은 하나님의 사람이었다. 하나님의 은혜와 축복이 머물고 있는 사람이다. 과연 이러한 말을 들어도 되는 것일까? 관계가 이렇게 끝나도 되는 것일까? 가장 은혜롭고 가장 축복된 관계 속에 들어오는 복을 받은 롯이었다. 혹 아브람과의 관계는 이렇게 끝날 수도 있다고 치자. 하지만 그 결과가 이 인류 유일의 하나님 공동체로부터 추방되어지는 것일진대 그것은 무엇을 의미하는 것일까? 과연 그는 어떻게 해야 하는 것일까?

카놋사의 굴욕. 독일 황제 헨리 4세가 교황 그레고리 7세(힐데부란트)로부터 내려진 파문 선고에 사죄 받기 위해 교황이 머물고 있는 카놋사로 찾아가 3일 동안 눈밭 위에 맨발로 서서 사죄를 청원하던 역사적인 사건을 두고 하는 표현이다. 물론 정치적인 갈등에서 비롯된 것이요 정치적인 의도를 담고 있으며 신앙이 작위적으로 이용되는 종교적인 기만 행위였다. 하지만 하나님의 사죄와 구원의 은총이 그에게서 떠났다는 교회의 선언과 교회로부터의 추방 선고에 대해 헨리 4세가 보여준 사죄 행위는 한번 정도 음미해볼 가치는 있다고 하겠다.

만일 롯이 신앙에 대해 약간의 지각만 있었어도 헨리 4세의 사죄 행위는 아닐지라도 아브람을 대한 인간적인 미안함이나 신앙 안에서의 사죄를 표현하는 행위가 있어야만 했다. 아브람의 공동체로부터 제외될 때 결과적으로 남는 것이 무엇인가를 생각해 본다면 말이다. 어떤 사람이 주변의 가장 가까운 사람으로부터 절교 선언을 듣거나 자신의 속해있던 공동체로부터 나가달라는 요구를 받는다면 그 순간 그것이 무엇을 의미하는지를 생각해 보고 자신의 삶을 한 번쯤은 되돌아보아야 하지 않겠는가? 더군다나 의와 선을 추구하고 용서와 관용을 실천하는 신앙공동체였다. 그 공동체가 더 이상 자신을 포용하지 못하고 뱉아내겠다고 할 때에는 조금의 신앙 양심만 있어도 스스로의 위기를 느끼고 자신을 점검해 보아야만 하는 것이 정상이다.

"이에 롯이 눈을 들어 요단 들을 바라본즉 소알까지 온 땅에 물이 넉넉하니 여호와께서 소돔과 고모라를 멸하시기 전이었는고로 여호와의 동산 같고 애굽 땅과 같았더라"(:10)

나를 떠나라는 큰아버지 아브람의 요구에 대해 롯은 지체 없이 눈을 들어 요단 들을 바라보며 갈 곳을 살핀다. 아브람이 롯을 용납할 수 없었던 것처럼 롯도 아브람과 함께 있는 것을 극히 싫어했다는 것을 보여준다. 아브람의 선택과 삶의 요구를 전혀 이해하지 못했고 받아들일 마음이 일절 없었다는 것을 증명해 주는 그의 행동이다. 아브람은 그를 싫어할지라도 롯은 아브람과 함께 있는 것을 좋아할 수도 있었다. 만일 그러했다면 아브람의 요구에 대해 왜 그러시느냐고 묻고 잘못한 것이 있었다면 용서해 달라고 하는 것이 당연히 나타나는 모습이어야 했다. 하지만 지체 없이 자신의 갈 곳을 바라보는 롯의 행위는 이러한 마음이 일절 없었고 이는 그 자신도 아브람을 싫어했고 그를 떠나고자 했다는 것을 증거한다.

사람이 주변의 만나는 모든 사람과 원만하고 친하게 지낸다면 그것만큼 바람직한 사회생활도 드물 것이다. 하지만 한 가지의 뚜렷한 목표를 향해 나아가는 사람들에게는 언제나 적이 생긴다. 왜냐하면 나의 가고자 하는 길을 동의하지 않고 그것에 의해 자신의 생각과 선택이 제약받게 되는 사람들의 존재 때문이다. 이럴 경우에도 만일 내가 사람들과의 관계 자체가 악화되는 것을 부담스러워 하고 그들 속에서의 생존을 염려하여 그것 때문에 나의 주장을 꺾고 나의 선택을 양보한다면 결국 얻게 되는 것은 인생의 실패뿐이다. 그것이 신앙의 일일 때는 신앙의 실패를 의미한다.

롯의 아브람을 대한 이 외면 행위는 신실한 신앙의 사람이 그 길을 가게 될 때에 때로 주위 사람으로부터 아니 가장 가까운 나의 의지하고 믿는 사람으로부터도 비난과 공격을 받을 수 있다는 것을 분명히 확인시켜 준다. 그것이 나의 실수와 판단 잘못으로 인한 것이라면 당연한 결과요 이것을 회복하고자 하는 노력이 있어야 한다. 하지만 나의 신앙을 이해 못한 자들로부터 당한 결과라면 당연한 것으로 받아들일 뿐 아니라 내 스스로 저들과의 관계를 정리해야 할 수도 있는 것이다. 이것을 하지 못해, 이것을 두려워하여 신앙의 길을 접어버리고 마는 사람이 얼마나 많은지.

"내가 세상에 화평을 주러 온 줄로 생각지 말라 화평이 아니요 검을 주러 왔노라 내가 온 것은 사람이 그 아비와, 딸이 어미와, 며느리가 시어미와 불화하게 하려 함이니 사람의 원수가 자기 집안 식구리라"(마 10:34-36)

모든 사람이 다 나를 좋아한다면 얼마나 좋겠는가? 하지만 죄 가운데서 건짐 받은 자들과 여전히 죄가 무엇인지 자신의 주인이 누구인지 창조주 하나님이 어떤 존재인지도 모르고 사는 자들과의 관계다. 저들의 죄를 지적하며 때로 저들이 좋아하는 것을 오히려 싫어하여 멀리하고 저들과는 다른 삶의 선택을 해야만 하는 것이 우리의 신앙의 삶이다. 모든 사람과의 관계를 좋게 하고자 하고 저들과 분리되는 것을 두려워하게 될 때 그 결과는 무엇인가? 저들과의 관계 악화를 염려하여 눈치를 살피게 되며 이로 인해 말해야 할 것도 말하지 못하게 되고 하지 말아야 할 것도 하게 되는 상황에 빠지게 된다. 그렇게 될 때 신앙인은 신앙의 의와 선을 드러내는 것은 고사하고 스스로의 삶도 이겨내지 못한다. 신앙과 세상 가운데 양다리를 걸친 피곤한 삶을 살게 되고 결국은 여기서도 저기서도 버림받게 되는 혼란스런 결과에 처하게 되지 않겠는가?

여호와의 동산 같고 애굽 같은 (창 13:10)

아브람 공동체, 이는 아담 이래 에녹 노아를 거쳐 지금까지 이어져 온 하나님 신앙을 꺼뜨리지 않고 보존해 나가며 또 뒤에 올 인류에게 전달해줄 사명을 지닌 마지막 남은 신앙의 보루였다. 그 공동체에서 롯에게 기대되는 역할이 있었다면 아브람의 뒤를 가장 훌륭히 뒷받침하며 또 아브람을 이어 신앙을 계승해 가는 것이었다. 이 공동체 내에서 롯이야말로 아브람과 가장 가까운 자로서 가장 중요한 역할을 그렇게 감당해 가는 자여야 했다. 하지만 그는 이에 실패한다. 그 스스로 이를 귀찮게 여기고 이 일을 사명으로 받아들이기를 거부한다. 결과적으로 아브람이 그에게 나를 떠나라 말하고 롯 자신도 이에 대해 뒤돌아보지 않고 아브람을 떠나는 선택을 한다.

롯의 선택. 그것은 아브람이라는 한 개인과의 관계를 끊고 떠나는 것만을 의미하는 것이 아니었다. 세상 유일의 신앙공동체를 등지는 것을 의미했다. 한 사람의 신앙인으로서 내가 속한 공동체를 위해 마땅히 져야 할 신앙의 부담을 벗어버리는 것이었다. 밖으로는 우리 각 사람에게 부여된 사명 곧 이 땅에 사는 다른 사람들에게 신앙을 전해주어야 하는 책임과 의무도 거절하는 것이었다. 이는 곧 신앙 그 자체까지도 떠나는 것을 의미한다.

우리의 신앙 세계 속에는 나 개인의 구원을 이루기 위해 내가 짊어져야 하는 짐이 있고 또 교회와 타인의 구원을 위해 내가 감당해야 하는 부담이 있다. 그 어떤 것도 거절한다면 그를 신앙인이라고 할 수 있겠는가? 그런데 그러한 모습이 지금의 롯이었다. 더욱이 당대 세계 속에서는 아브람 공동체를 떠나 다른 어느 곳에서도 신앙을 배울 수가 없었다. 비록 떠나는 롯에게 신앙이 있어서 그 신앙을 다른 곳에서 전하며 살면 되지 않겠느냐고 할 수도 있었다. 그러나 지금 현재의 공동체 속에서 주어진 의무와 책임도 감당하지 못하는 자가 누구에게 어떤 신앙을 전할 수 있겠는가? 이것은 훗날 소돔과 고모라의 멸망 때에 롯과 그 가족의 최종적인 결과 속에서 분명히 확인되는 내용이다.

"이에 롯이 눈을 들어 요단 들을 바라본즉 소알까지 온 땅에 물이 넉넉하니 여호와께서 소돔과 고모라를 멸하시기 전이었는고로 여호와의 동산 같고 애굽 땅과 같았더라"(:10)

'롯이 눈을 들어 요단 들을 바라본즉.' 롯은 삼촌 아브람과 이 신앙의 공동체로부터 지체 없이 눈길을 돌려 요단 들을 바라본다. 마치 오늘이 있기를 기다리기라도 했던 것처럼. 그 땅은 넓고 물이 넉넉했다. 물이 넉넉하니 풀도 잘 자라고 가축을 기르기에는 안성맞춤이었다. 평소 보아왔던 곳 저리로 가서 살았으면 하고 늘 마음에 담아왔던 곳이다. 이 옹색한 곳을 벗어나 넉넉하고 여유롭게 더 많은 돈을 벌 수 있는 기회의 땅이었다. 지금까지는 삼촌 아브람이 있어야 살 수 있었지만 이제는 독립해서 마음껏 내 꿈을 펼치며 살고 싶은 그에게 마침내 바라던 때가 찾아온 것이었다.

아버지의 곁에 있었지만 늘 먼 나라를 동경했던 둘째 아들이 아버지로부터 재산을 얻어 독립할 수 있게 되자 지체 없이 아버지와 가족을 떠나 먼 나라로 향해 갔다. 그 둘째 아들이 바로 이 롯을 두고 하시는 말씀은 아니었을까? 예수님께서 성경 안에 있는 어떤 모델을 두고 하신 말씀이었다면 이 롯만큼 보다 정확히 일치하는 인물은 없다.

그러면 롯이 선택하고자 하는 이 요단 땅은 어떤 곳이었을까? 물이 넉넉하다는 것 이외에 어떤 다른 문제는 없었을까? 아브람도 이 땅이 물과 풀이 넉넉한 좋은 곳이었다는 것을 알았을 텐데 왜 이 땅을 선택하지 않았던 것일까? 성경은 이 땅에 대해 다음과 같이 설명을 더하고 있다. **'여호와께서 소돔과 고모라를 멸하시기 전이었는고로'** 소돔과 고모라. 하나님께서 멸망시키기로 작정하신 소돔과 고모라가 거기에 있었다. 하나님께서 멸망의 심판으로 다스려야 할 만큼 죄악이 가득한 도시들이 그 곳에 자리 잡고 있었다. 그 음습하고 더러운 문화가 요단의 풍요로움 속에 가득 차 있었다. 즉 이 요단의 넓은 들은 더러운 사탄의 문화가 지배하고 있었고 사탄의 죄악이 그 풍요로움을 먹이로 하여 왕성하게 자라나고 있었던 것이다.

물이 넉넉하고 땅도 넓은 이곳을 두고 아브람은 왜 그 좁고 불편한 곳에 자리 잡은 것이었을까? 만일 그러했다면 롯과 헤어지는 오늘의 어려움도 어쩌면 피할 수도 있었을 텐데 말이다. 그렇다. 아브람은 그 요단 들이 거하기에 좋다는 것을 알고 있었지만 그 요단 들을 차지하고 사는 소돔과 고모라의 백성들이 얼마나 악한지를 알고 있었다. 회개가 불가능한 자들이요 자신의 신앙공동체가 자리하기에는 도저히 부적합하다는 것과 그 죄악을 감당하고 이겨내기에도 역부족이라는 것을 보아 알고 있었기 때문이었다.

성경은 이와 같은 사실을 또 다음과 같이 설명하고 있다. **'여호와의 동산 같고 애굽 땅과 같았더라.'** 왜 성경은 그 땅을 여호와의 동산과 애굽 땅이라는 두 가지 개념을 가지고 설명하는 것일까? 겉으로는 모두 풍요로움을 나타내는 것 같지만 내용적으로는 전혀 다른 대조적인 성격을 갖고 있는 개념이다. 이를 앞의 **'여호와께서 멸하시기 전이었는고로'** 라는 말씀과 연결해서 이해해 본다면 눈으로 보기에는 여호와의 베풀어 놓으신 은혜의 동산 같았지만 실제로는 타락한 애굽의 우상 문화를 지닌 땅이었음을 밝히고자 하는 것을 알 수 있다. 물이 넉넉한 것은 여호와의 동산 같이 풍요로운 곳으로 보였지만 실상 그 땅에 살고 있는 자들이 만들어 놓은 그 문화는 소돔과 고모라의 멸망당해야 할 것들이었다는 것이다.

아브람이 이 땅이 좋은 줄을 알면서도 버렸던 것은 겉보기에는 여호와의 동산처럼 먹음직도 보암직도 하지만 그 속에는 죽음과 파멸의 저주가 스며있음을 보았기 때문이었다. 반면 롯이 이 땅을 택한 것은 그 속에 있는 멸망의 재앙은 간과하고 사소하게 여긴 채 오로지 눈에 보이는 외적인 풍요와 아름다움만을 더욱 크게 보고 추구했기 때문이었다. 둘째 아들이 마음으로 동경하며 꿈꾸었던 그 먼 나라는 돈이 없으면 돼지 먹는 쥐엄 열매도 얻어 먹을 수 없는 냉혹한 곳이었다. 다만 겉보기에 사람의 관심과 이목을 끌만큼 매력 있는 나라였고 바로 이 롯이 바라던 소돔과 고모라의 나라였던 것이다.

거듭난 자와 거듭나지 못한 자가 세상과 사물을 보고 판단할 때 적용하는 판단 기준은 무엇일까? 아브람은 그 중심을 보는 자였던 반면 롯은 외모만을 보는 자였다. 아브람은 여호와의 동산 같은 외적인 풍요로움 속에서도 타락한 뱀의 유혹과 저주가 그 중심에 있는 애굽을 보았다. 반면 롯은 애굽과도 같은 그 중심은 보지 못한 채 여호와의 동산 같은 외면만을 보았던 것이다. 고로 아브람에게는 거절해야 하는 땅이었으나 롯은 기어코 수중에 넣어야 하는 곳이었다. 외면이 아무리 좋아 보여도 그 중심을 보고 버리는 것이 거듭난 자였다면 썩고 병든 중심은 보지 못한 채 그 외모만 좋으면 택해 버리는 것이 거듭나지 못한 자였다.

참된 신앙인의 구별은 어디에서 찾을 수 있는 것일까? 과연 중심을 볼 수 있는가 하는 바로 그 점이다. 외모에 현혹되지 아니하고 그 중심을 보고 판단할 수 있는 분별력이 있는가 하는 사실이다. 늘 중심을 보고자 하는 신중함이 있는 사람, 남의 말에 쉽게 휘둘리지 않는 사람, 외모의 화려함에 이끌려 정신없이 빠져들지 않는 사람들이 바로 그들이다. 아브람이 롯을 내보내고자 하는 것도 그의 중심을 보고 치료 불가능하다고 판단했기 때문이었다. 그가 이 요단 들을 굳이 외면한 것도 그 중심에 흐르는 돌이킬 수 없는 타락한 죄악을 보았기 때문이었다. 그 중심이 합당치 아니하면 아무리 좋은 것도 기꺼이 거절할 수 있는 사람이 아브람이었다. 반면 롯이 아브람을 떠나고자 하는 것은 아브람의 중심을 보지 못했고 그 중심에 있는 하나님을 보지 못했기 때문이다. 또 요단 들을 택한 것도 그 중심에 있는 죄악을 간과하였고 혹 알았더라도 그것을 이길 능력이 없는 자신의 중심을 보지 못했기 때문이었다.

롯의 멸망은 이렇게 시작되었다. 중심은 보지 못한 채 외모의 화려함만을 보고 좋아하여 선택하는 바로 거기가 그의 멸망으로의 출발점이었다.

가는 자 보내는 자 (창 13:11)

"그러므로 롯이 요단 온 들을 택하고 동으로 옮기니 그들이 서로 떠난지라"
(:11)

마침내 롯은 자신의 소원을 이룬다. 자신의 소유가 늘어나면서 삼촌 아브람의 곁을 떠나고 싶어 했었다. 더 잘 살 수 있는 기회가 있음에도 굳이 마다하고 신앙을 전파하는 데만 힘을 쏟으며 옹색하게 사는 것도 귀찮게만 느껴졌다. 늘 내 것보다는 타인을 먼저 배려해야 했고 내 욕심을 억제해야만 했으며 죄와 죄인의 차원에서 생각하고 행동할 것을 요구하는 아브람의 가르침도 벗어나고 싶었다. 그 불만들이 목자들의 다툼을 부추기는 것으로 간접 표출됐었는데 마침내 떠날 수 있는 기회가 찾아온 것이었다. 삼촌 아브람이 자신에게 먼저 어디에서 살 것인가에 대한 선택권을 주었었고 이에 그는 잠시의 망설임도 없이 물도 풀도 넉넉한 요단 온 들을 택하여 떠난다.

겉으로는 지금까지의 삼촌 아브람의 도움에 감사를 표하고 이제까지의 자신의 행동에 대한 미안함과 또 헤어지는 섭섭함을 나타냈을지 모른다. 그러나 속으로는 아브람의 간섭 없이 자신이 주인이 되어 마음껏 살아갈 날이 몹시 기대되었다. 원껏 장사하여 돈을 벌고 큰 부자가 되는 꿈은 생각만 해도 흐뭇하였다. 자신감과 기대감에 의기양양한 모습이 롯이 떠나가며 남기는 마지막 모습이었음에 틀림없다. 하지만 이러한 롯을 떠나보내는 아브람의 마음은 어떠했을까? 앓던 이가 빠진 것 같은 속 시원함이었을까? 자식이 없는 아브람이었기에 자식처럼 믿고 의지하며 자식을 대한 부모로서의 사랑과 관심을 그에게 쏟았었다. 가나안의 잘못된 신앙을 바로 잡고자 하는 열정만큼이나 이 롯이 잘못되지 않기를 위해 끝없이 가르치고 권면해 왔었다. 자신의 공동체에게 맡겨진 선교의 사명을 인식하고 있었기에 타인들에 대해서는 늘 관대하게 대하며 먼저 양보할 것을 가르쳤었다. 하지만 늘 갑갑해 하며 짜증스러워 하며 욕심이 가득했던 롯이었고 이기적이며 세속적으로만 흘러갔던 그였다. 도저히 더 이상 품고 있을 수 없다고 판단해서 이제는 이곳을 떠나서 혼자 살아가 보라고 말하였다. 그래서 롯을 떠나보내지만 그의 떠나가는 뒷모습을 바라보는 아브람의 마음은 어떠하였을까?

착잡함과 안타까움 그리고 슬픔이 그의 가슴을 가득 메웠으리라. 무엇보다도 이 구원의 신앙을 외면하고 떠나가는 롯이었기에 염려의 마음이 가득했으리라. 사랑하는 자식을 떠나보내는 부모의 허전함도 지울 수 없었겠고 말이다. 어느 날엔가는 다시 돌아오리라 기대하면서 다만 하나님을 향해 저를 도와달라고 저의 가는 길을 지켜달라고 간절히 기도만 했으리라. 롯은 설레는 마음으로 충만한 기대감으로 물이 넉넉한 저 풍요로운 들과 도시들과 사람들을 향해 나아갔다. 그러나 그의 뒤에는 심히 근심스러운 눈빛과 염려와 슬픔의 마음으로 그를 지켜보는 아브람의 눈이 있었다. 눈에 보이는 그 넉넉함 뒤에는 소돔과 고모라의 그 타락하고 사악한 문화가 자리하고 있음을 보는 아브람이었기 때문이다.

기도. 이것이 떠나가는 롯을 위해 아브람에게 과제처럼 남겨진 그가 할 수 있는 전부다. 지금까지의 나의 사랑과 정성을 저버리고 떠나가는 롯이기에 마치 배신당한 것과 같은 분노와 미움의 심정으로 그를 기억하는 것이 아니었다. 저를 위해 가장 진실한 마음으로 밤낮 기도해 주는 것이 이후 아브람에게서 나타나는 롯을 향한 모습이었다. 집 나간 탕자를 위해 그가 무사히 돌아오기를 바라며 기도하는 부모의 심정 바로 그것이었다.

둘째 아들이 자신의 유산을 미리 받아 챙긴 이후로 아무 미련 없이 아버지를 버리고 먼 나라를 향해 떠났을 때 뒤에 남은 아버지의 심정은 어떠했을까? 늘 말썽만 부리던 아들이었고 끝내는 부모의 사랑을 배신한 아들이었기에 분노하는 마음으로 그와의 관계를 마음에서 정리해 버렸을까? 하지만 그 아들이 어느 날 죄인의 심정으로 아버지의 집으로 돌아올 때 이 아들의 돌아옴을 가장 먼저 본 사람은 바로 아버지였다. 아들은 아버지의 얼굴을 감히 보지도 못하였지만 아들의 목을 끌어안고 울며 반가워했던 아버지였다. 아버지는 기다리고 있었던 것이다. 그 아들이 집을 나간 이후로 한시도 잊지 않고 건강한 몸으로 돌아오기만을 간절히 바라고 기도하며 기다리고 있었던 아버지였다.

오늘 롯을 떠나보내는 아브람의 심정이 바로 이 아버지의 심정이 아니었겠는가? 버릴래야 버릴 수 없고 끊을래야 끊을 수 없으며 지우고 잊어버릴래야 결코 잊혀지지 않는 혈육의 정이요 사랑이었다. 바로 이 마음이 기도가 되어 나오는 것이다. 이후 롯이 가나안에서의 전쟁 와중에 북방 연합군에게 포로가 되어 붙잡혀 갈 때 그를 구하기 위해 군사 318명을 이끌고 가나안의 남쪽 끝에서 북쪽 끝까지 쫓아가서 전쟁을 벌였던 아브람의 행동이 이를 증거해 준다.

기도란 마치 집 나간 자녀가 무사히 돌아오기를 위해 부모가 상한 마음으로 빌어주는 것처럼 가장 진실한 마음과 사랑으로 그의 영혼이 잘 되기를 위해 간구해 주는 것이다. 어린 사무엘을 성전에 맡기고 돌아온 후 그 어머니 한나가 일 년에 한 번씩 밖에는 볼 수 없는 그 아들을 위해 매년 겉옷을 지어다가 입혔던 속에서 우리는 어머니의 아들을 향한 기도를 보게 된다. 사무치는 모정으로서의 아들을 향한 그리움이 그 속에 담겨 있었다. 그 아들이 성전에 있는 사악한 엘리의 아들 제사장들의 못된 유혹과 시험을 이겨내고 깊은 어둠 속에 있는 이스라엘의 여호와 신앙을 살려낼 수 있게 되기를 간절히 기도했던 한나의 기도가 그 속에 속속히 배여 있었다.

애끓는 마음에서 나온 기도 진실한 마음과 사랑에서 나오는 기도 하나님 역사의 중심을 분별하는 말씀에 대한 지혜를 갖고 탄식하는 마음에서 나오는 기도가 바로 하나님께서 원하시는 기도요 영혼과 역사를 살리는 기도다. 외식하는 마음 하나님의 역사에 무지한 마음과 인사치레요 체면치레처럼 드려지는 중언부언하는 중얼거림이 기도가 아닌 것이다.

오늘 이 시대 세상을 바라보는 신앙인의 눈은 누구의 눈이어야 할까? 요단 들과 같은 물질적인 풍요를 보고 세상은 살만한 곳이라 여기며 오직 내 얻을 것을 위해 신앙의 요구도 뿌리친 채 롯처럼 사는 자여야 할까? 아니면 풍요와 즐거움이 거기에 있을지라도 가지 말아야 할 곳을 삼가하며 다만 세상을 보고 안타까워하며 슬퍼해야 하는 것일까? 과연 어떤 사람이 되어야 오늘 이 땅의 영혼들을 위해 간절히 기도해 줄 수 있는 것일까?

롯의 떠나감을 보며 아브람은 자신의 소명을 다시 한 번 더욱 깊이 자각했으리라. 그 어떤 신앙도 한 번에 무너뜨리고 마는 저 세상 문화와 물질의 위력을 절감하였다. 어떻게 해야 저 죄악의 달콤함에 속아 자멸의 길을 걸어가는 자들을 신앙 앞으로 인도해 낼 수 있을지 더욱 깊이 고민하게 되었으리라. 지금까지 자신의 전적인 관심과 보호 아래 신앙을 전달받은 저 롯마저도 끝내는 저렇게 불러내어 삼켜버리는 죄와 사탄과의 싸움을 한층 심각하게 받아들이며 이제 기도로써 새롭게 무장해 나가는 아브람이었을 것이다.

　마지막 시대를 살아가는 우리에게 반드시 있어야 하는 것 또한 이 영적 전쟁에 임하는 위기의식이다. 세상을 향해 더욱 깊은 수렁으로 빠져드는 영혼들을 안타까워하고 슬퍼해야 한다. 동시에 인간의 영적 분별력을 마비시켜 버리는 저 사악한 물질과 문화 뒤에 있는 마귀 사탄이 내뿜는 죄악의 기운을 위기감으로 느낄 수 있어야 한다. 롯은 기대와 설레임으로 저 요단 들을 향해 나아가지만 거기에 얼마나 깊은 수렁이 있는지를 알지 못한다. 자신의 등 뒤에서 눈물 흘리는 아브람의 그 눈물이 무엇을 의미하는지도 모른다. 영적으로 무지하고 세상 물질문화에 의해 영적 분별력이 마비된 자다.

두 갈래 길 (창 13:12-13)

두 갈래 길. 사람은 누구든지 인생의 어느 시점에서든 두 갈래 길의 선택을 놓고 고민하는 때가 있다. 과연 누가 가장 현명한 선택을 할 수 있을 것인가? 그 선택은 전적으로 그 사람의 지나온 날들 동안에 쌓여진 경험과 축적된 지혜에 의해 결정된다. 따라서 그 속에는 그 사람의 삶의 가치와 인생의 꿈 목표 등이 들어가 있기도 하다. 오랜 고민 끝에 마침내 어느 한 길을 선택하게 되고 그 결과는 오로지 선택한 자 자신의 몫이 되어 돌아온다. 그 선택으로 형통한 삶을 누리게 되는 이가 있기도 하고 또 어떤 이는 평생을 두고 후회하는 결과에 직면하게 되기도 한다. 비록 그 후회스런 선택이 타인에 의해 이루어졌을지라도 누구를 원망할 수는 없다.

"아브람은 가나안 땅에 거하였고 롯은 평지 성읍들에 머무르며 그 장막을 옮겨 소돔까지 이르렀더라"(:12)

롯의 앞에 두 갈래 길이 있었다. 하나는 아브람과 함께 가나안 땅에 머무는 것이었다. 그리고 또 한 가지 길은 요단 들과 소돔 성으로 가는 길이었다. 가나안 땅에 머무는 것은 아브람의 뜻이요 하나님의 원하시는 바였지만 무척 고난스런 길이었다. 반면 요단 들과 소돔 성은 아브람의 기대와 요청을 저버리는 것이었지만 자신이 바라는 풍요함과 즐거움이 있는 길이었다. 롯도 고민하고 망설였으리라. 하지만 그의 최종 선택은 요단으로 가는 길이었다. 이는 가나안에서의 사역과 사명을 포기하는 것이었고 아브람의 요청과 기대를 뿌리치는 결과이기도 했다. 또한 그의 선택은 하나님께서 신앙인들에게 원하시는 신앙의 가치관들을 자신의 삶에 받아들이기를 거부하는 것이기도 했다. 삼촌 아브람과 지금까지 함께 해 온 공동체에 큰 슬픔과 상처만을 남겨놓은 채로.

아브람을 떠난 롯은 평지 성읍들에 머문다. 평지란 이동이 편하고 목축이 유리한 장소를 뜻한다. 그리고 성읍들이란 사람들이 많이 모여 사는 도시적인 지역을 말한다. 특히 성읍들에 머문다는 것은 이 가나안 족속들 속에 둥지를 틀고 그들 속에 섞여 살며 그들의 문화를 받아들이고 그들의 삶의 방식을 좇아 사는 것을 말해 준다. 아브람이 저들 속에 자리 잡지 못하고 튕겨져 나왔던 것과는 아주 대조되는 사실이다. 즉 이는 그가 저들 속에 살기 위해 신앙의 가치관들을 포기했음을 의미한다. 우리는 여기서 롯이라는 인물이 지금 아브람을 떠나올 때 왜 떠나왔는지 그리고 그가 추구하는 삶은 어떤 것인지 확인하게 된다.

어쩌면 롯이 지금까지 아브람과 동행한 것만도 대단한 일이었다고 할 수 있다. 이제까지 이 모든 환경과 조건에 대해 인내한 것만도 쉽지 않은 과정이었다. 하지만 그의 떠남과 평지와 성읍들의 평탄한 삶은 지난 날의 그 모든 수고를 수포로 돌리는 행동이었다. 그 고난이 전해 주는 귀한 삶과 신앙의 가치들을 송두리째 없애 버리는 선택이었다. 길고 어려운 삶의 과정이 맺게 해준 아름다운 내적인 열매들이 하나도 그의 속에서 결실치 못한 결과이며 스스로 내다버리는 것이었다.

어떤 사람에게는 지나간 삶이 비록 힘들고 어려웠지만 소중하게 기억되고 간직된다. 또 어떤 사람에게는 똑같은 고난이지만 지겹고 고통스럽게만 느껴지고 다시는 기억하기도 싫은 것이 되기도 한다. 전자는 지나온 날의 고통스런 과정이 힘들기는 했어도 여러 가지를 생각하게 하는 귀한 교훈과 의미들을 발견한 사람이다. 그 고난을 인생의 아름다운 열매를 맺게 하는 풍부한 밑거름으로 삼는 사람이다. 반면 똑같은 고난을 그저 지겹게만 여기고 아무 가치를 느끼지 못하는 사람은 내면보다는 외면만을 중시여기며 외적인 조건들만을 추구하는 속된 인간이다.

평지 성읍들에 거하는 롯. 그에게 아브람과 함께 한 지난 날은 그저 지겹기만 했고 다시는 겪고 싶지 않은 고통스럽게만 느껴졌던 날들이었다. 벗어버리고 싶고 또 만난다면 피해 버릴 수밖에 없는 그런 싫은 추억만을 남겨준 기간이었다. 어쩌면 기억조차 하기 싫은 때일 수도 있었으리라. 이러한 롯에게 있어 중요한 것은 아브람과 함께 한 그 긴 세월은 버려진 시간 허비된 세월이었으며 그 기간의 그의 삶 자체도 아무 의미 없는 삶이었다는 사실이다.

이러한 그가 결국 나아가는 곳은 소돔이었다. 타락한 땅 사악한 자들의 도시였고 그들의 멸망과 함께 묻혀 사라져 갈 인생길을 선택한다. 그의 지나간 삶이 이 땅에 하나님을 알지 못한 채 살아가는 자들의 삶과 구별되게 하는데 아무런 도움이 되지를 못했다. 이 세상에서 악과 싸워 이길 수 있는 아무런 능력도 되지를 못했다. 오히려 그 고난을 벗어버리고 다시는 경험하고 싶지 아니한 마음 때문에 이 소돔까지도 기꺼이 택하는 결과를 맺는다.

"소돔 사람은 악하여 여호와 앞에 큰 죄인이었더라"(:13)

롯이 자신의 딸들을 이 소돔 사람에게 주어 결혼시킨다는 것은 아브람이나 이삭이 이 가나안 여인들을 며느리로 맞이하려 하지 않았다고 하는 사실과 극히 대비된다. 그들이 그렇게 했던 것은 이 가나안의 더러운 문화가 내 집안에 들어오지 못하도록 하여 자신들의 신앙이 병들지 못하도록 하고자 했던 것이다. 내가 건강할 때 다른 병든 이들을 돌볼 수 있기 때문이었다. 이런 점에서 롯이 소돔 청년들로 자신의 사위를 삼고 자신의 딸들로 이 소돔 사람의 식구가 되게 하는 것은 아브람 이삭 야곱 등 신앙의 뿌리를 지켜간 이들의 선택과는 대조적인 것이었다.

롯의 이러한 삶의 결과는 잠시 뒤 하나님께서 이 성을 심판하실 때 그 멸망에서 살아남은 자들은 롯 자신과 두 딸들 뿐이었고 소돔 성의 그 어느 누구도 롯의 말을 신뢰하고 따르는 자가 없는 것으로 나타난다. 사위들도 이 롯의 전한 심판의 소식을 농담으로 여길 뿐이었다. 저들에 대한 신앙의 영향력 삶의 영향력은 전혀 없었던 것이다. 그 살아남은 딸들마저도 아버지를 윤간하여 그 혈족의 씨를 이어가고자 한다. 소돔 성의 문화가 그들의 뼛속에까지 스며들어 있었음을 보여준다. 그 결과 저들은 하나님의 영원한 저주를 받게 되며 악의 씨앗이 되고 만다. 롯의 선택과 삶은 롯 자신의 딸들에게조차 그 신앙을 이어주지 못하는 것이었다. 그 딸들마저 아버지의 선택과 삶으로 인해 하나님의 저주를 받게 되는 운명에 처하게 되었다. 단 한 사람도 선한 결과와 열매를 맺지 못했던 것이다. 이 모든 비극적 결과들이 오늘 평지 성읍들에 머물며 소돔 성까지 가서 살고자 하였던 롯의 선택이 남긴 결과들이었다.

반면 아브람. 그에게도 선택의 두 갈래 길이 있었다. 애굽에서 올라오던 때에 아브람은 잠시 남방 네겝에 머물며 이제 어디로 가야 할 것인가를 고민한다. 물론 그의 눈에도 요단의 풍요로움이 눈에 들어오지 않았던 것은 아니며 요단 들을 주장하는 롯의 의견도 있었다. 하지만 그는 벧엘과 아이 사이의 산지를 택하여 옮겨온다. 비록 가나안이 그를 두 팔 벌려 환영하고 있는 것도 아니며 오히려 그를 배척하고 핍박을 가하는 곳이었지만 그는 그 곳을 선택하고 만다. 좋은 편안한 길을 굳이 외면하고 가시밭길을 선택한 것이었다. 이 선택의 결과 오늘 롯을 떠나보내야만 하고 또 공동체가 분리되는 아픔과 좌절을 동시에 겪는다. 그리고 또 다시 새롭게 시작된 이 가나안에서의 사역이 롯으로 인해 안에서부터 일어난 분열로 시작과 동시에 실패하게 되는 현실을 경험한다.

또 다시 두 갈래 길에 서게 된 아브람이다. **"네가 좌하면 나는 우하고 네가 우하면 나는 좌하리라"**고 했던 아브람의 말은 아브람 자신도 이제는 떠나겠다는 것이었다. 롯의 배신 앞에서 깊은 좌절과 실망을 나타내는 것이었고 의욕을 상실한 내면을 내비치는 것이기도 했다. 롯이 떠나가고 난 다음의 아브람, 과연 어떻게 해야 할 것인가? 롯의 떠나감은 아브람 홀로 감당하기는 그리 쉽지 않은 현실이다. 그도 모든 것을 포기하고 떠나갈 것인가? **"아브람은 가나안 땅을 떠나지 아니하였고"**라는 성경 말씀은 롯이 떠나간 이후 아브람의 마음 속에 있었던 많은 갈등과 망설임을 담고 있다. 그도 가나안을 떠나고 싶어 하였다. 하지만 이 큰 시련 속에서도 끝내는 이 땅을 떠나지 않기로 하였다는 아브람의 선택을 보여준다.

반기는 사람이 있는 것도 아니었다. 오히려 거부당하고 배척당하는 땅이었다. 그리고 오늘 공동체가 둘로 나누어지는 아픔과 좌절과 실패를 경험한 순간이었다. 그럼에도 그가 이 가나안을 떠나지 않는 것은 가나안 땅을 향한 **'나 홀로 사랑'**이었다. 끝까지 이 가나안 땅을 마음과 인생에 품고 사랑하며 저들을 위해 살아가고자 하는 다짐과 결단이었다. 실패와 시련이 있었고 또 앞날에 대한 좋은 결과를 기대하기도 어렵지만 오직 하나님의 약속만을 믿고 자신의 인생을 거는 선택을 한다.

"아브람은 가나안 땅을 떠나지 아니하였고" 이 땅을 향한 하나님의 뜻을 자신의 삶에 사명으로 받아들였다. 이 땅에 거하는 것이 비록 힘들고 이 땅이 자신을 거부한다 해도 또 저 요단 들의 풍요로움이 자신을 유혹한다고 해도 이 땅에 뿌리박고 살아가고자 결심하는 아브람이다. 지금까지의 그 힘든 과정들이 그를 오늘의 이 강하고 담대한 한 신앙인으로 만들어 왔다. 더 힘든 날이 닥쳐온다고 해도 능히 이겨 나갈 힘을 응축해 놓은 것이었다. 어떤 시련도 견뎌내고 이겨낼 힘이 생겼다. 어떤 악한 자들도 용납할 여유로움이 마련되어졌다. 저들 모두에게 전해줄 신앙의 감화 감동력이 그에게 준비되어져 있음을 알게 한다.

오늘 우리들의 선택은 반드시 우리의 삶에 크건 작건 어떤 결과들을 남긴다는 것을 알아야 한다. 그리고 그 선택에는 내 속에 있는 나의 가치관과 삶의 목표와 신앙의 정체성까지 반영하고 있는 것임을 깨달아야 한다. 미래의 나는 곧 오늘 나의 선택이 보여주고 있음을 인식하자. 좋은 열매를 기대하면서 나쁜 씨앗을 심는 자가 있는가? 하지만 우리 신앙인들은 좋지 않은 씨앗을 심으면서도 마냥 좋은 열매만을 기다린다. 롯은 멋진 삶을 기대하며 오늘 이 소돔 성에 뿌리내리는 이 삶의 씨를 심지만 그 열매가 처참한 멸망과 저주라는 것을 알지 못했다.

눈을 들라 (창 13:14)

"롯이 아브람을 떠난 후에 여호와께서 아브람에게 이르시되 너는 눈을 들어 너 있는 곳에서 동서남북을 바라보라"(:14)

눈을 들라라는 말씀은 지나간 시간, 지나간 사건에서 눈을 떼라는 의미가 들어있다. 그것들을 마음에서 지워버리라는 뜻을 담고 있다. 그리고 동서남북을 바라보라고 하는 것은 앞으로의 날들, 이제부터 해야 할 일들을 바라보고 힘을 내라고 하는 말씀이다. 한 마디로 삶의 도전과 의욕을 다시 북돋우고자 하는 의도를 가지고 하시는 말씀이다.

하나님께서는 왜 이 시점에 나타나시고 이러한 말씀을 하시는 것일까? 하나님의 임재는 그리 흔하지 않은 사건이다. 아브람의 삶 전체를 놓고 보더라도 하나님의 직접적인 현현과 계시는 몇 번에 불과할 만큼 무척 귀한 일이었다. 그 만큼 오늘 하나님께서 아브람을 찾아오신 것은 이 때가 하나님의 특별한 개입이 필요한 때라는 것을 알게 한다. 그렇다면 롯이 떠나간 뒤의 아브람은 어떠했길래 하나님께서 이 시간 이렇게 직접 그를 찾아와서 이러한 말씀을 하시는 것일까? 만약 아브람이 롯이 떠나간 사건을 아무렇지도 않게 생각하거나 혹은 충격이 있었을지라도 그것을 스스로 수습하고 앞날을 준비해 가고 있었다면 하나님의 이러한 현현은 굳이 필요했을까? 오늘 하나님께서 이 말씀을 통해 새로운 도전 정신과 삶의 의욕을 북돋고자 하심은 아브람 자신 롯과의 헤어짐과 공동체가 반으로 분리되어진 이 사건을 대단히 충격적으로 받아들이고 있음을 나타낸다.

"눈을 들라." 그가 눈을 들지 못하고 있기 때문이었다. 이미 일어난 사건에서 스스로의 마음과 생각을 정리하지 못하고 있기 때문이었다. 지나간 과거에 사로잡혀 그 충격 속에서 헤어나오지 못하고 있는 아브람이었다. **"동서남북을 바라보라."** 자기 있는 곳에서 사방을 바라보지 못하고 지금의 현실에만 집착해 있는 모습을 두고 하시는 말씀이다. 앞날을 바라보지 못하고 이후에도 중단 없이 계속해 가야 할 사명을 생각지 못하고 있기 때문이다. 그를 기다리고 있는 이 땅의 수많은 생명들을 위한 사역을 지금 포기하고 있기 때문이다.

그러면 무엇이 아브람을 가로막고 있고 아브람은 실제적으로 어떤 상태에 있는 것인가? 첫째는 인간적인 슬픔이다. 사랑하던 자의 떠나감이 가져온 슬픔이요 그 사랑과 기대를 거절당한 배신의 아픔이 여기에 녹아있다. 여기에 더하여 그의 사역 자체가 또 다시 실패하였다는 사실이 그 두 번째다. 공동체가 하나가 되어도 어려운 이 전도의 사역이 그들에게로 가기도 전에 안에서부터 화합하지 못하고 둘로 쪼개지는 결과에 맞닥뜨렸다. 그리고 이는 저들에게 무어라고 설명할 수 없는 부끄러운 사건이었다. 특히 아브람에게는 가장 아끼고 많은 것을 기대하며 정을 쏟은 자가 이 롯이었다. 자신의 자녀처럼 여기던 가장 가까운 자 하나도 변화시키지 못한 무력감이 아브람을 짓누를 수밖에 없었다. 그리고 여기에 공동체가 분리되어진 절망감이 더해졌다. 결과적으로 롯이 남기고 간 상처가 아브람과 그의 남은 공동체에게는 너무도 깊고 큰 것이었다.

하나님께서는 왜 이렇게 되기까지 그를 도와주지 않으셨을까? 이렇게 큰 절망과 슬픔에 빠진 인간에게 어떤 사역을 기대할 수 있어서 그를 이렇게 부르시는 것일까? 한 가지 분명한 사실은 하나님께서 그를 향해 **"동서남북을 바라보라"**고 하실 때 이는 이제야말로 전도 사역을 감당할 준비가 완료된 때라고 하나님 자신이 보고 계시다는 점이다. 그리고 이는 하나님께서 의도적으로 오늘의 결과에 이르도록 기다려 오셨다는 것까지도 생각하게 하는 대목이다. 롯이 떠나기까지 말이다.

애굽에서의 사건이 인간의 죄에 대한 깊은 성찰을 이룰 수 있는 기회였다. 더불어 오늘의 결과는 인간이라는 하나의 유기체가 무엇에 자극을 받아 움직여 가는지 그리고 그것이 우리의 신앙을 어떻게 훼방하는지에 대한 경험적인 이해를 아브람에게 가져다 주었다. 그러면서 타인은 커녕 내 가장 사랑하는 자 하나도 변화시키지 못하고 공동체가 절반으로 나뉘어지는 것을 경험한 이 무력감 절망감이야말로 이제 그가 진정한 하나님의 사역자로 일할 수 있는 준비가 되었음을 말해주는 것일 수도 있다. 하나님의 신앙을 전한다고 하는 것이 절대 쉬운 일이 아니라는 깨달음, 내 힘으로는 아무것도 할 수 없다는 인식, 바로 거기가 하나님만을 의지할 수 있고 하나님께 순종할 수 있는 신앙의 자리이기 때문이다.

이스라엘을 위해 일하고 싶어 펄펄 뛰던 모세를 광야로 나오게 한 뒤 40년 세월을 지나게 하셨다. 그 세월의 끝에 하나님께서 이제 내 백성을 인도해 내라는 사명을 주시고 부르셨을 때 그 모세의 대답은 절대 갈 수 없다는 것이었다. 나의 힘으로는 절대 불가능하다고 하는 것이었다. 백성을 위해 일할 수 있다고 큰소리치던 40년 전의 모세와는 정반대되는 모습이었다. 하지만 절대 불가능하다고 끝까지 거부하는 그를 하나님께서 그 중대한 출애굽의 사역을 감당할 사역자로 부르신 것은 바로 그 불가능을 인식하고 있는 모세였기 때문이었고 바로 이것을 위해 그를 광야에서 40년 동안 머물게 하셨던 것이다. 도저히 나의 힘으로는 할 수 없다고 말하는 바로 거기가 하나님께서 40년 동안 기다려 오셨던 신앙의 지도자의 자리였던 것이다.

"너는 눈을 들어 너 있는 곳에서 동서남북을 바라보라" 눈을 들라고 하시는 하나님의 말씀. 아브람의 눈은 떠나간 롯과 그 남은 빈 자리를 보고 있었고 자신의 무기력함을 보고 있었다. 이제는 그 실망과 좌절과 슬픔을 생각나게 하는 것들에서 눈을 떼라고 하심이다. 롯의 떠나감과 그의 존재를 잊어버리라고 하심이다. 그리고 너의 시선과 생각을 다른 곳으로 돌리라고 하시는 것이다. 그런 다음 너 있는 곳에서 동서남북의 사방을 바라보라고 하신다. 이 동서남북의 사방은 땅이 아니라 그 땅 위에 거하는 사람들을 보라고 하심이다. 너를 기다리는 자들이 네가 가져다 줄 야훼 신앙을 갈급해 하는 영혼들이 얼마나 많은지를 보라고 하심이다.

우리는 우리의 인생에서 때론 감당하기 힘든 충격적인 상황에 접할 때가 있다. 그리고 마치 수렁에 빠진 수레처럼 그것에 갇혀 옴짝달싹하지 못한 채 세월을 태워 없애는 수가 있다. 그 사건과 상황을 떨쳐버리지 못해서, 그 상황은 이미 지나간 것이 되었음에도 그 과거에 매여 헤어나오지 못할 때가 있다. 그것으로 인해 자신이 바라보고 가던 곳도 잃어버리고 자신이 추구하던 것도 포기해 버린다. 이럴 때 어떻게 해야 하는가?

롯의 떠나감을 잊어버리라는 하나님의 말씀은 롯의 떠나감이 하나님의 원하시던 일이라는 뜻이 담겨있다. 그가 아브람과 함께 있어 아브람의 사역을 방해할 뿐임을 하나님은 알고 계셨다. 아브람 자신 롯의 존재를 늘 마음에 넣고 그를 의지하고자 하는 마음이 있었고 이것이 온전히 하나님만을 바라보는 그의 시야를 가리고 있었던 것을 보고 계셨던 것이다. 아브람은 인간적인 정과 생각 때문에 여전히 그를 생각하고 오늘의 이 힘든 상황에 얽매여 있지만 하나님은 이제 이 모든 상황을 정리하라고 하신다. 그 집착이 아브람의 가야 할 길 해야 할 일 바라보아야 할 곳을 보지 못하게 하기 때문이었다. 동서남북을 바라보라고 하시는 것은 너의 해야 할 일이 얼마나 많은지 너의 가야 할 곳이 얼마나 넓은지 너를 기다리는 자들이 또 얼마나 많은지를 알라고 하시는 말씀이다.

어떤 상황을 맞이하더라도 자신의 해야 할 일이 있고 가야 할 길이 있음을 아는 사람은 행복하지 아니한가? 어떤 깊은 수렁 속에서도 자신의 사명을 잃지 않고 그것을 위해 일어서는 사람이야말로 참된 사명자가 아니겠는가? 그 순간 일어서게 하시는 하나님의 음성을 듣는 사람이야말로 진정한 신앙인이라고 할 수 있다. 작은 것에 얽매여 큰 것을 보지 못하는 우(愚)가 우리에게 있어서는 안 될 것이다.

부자되시라 (창 13:15)

"보이는 땅을 내가 너와 네 자손에게 주리니 영원히 이르리라"(:15)

14절의 말씀이 무너지고 실망한 아브람을 다독이며 일어서게 하는 것이라면 위 15절의 말씀은 아브람에게 다시 한 번 하나님 자신의 약속을 되새기게 하는 말씀이다. 물론 이 약속은 이미 가나안에 들어올 때 들려주셨던 약속이요 아브람 자신의 비전이기도 하였다. 하지만 많은 시간이 흐르고 여러 힘든 사건들을 겪으면서 그 마음 속에서 희미해져버렸기에 다시 한 번 강조하는 것이기도 하다.

그러면 이 15절 말씀의 내용이 무엇인지를 살펴보자. **"보이는 땅을 내가 너와 네 자손에게 주리니 영원히 이르리라."** 앞서 아브람이 가나안에 들어와 세겜 땅에 이르렀을 때에도 이런 말씀을 해 주었었다. 그런데 그 때는 **"이 땅을 네 자손에게 주리라"**(창 12:7)고 하셔서 아브람이 제외되어 있었는데 반해서 오늘의 말씀 속에는 **"너와 네 자손에게"**라고 하심으로 아브람에게도 주겠다는 내용이 들어가 있는 것이 이 약속의 차이점이다. 왜 이러한 차이점이 들어가 있는 것일까? 표현상의 차이일 뿐 내용상으로는 같은 것인가? 이 점과 관련하여 이 "땅"에 대한 구체적 개념과 이 약속의 의미를 분명히 확인해 볼 필요가 있다. 이 두 약속이 동일한 내용의 약속인지 아니면 비슷하지만 실제적 의미는 전혀 다른 내용을 담고 있는 것인지를. 왜냐하면 오늘의 말씀은 롯의 떠나감이라는 중요한 사건을 전제하고 말씀되어진 것이기 때문이다.

"이 땅을 네 자손에게 주리라"는 말씀이 담고 있는 약속의 내용은 이 땅이 아브람의 자손들의 소유가 되고 그들이 이 땅의 주인이 된다는 것을 담고 있다. 이를 역사 전개의 과정 속에서 살펴보면 이는 분명 먼 훗날 출애굽 이후 이 땅을 정복하고 차지해서 살게 될 이스라엘 민족의 역사를 두고 하신 말씀이었지 아브람 당대나 이삭 야곱으로 이어지는 이 시대에 대한 말씀은 아니었다. 진정 이 땅을 차지해서 주인처럼 살게 되는 상황은 아브람과 이삭 야곱 요셉으로 이어지는 이스라엘의 조상들에게는 일어나지 않았기 때문이다. 따라서 이 약속이 아브람에게 주는 의미는 먼 훗날을 위해 그리고 뒤에 올 자손들을 위해 준비하는 것이 너의 일이라는 것이었다. 물론 이 속에는 그 후손들에게 이어져갈 신앙을 확고하게 세우고 전달해 나가는 것이 가장 중요하게 내포된 과제였다.

그렇다면 지금 롯이 떠나간 뒤의 오늘의 상황에 들어와서 이 땅을 아브람에게도 주시겠다고 할 때 이 말씀은 어떻게 된 것인가? 이 땅은 무엇을 의미하는 것일까? 이 땅이 눈으로 보고 손으로 만지며 발로 밟는 물리적 영역으로서의 땅을 의미하는 것일까? 만일 이것이라면 아브람 평생 아니 이삭 야곱에 이르기까지 마므레의 막벨라 굴 이외 땅 한 평 소유하지 않고 나그네의 삶을 살았다는 사실을 놓고 볼 때 그 내용이 전혀 일치하지 않는다. 따라서 앞에서의 땅은 물리적 영역으로서의 땅을 의미하는 것이 분명하지만 여기서의 땅은 그것이 아니라는 것을 확실히 알게 된다. 중요한 것은 이

후 아브람의 삶을 보면 지금까지 가나안 땅을 쫓겨다니며 살던 아브람이 가나안 족속들의 마음을 얻고 그들 중에서 하나님의 방백이라고 높이 여김 받는 삶을 살게 된다는 점이다(창 23:6). 가나안 족속들의 존경과 사랑을 받는 아브람의 모습이 이후 삶에서 나타나는 것이다. 이것은 아브람 이후 이삭 야곱의 때에도 마찬가지다.

만일 이 땅이 물리적 영역으로서의 땅을 의미한다면 땅 한 평 없이 이 땅에서 삶을 마치는 아브람의 실제 삶과 배치되는 것이 된다. 그러나 만일 이 땅이 이곳에 사는 가나안 사람들을 의미한다면 그 내용은 조금도 모순됨이 없이 정확하게 이해된다. 곧 이제부터 너는 이 땅 사람들의 마음을 얻게 되고 그들에게 받아들여지며 그들과 더불어 살아갈 여지를 얻게 되리라는 것이다. 지금까지 저들로부터 배척당하였다면 롯이 떠나간 이제 너는 저들 속에서 너의 일을 할 수 있게 되리라는 의미를 볼 수 있다. 나아가 **"영원히 이르리라"**는 말씀은 아브람 사역의 주된 대상이 가나안 사람뿐 아니라 온 지구 위에 사는 모든 사람들 즉 전 인류라는 개념으로까지 확대되어져 가는 것을 의미한다. 믿음의 조상으로서의 아브람의 존재가 오늘 이 시대 우리에게까지 전해져 오는 결과를 말씀하고 있는 것이다.

이러한 점에서 **"네 자손에게 주리라"**고 하실 때의 자손은 육체적 생물학적인 자손이 아니라 아브람의 신앙을 이어받은 믿음의 자손을 뜻하고 이는 인종과 종족을 초월하여 모든 사람들을 포함하는 개념의 용어다. 혈통적인 자손이라면 아브람의 자손 중에 그 계보에서 제외되는 자가 많고 야곱의 열 두 아들에서 비롯된 이스라엘 민족조차도 끝내는 이 신앙의 반열에서 제외되어진다. 이 때 이 **"영원히 이르리라"**는 말씀은 사실과 어긋나게 되기 때문이다. 결국 이 15절 말씀은 롯의 떠나감과 동시에 하나님의 사역을 수

행할 수 있는 온전한 준비가 아브람에게 갖추어졌음을 하나님 스스로 확인해 주시는 것이다. 이제부터는 쫓겨나거나 외면당함이 없이 가나안 족속들로부터 존경과 사랑을 받으며 형통한 삶을 살게 되리라는 하나님의 진정한 축복의 말씀이다. 그들에게 신앙을 전하고 그들이 받아들이는 가장 중요한 신앙의 열매를 포함함은 물론이다.

아브람의 가나안에서의 사역. 오늘까지 끝없는 실패의 연속이었다. 이 가나안에서 물러나 애굽까지 내려갔고 그곳에서 참담한 인간적 실패를 경험한다. 그리고 다시 이 가나안 땅에 새로운 의욕을 가지고 오지만 또 지금까지 의지로 삼았던 롯이 떠나가는 아픔을 겪었다. 자기 자신을 통해 그리고 롯이라는 또 다른 한 인간을 통해 그는 인간의 내면에 대한 가장 깊은 이해의 자리까지 내려간다. 어떤 상태에서도 사람을 정죄하지 않고 이해하여 받아들일 수 있는 내면의 자리가 만들어진 것이었다. 더불어 그는 신앙을 전한다는 것이 얼마나 힘든 일인지를 뼈저리게 절감했고 하나님의 일은 사람의 힘이 아니라 오직 하나님의 힘으로만 가능하다는 것을 깨달았다.

이 모든 것 외에 롯의 떠나감은 공동체 전체에 큰 부담이 되었고 대외적으로도 걸림돌이 되었던 존재가 제거된 것이었다. 아브람과 롯 이 두 갈래로 나뉘어졌던 아브람 공동체의 리더십이 아브람을 중심으로 일사분란하게 움직여 갈 수 있는 체제가 확립되어졌다. 그리고 이것은 아브람 공동체가 추구하는 것은 돈이나 땅이나 물질이 아니라 오직 하나님의 나라라는 정체성이 확고하게 정립되어진 사건이기도 하였다.

이제 아브람의 삶의 목표가 보다 분명해졌다. 함께 살아가게 될 가나안 족속들의 마음을 얻고 그들로부터 사랑과 존경을 받는 것이었다. 그저 삶의 결과로써 주어지는 것을 기다리는 것이 아니라 이를 위한 의도적인 노력이 수반되어져야 하는 책임의 문제로 그리고 과제로써 그에게 다가오는 것이다. 신앙의 올바른 전달을 위해 반드시 그렇게 되어져야 하는 당위성을 지닌 과제요 이는 신앙의 전달을 위한 자기희생까지도 포함한다. 이 속에는 이미 이를 위한 온전한 준비가 아브람의 내면에 갖추어져 있다는 사실이 담겨져 있다.

한 지도자의 내면으로부터의 준비와 그가 인도해 가는 공동체의 정체성 확립 그리고 구성원간의 확고한 결속력이 확보되어졌을 때 그 때서야 하나님의 일은 시작된다. 내면으로부터 준비되지 못한 지도자, 이질적인 성분을 지닌 구성원들의 공동체는 모래와 흙으로 섞어 쌓은 성과 같다는 것을 알아야 한다. 그리고 이 모든 준비된 것을 통해 오늘 이 땅에서의 우리의 신앙과 삶의 목적은 땅을 얻고 물질을 많이 긁어모으는 것이 아니라 신앙을 통해 사람의 마음을 사고 그들로부터 존경과 사랑을 받는 것임을 새롭게 깨닫게 해 주신다. 많은 이들이 사람을 얻기보다는 물질적 형통함을 누리게 되는 것을 신앙의 은혜라고 생각하고 믿음의 목적으로 삼는 이 가엾은 시대를 향해 들려주시는 말씀이시다.

정탐 (창 13:16-17)

"내가 네 자손으로 땅의 티끌 같게 하리니 사람이 땅의 티끌을 능히 셀 수 있을진대 네 자손도 세리라"(:16)

아브람의 자손이란 오직 아브람의 믿음을 이어가는 믿음의 자손을 의미한다. **"네 자손으로 땅의 티끌 같게 하리라"**는 말씀은 이처럼 아브람의 믿음을 이어받는 자들이 감히 셀 수 없을 만큼 많게 되리라는 뜻이다. 아브람의 신앙이 누군가에게 전해지고 또 그들에 의해 당대의 사람들에게 그리고 후대의 자손들에게 전해져 가게 될 것을 두고 하시는 말씀이다. 사도 바울이 자신의 전한 하나님의 말씀을 듣고 신앙을 받아들인 자에게 **'내가 복음 안에서 낳은 자'** 라고 하여 믿음에서 믿음으로 이어지는 신앙인의 관계를 자손의 관계성으로 설명하고 있는 것도 바로 이러한 이해에 기인한다.

이러한 이해를 갖고 15절과 16절의 말씀을 연속하여 이해해 본다면 아브람의 삶의 변화 즉 온전한 믿음과 일치된 삶의 변화는 많은 사람들로부터 칭찬과 존경을 받게 한다. 그리고 이는 저들 중에서도 이 믿음에 동참하고자 하는 많은 사람들을 만들어내게 되리라는 의미를 가지고 있다. 이렇게 생겨난 이들에 의해 믿음이 또 다른 사람들에게로 전이되어져 갈 때 얼마나 더 많은 사람들이 이 신앙의 은혜를 나눠 가질 수 있게 되겠는가? 아브람의 온전히 변화되어진 삶과 이 삶 속에 담겨져 전해지는 믿음이 있을 때 이 믿음이 참된 보석처럼 영롱한 빛을 온 세상에 펼치게 되리라는 것이 바로 오늘 말씀의 요체다.

아브람의 변화된 삶이 얼마나 놀라운 결과를 이 세상 속으로 가져오게 될지를 알게 해 주신다. 나의 변화된 삶이 있을 때 그 삶을 가능케 한 나의 신앙 또한 진실한 것임을 증거해 준다는 것을 깨닫게 된다. 변화되지 못한 삶은 그 어떤 아름다운 신앙도 만들어내지 못한다. 신앙 자체를 왜곡시켜 우상신앙으로 그 본질을 변질시켜 나가는 것 외에는. 이것이 오늘 우리들의 현실이다. 우리는 신앙을 전하나 사람들은 우리의 삶을 본다. 그리고 그 삶을 통해 우리가 전하는 바의 신앙이 진짜인지 가짜인지를 확인하고자 한다. 바로 이것이 확인되지 않기에 사람들은 신앙을 거절한다. 내 삶이 향기롭다면 그 향기는 내가 보지 못하고 알지 못하는 곳까지 전해지고 알려지며 나도 모르게 아름다운 열매들을 곳곳에서 맺게 한다는 것을 우리는 알아야 한다.

"너는 일어나 그 땅을 종과 횡으로 행하여 보라 내가 그것을 네게 주리라" (:17)

이제 하나님은 아브람에게 이 가나안 땅 사방을 두루 다녀보라고 하신다. 이제 네게 주어질 땅이니 그 얻게 될 땅이 어떠한 땅인지 전체적으로 살펴보고 알라고 하시는 것이다. 여기서도 생각하게 되는 점은 아브람이 동서남북으로 다니며 보아야 할 땅이 물리적 영역으로서의 땅인가 하는 점이다. 이런 땅이라고 한다면 직접 다니며 그 땅을 본들 돌과 흙과 나무와 풀과 동물 등 어딜 가나 크게 다를 바가 없는 것들이다. 그것을 속속들이 살펴 안들 무슨 의미가 있겠는가? 그런 의미라면 이미 북쪽 끝에서 남쪽 끝까지 충분히 다녀보고 알만큼 알고 있는 아브람이다. 그러므로 이 말씀은 이제 이 땅을 두루 살펴보며 이 땅에 사는 사람들을 자세히 살펴보고 알라고 하심이다. 이제는 너의 소유가 될 대상들이니 깊은 관심과 사랑을 가지고 자세히 살펴보라고 하심이다. 그들이 어떤 사람들이며 무슨 생각들을 하고 있으며 어떻게 살아가고 있는지 그들에 관한 자세한 지식을 먼저 소유하라고 하시는 것이다.

그렇다면 아브람은 지금까지 이 가나안 땅과 사람들에 대한 아무런 지식이 없었던 것일까? 물론 아니다. 가나안 땅에 들어오기 전부터 이들에 대해 많은 것을 알고 있었다. 입에서 입으로 전해오는 소문을 통해서였다. 그러한 것을 들어 알고 있었기에 그 자신 가나안으로 오고자 하는 열망을 간직하게 되었던 것이지 아무런 지식도 없이 무조건 이 가나안을 향해 왔던 것은 아니었다. 그런데 문제는 내가 직접 눈으로 보고 그들과의 만남을 통해 확인하는 과정이 없었다고 하는 사실이다. 남이 보고 판단하는 것에 의존한 피상적인 지식은 있었지만 아브람 자신이 직접 부딪쳐 살며 보고 느끼고 경험함으로써 나오는 직접적인 체험적 지식이 없었다. 즉 그들의 중심에 있는 실제적인 것들을 보고 알지를 못했던 것이다.

남의 입을 통해 사람을 아는 것과 내가 직접 보고 느끼고 경험하여 아는 것은 전혀 다르다. 남의 입을 통해 들려진 것들은 대체로 근거 없는 것들이 많고 중간에서 첨삭되어 왜곡되어진 경우가 많다. 때로 잔인하고 후안무치한 악인이라고 낙인찍힌 사람일지라도 깊이 사귀어 보면 자상하고 겸손하며 얼마든지 선으로 반응할 수 있는 내면을 가지고 있다는 것을 발견할 수 있다. 반면 흠없이 점잖은 사람처럼 보이고 선행의 화신처럼 알려진 사람들 중에도 차갑고 이기적이며 추한 인간성을 가진 자들도 많다. 사회적으로 익히 경험되고 공유되어진 현상들이다.

즉 개인 개인들에 대한 직접적인 대면 접촉에 의하지 않을 때 우리는 우리의 관계 대상자들에 대한 잘못된 이미지를 갖게 되는 수가 많다. 대체로 공동체에 의해 인위적으로 만들어진 이미지나 타인들 곧 이해 관계자들의 선험적 경험에 의해 생겨난 편협한 이미지인 경우가 많다. 이에 입각해 설계된 나의 행동은 그만큼 오류를 일으킬 가능성이 높아지는 것이다.

"너는 일어나 그 땅을 종과 횡으로 행하여 보라"고 하는 말씀은 타인에 의해 만들어져 전해지는 이 가나안에 대한 선입견을 벗어버리라는 의미다. 누군가의 앞선 경험에 의해 생겨난 편견이 개입된 이미지를 버리고 너 자신의 신앙의 눈으로 저들의 삶의 자리로 내려가 저들 내면의 생각과 삶의 모습을 보고 저들을 알라고 하시는 말씀이다. 무조건 죄인으로 정죄하기 이전에 죄로 인해 고통 받는 영혼의 아픔과 삶의 고민들을 함께 느껴보라고 하시는 것이다. "먼저 그들을 알라. 그들을 이해하라. 그러면 그들도 결코 너와 다르지 않다는 것을 알게 될 것이다. 그러할 때 그들이 너를 받아들이고 너 또한 저들을 죄인이 아닌 이웃으로 받아들일 수 있게 될 것이다"라는 뜻이 있다. 이는 이제부터 아브람이 어떻게 해야 하는가에 대한 삶의 방향을 제시해 주시는 말씀이다.

그러면 어떤 마음으로 저들을 살펴보아야 하는가? 하나님은 **"그것을 네게 주리라"**고 말씀하신다. 즉 이제는 저들이 모두 너의 소유라고 하시는 것이다. 여기서 소유라고 할 때 이 소유는 지배하고 군림하며 이용하고 빼앗기 위해서가 아니다. 섬기고 봉사하며 때로는 저들을 위해 희생하기 위한 대상으로서의 소유다. 이제 저들 모두가 아브람의 신앙에 동참하고 저들이 아브람의 자손으로서 일컬어지는 관계성을 가지고 있다는 점에서 이는 깊은 관심으로 보살피는 사랑의 대상으로서의 소유 개념을 갖는 표현이다. 즉 따뜻한 사랑의 마음으로 깊은 관심을 갖고 저들을 살펴보라는 것이다. 저들이 나를 위해 존재하는 것이 아니라 내가 저들을 위해 있다는 것과 저들이 모두 나의 자손 나의 자녀들이라는 생각으로 저들을 자세히 살펴보라고 하시는 말씀이다.

그릇된 정보, 편견이 개입된 이미지가 우리 삶의 실패를 초래한다. 오해와 다툼을 불러일으킨다. 이스라엘의 광야 40년 때에 똑같이 가나안을 정탐하였지만 그 중심을 본 자들과 그 겉만을 본 자들의 판단과 보고 내용은 전혀 달랐다. 더욱 중요한 것은 이 편견이 개입된 정보를 듣고 사실로 판단하여 행하였던 자들이 모두 가나안으로 가고자 하는 소망과는 달리 광야에서의 죽음이라는 길로 달려갔다는 것을 우리는 기억해야 한다. 저들의 죽음은 그 정탐꾼들의 책임보다도 오류가 개입된 의견을 사실로 믿고 행동하였던 자들의 책임이었다.

사람에 대해 그 깊숙이 놓여져 있는 내면을 알고 날마다 새로운 사귐을 갖고자 하는 우리의 노력이 중요하지 않은가? 나 자신에게서도 오늘 전혀 짐작치도 못하던 삶과 행위가 내일 나타나게 될 수도 있음을 생각하면서 말이다.

방랑의 끝 (창 13:18)

"이에 아브람이 장막을 옮겨 헤브론에 있는 마므레 상수리 수풀에 이르러 거하며 거기서 여호와를 위하여 단을 쌓았더라"(:18)

벧엘 동쪽, 벧엘과 아이 사이의 산지에 장막을 치고 살던 아브람이 어느 날 헤브론으로 옮긴다. 롯이 떠나간 이후 나타나신 하나님과의 만남이 있은 후의 일이었다. 가나안을 두루 행하며 그들의 삶을 직접 눈으로 보고 몸으로 체험하며 그들을 다시 보라고 하였던 말씀 이후의 일이었다. 헤브론으로 장막을 옮기는 것은 이러한 하나님의 뜻을 십분 이해하는 것이었고 그 자신도 이제 가나안에서의 사역을 장기적으로 보고 천천히 행하고자 하는 것이었다.

그러면 헤브론은 어떤 곳인가? 그리고 왜 아브람은 굳이 가나안의 그 많은 지역을 두고 이 헤브론을 택해 장막을 옮긴 것일까? 헤브론은 이후 아브람이 평생을 두고 거하는 정착지가 된다. 아브람은 훗날 자신의 아내 사라가 죽자 이 헤브론의 막벨라 굴을 사서 자신의 가족 소유 매장지로 삼고 여기에 자신도 묻히고 이삭 리브가 야곱 레아 등 모든 경건한 후손들도 여기에 장사지내게 된다. 즉 헤브론은 이후 아브람이 죽는 날까지 평생을 거하여 살며 그의 자손들에게도 정신적 고향으로 생각되어지는 그러한 곳이다. 보다 먼 훗날을 놓고 보면 출애굽한 이스라엘이 가나안에 들어와 정착할 때 유다 지파의 영솔자인 갈렙이 가나안 남부 지역을 점령한 뒤 자신의 거할 곳으로 삼았던 곳이기도 하다. 또 다윗이 이스라엘 왕이 되어 예루살렘으로 수도를 옮기기 전 유다 지파의 왕으로 7년 반을 다스릴 때 수도로 삼았던 곳이기도 하다. 가나안 땅의 역사에서 그 중심 무대로 등장하는 가장 의미 있는 지역의 하나다.

헤브론은 가나안 남부의 중심지로써 아브람이 평생 살아가는 장소가 되는 지역이었다. 이는 곧 아브람이 이제부터 평생 거할 거주지를 찾아 옮겼다는 것이다. 그의 뜻과 생각이 먼저는 이 가나안에 자신의 삶의 근거지를 확보하고 뿌리를 내리는 것을 가장 중요하게 생각했다. 이를 통해 평생을 바쳐 이 땅에 신앙의 뿌리를 내리는 것으로 자신의 사역의 방향을 정했다는 것을 알려준다. 이전에는 성급하게 어떤 결과를 보고자 하였다. 그러나 이제는 천천히 꾸준하면서도 조용히 자신의 삶을 통해 신앙의 씨앗을 뿌리고자 하는 마음의 결정을 느끼게 해 준다. 좀은 여유 있게 앞날을 바라보고 나아가는 모습으로 그의 인생과 사명을 바라보는 시각이 바뀌어져 있는 것이었다. 하나님을 전하기 이전에 먼저 내가 저들과 친밀히 사귀고 저들을 알고자 하는 것이었고 이는 그가 처음 이 가나안에 들어올 때에 이미 하나님께서 들려주셨던 말씀이기도 하다.

그러면 그는 가나안의 그 많은 지역을 두고 왜 헤브론을 선택한 것이었을까? 이 헤브론은 예루살렘을 기점으로 남쪽 40km 지점에 위치해 있는 곳으로 아브람 당시의 가나안을 놓고 보면 그가 접근하고자 애썼던 세겜과 가나안의 중심부로부터 남쪽으로 멀리 떨어진 변방 지역이다. 특히 이 곳은 해발 927m의 팔레스틴에서 가장 높은 위치에 자리하고 있는 성읍이다. 당시의 이동 수단과 생활 여건으로 본다면 가나안의 중심부에서 가장 멀리 떨어진 오지라고 할 수 있다. 그러면서도 이 일대에는 샘이 많아서 물이 귀한 이 가나안에서는 거주에 유리한 조건을 갖추고 있다. 토지가 비옥하여 훗날에는 밀 포도 감람 등 농산물이 많이 나는 농업 중심지가 되는 곳이다. 모세가 12명의 정탐꾼을 가나안에 보냈을 때 그들이 가지고 나온 포도와 석류 무화과 등의 과일이 이 헤브론 소산이었다.

오래 전 가나안에 처음 들어올 때에도 그리고 애굽을 벗어나와 다시 새로운 의욕을 가지고 이 가나안에 들어왔을 때에도 그는 한사코 세겜이 있는 가나안의 중심부로 다가가고자 하였다. 중심부를 정복하면 신앙의 전파는 훨씬 빠르고 쉬우리라고 기대했던 것이다. 그 때도 헤브론은 분명히 자리잡을만한 좋은 지역으로 존재하고 있었다. 하지만 그는 이 헤브론보다는 어떻게 해서라도 가나안의 중심부에 접근하고 그 곳에서 하고자 하는 일의 결과를 보고자 했었다. 하지만 그는 오늘 그 중심부에서 벗어나 변방 지역으로 내려와 자리를 잡는다. 이 속에서 우리는 저 중심부가 아니라 가나안의 끝에서부터 다시 시작하겠다는 아브람의 의지를 읽을 수 있다. 중심부가 아니라 가장 변방에서부터 저들을 알아가고 하나님의 신앙을 저들에게 전해야 하겠다고 하는 각오와 다짐을 느낄 수 있는 것이다.

크게 한꺼번에가 아니라 작게 천천히 오랜 시간을 두고 이루어 가고자 하는 아브람이다. 한 번에 끝장을 낼 것처럼 성급했던 아브람의 의욕이 저 먼 앞날을 내다보는 한층 성숙하고 여유 있게 바뀐 모습이다. 한 걸음 뒤로 물러난다. 한 순간 손해보는 결과를 선택한다. 그럴지라도 의와 선을 오래도록 지켜가는 것이 중요하다. 내 속에 끝까지 변치 않을 신앙을 더욱 공고히 준비해 가는 것이 더욱 중요함을 몸으로 전해주는 그의 선택이다. 목표는 정확하고 분명해야 한다. 하지만 그 목표에 도달하기 위한 인간적인 야심과 성급함을 버리고 먼 훗날 나의 자손의 때까지 바라보며 꾸준히 인내하며 나아가고자 하는 것이 신앙의 길임을 가르쳐 준다. 삶과 분리된 신앙이 아니라 삶과 함께 가는 신앙을 전해 주고자 하는 것이다.

참된 일꾼의 양육. 이는 가장 끝에서 가장 밑바닥에서부터 차근차근히 세월의 계단을 밟아 세밀하게 이루어져 가야 한다. 가장 아래에 있는 그 사회의 기본적인 정서를 느끼고 이해하며 그 속에서 형성되어 온 정신문화를 알게 되고 소화하게 될 때 그들과 함께 할 수 있는 그리고 그들을 위해 일할 수 있는 자리를 찾을 수 있기 때문이다. 그들을 인도해 갈 수 있고 그들 또한 나를 믿고 따를 수 있는 공감대를 형성할 수 있기 때문이다. 이것이 없이 한 사회나 그리고 어느 특정 공동체를 인도해 갈 수는 없다. 공동체가 그를 대해 이질감을 느끼게 되고 저에 대해 경계와 의심을 갖게 되기 때문이다. 저들이 느끼는 것을 함께 느끼고 저들이 먹고 입는 것을 함께 먹고 입으며 함께 슬퍼하고 함께 즐거워할 수 있을 때 저들 또한 나의 주고자 하는 바를 기꺼이 받아들일 수 있는 것이다.

이것은 하나님이 당신의 일꾼들을 양육할 때 언제나 동일하게 적용되는 방법이었다. 크게 쓰고자 할수록 가장 깊은 바닥으로 끌어내리셨다. 거기서 인간의 가장 밑바닥에 있는 것들을 이해하도록 하셨고 그 공동체의 가장 밑바닥에 있는 정서를 이해하고 끌어안도록 훈련시키셨다. 오늘 아브람의 선택이 그러하며 야곱 요셉 모세 다윗 등 성경의 위대한 인물들의 삶이 하나같이 이러했다. 예수 그리스도도 갈릴리 나사렛의 저 천하고 한적한 곳으로 내려가셨다. 그리고 그곳에서 인류 모두와 전 역사에 미칠 신앙의 사역을 준비하고 열어가셨다. 말없이 천천히 그리고 모든 욕망을 포기한 채로. 보통의 사람이라면 당연히 예루살렘으로 가야만 했다. 그 폭발적인 힘을 가지고 있다면 예루살렘을 변화시킬 수 있었고 예루살렘을 변화시킬 때 그 영향력은 훨씬 클 수 있었기 때문이었다. 하지만 하나님은 예수님을 오히려 정반대의 길을 선택하여 갈릴리 나사렛으로 보내셨고 그곳에서 당신의 사명을 감당하게 하신다. 가장 천대 받는 자들 가장 소외되고 못난 자들과 함께 하며 그들의 정서를 이해하고 함께 느끼며 자라도록 하신 것이었다. 저 보이지 않는 곳에 있는 하나님의 나라 하나님의 백성들이 어떻게 살고 있는지 그 이스라엘의 신앙의 실체가 무엇이며 그 곳에 왜 하나님의 사랑과 은혜의 따뜻함이 비추어지지 않는 것인지 살펴보고 알라는 것이기도 하였다.

예루살렘의 사람들 그들은 훗날 예수께서 나귀를 타고 예루살렘에 입성하실 때 **"호산나 다윗의 자손이여"**라고 소리쳤지만 그 메아리가 채 그치기도 전에 그를 십자가에 못 박으라고 소리쳤다. 그들이 예수 그리스도의 선지자 되심을 알지 못해서가 아니라 현실에 타협했고 굴복했으며 그렇지 않으면 침묵하고 외면했다. 중심부에 있는 자들의 이러한 비겁함과 소심함과 오직 자기 유익만이 최종적인 선택의 기준인 것을 보셨기 때문이기도 하였으리라.

오늘 이 시대 사회의 분위기를 본다. 중심부에 있기 때문에 사람들의 마음이 오히려 물질중심적이고 더 강퍅하여 이기적인 것을 본다. 눈에 보이는 것이 많고 상대적인 비교를 하기 때문에 욕망에 대한 포기가 쉽지 않다. 그래서 지극히 현실적이고 냉정하고 합리적이다. 무엇이 옳은지를 알면서도 최종적인 선택은 나의 유익이다. 반면 변두리의 인생을 사는 사람들, 그래도 거기에는 인간의 정이 살아 숨쉬는 여유와 공간이 있다. 이웃을 배려하고 타인을 받아들일 여지가 있다.

　오늘날의 교회도 중심부 지향적이다. 교인들에게 낮아지라 섬기라 희생하라고 가르치지만 정작 교회 자신(엄밀히는 교회의 지도자들)은 높은 곳을 지향한다. 교회 안에 들어온 자들 자신도 교회 중심부의 자리를 차지하고자 애를 쓴다. 그리고 이 중심부를 지향하지 않는 곳에 있는 남은 자들은 모든 것에 무관심하다. 그저 내 할 일 내가 하고 남에게 피해도 주지 않고 피해도 받지 않겠다는 생각이 저들의 속에 깃들여져 있다.

　헤브론으로 가는 아브람. 이것이 가나안에 들어와 수많은 시행착오를 겪으며 연단된 아브람이 최종적으로 선택한 결과였다. 그 힘든 과정이 빚어낸 열매였다. 가장 먼 곳 가장 힘든 곳 가장 소외된 자들이 사는 곳을 택하고 이제 그곳에서 평생의 삶을 통해 신앙의 전파를 꿈꾸는 것이었다. 오늘 우리들이 가야할 곳 우리들이 꿈꾸어야 할 것이 무엇인지를 새롭게 알려주고 있다. 너무 어렵고 싫지만.

　만일 가나안에 들어오던 처음부터 하나님께서 그에게 이 헤브론으로 가라고 하였다면 그는 이 가나안으로 오기를 거부하였을지도 모르겠다. 일을 하려면 중심부로 가야지 왜 그 변방 오지로 가야하며 그 곳에서 무엇을 어떻게 할 수 있겠느냐고 되물으면서. 오늘 우리 또한 그렇기에 신앙의 연단이 필요하리라. 내려갈 수 있도록 하기 위해.

아! 아브라함

| 창세기 14장 |

제3부 전쟁과 운명

간신히 헤브론에 자리잡고 이제 가나안에서의 삶과 사역을
새롭게 시작하려는 순간 거대한 전쟁의 광풍이 몰려온다.
또 다른 시련인가 아니면 하나님의 은혜인가?
준비된 자와 준비되지 못한 자 각각에게 임한 결과를 본다.

부메랑 (창 14:1-2)

"당시에 시날 왕 아므라벨과 엘라살 왕 아리옥과 엘람 왕 그돌라오멜과 고임 왕 디달이 소돔 왕 베라와 고모라 왕 비르사와 아드마 왕 시납과 스보임 왕 세메벨과 벨라 곧 소알 왕과 싸우니라"(:1-2)

아브람이 헤브론으로 물러가 가나안에서의 사역을 새롭게 준비하고자 하던 무렵 가나안과 가나안을 둘러싸고 있는 정치적 상황은 어떠하였을까? 여기 1절과 2절의 말씀에 등장하는 나라들과 이들의 관계는 당시 가나안을 둘러싼 국제 정세를 잘 설명해 주고 있다. 먼저 1절에 등장하는 나라들을 살펴보면 **시날**은 바벨 탑이 건축되던 유프라테스 강과 티그리스 강 사이의 충적 평야 지대로 오늘날의 이라크에 해당하는 메소포타미아의 중심지역이다. 다음 **엘라살**은 메소포타미아의 북쪽에 있는 하란과 갈그미스 사이의 일란주라 지역으로 오늘날의 시리아와 터어키 접경지역이라고 할 수 있다. 그리고 **디달**은 그 정확한 위치를 알 수 없으나 시돈과 두로 근처에서 유목하며 떠돌아다니는 유목민 국가로 추정되고 있다. 가나안 땅의 바로 위 북쪽 오늘날의 레바논에 해당하는 지역이다. 그리고 **엘람**이라고 함은 바벨론 동쪽 바사만(페르시아만) 북쪽 평지의 서남아시아 지역으로 오늘날의 이란이 자리하고 있다.

이 국가들의 특징을 살펴보면 당시 세계 정세의 중심을 차지하고 있던 메소포타미아 지역의 패권세력들이다. 오늘날로 보면 이란 이라크 터키 시리아 레바논 등 중동지역의 세력들이다. 특히 이들이 다스리고 있는 지역을 보면 오래 전 함의 손자요 구스의 아들인 니므롯이 일구어 놓았던 대제국을 서로 나누어 차지하고 있다는 사실을 발견할 수 있다. 그리고 이들이 지금 연합해서 2절에 등장하는 가나안 국가들과 싸우고 있는 것은 니므롯의 대제국이 여러 나라로 나뉘어져 있지만 엘람 왕 그돌라오멜의 지배 하에 하나의 세력으로 메소포타미아 전 지역을 나누어 다스리고 있다는 것을 알게 한다. 엘람이 함 자손의 계열인 것을 감안해 본다면 바벨탑 사건 이래 온 세계가 나뉘어졌지만 세계는 여전히 니므롯 이래 함 자손들 특히 그 중에서도 함의 첫째 아들 구스 계열의 자손들이 계속해서 세계를 지배하고 있는 형국임을 추정해 볼 수 있다.

그러면 이들과 맞서고 있는 소돔 고모라 아드마 스보임 벨라는 어느 지역의 나라들인가? 이들의 지역적인 특징은 가나안을 중심으로 볼 때 가나안 남쪽 끝에 있는 사해의 동부와 남부 곧 에돔 광야를 중심으로 생겨나 있는 세력들이라는 점이다. 혈통으로 볼 때는 함의 넷째 아들 가나안의 자손들이었다. 여기서 드러나는 특별히 이상한 점은 세겜과 벧엘 그리고 아이를 중심으로 한 요단 서쪽의 가나안 본토 중심부 지역이 이 대립 구도에서 제외되어 있다고 하는 사실이다. 즉 분명히 전쟁은 엘람을 중심으로 한 가나안 북쪽의 강대한 세력과 가나안의 전쟁인데 여기에 가나안의 중심부가 전쟁에서 제외되어 있는 것이다.

전쟁에서 제외된 이 가나안 본토는 처음 아브람이 의도했고 목적으로 삼았던 바로 그 지역이다. 전쟁이 가나안 땅에서 진행되고 있었지만 이상하게도 이 가나안의 본토 중심부가 그 전쟁에서 빠져있다. 또 바로 이 지역이 아브람이 그렇게 다가가고자 애썼던 곳이라는 것을 보면 여기에는 뭔가 중요한 이유가 감추어져 있다는 것을 느끼게 해준다. 이것은 뒤의 실제 전쟁 진행 과정을 보더라도 그대로 드러나는 상황이다. 왜 이 가나안의 중심부가 전쟁에서 비껴나 있으며 아브람은 왜 그렇게 그 중심부로 들어가고자 애를 쓴 것이었을까?

"가나안의 아비 함." 이 말이 이 의문에 대한 답을 갖고 있지 아니한가? 함을 가나안의 아비라고 할 때 이는 함이 그 넷째 아들 가나안의 자손들과 함께 이 가나안 땅에 거하고 있음을 말해준다. 그리고 함이 가나안에 있다면 당연히 가나안의 중심부 세겜에 살고 있다. 엘람의 세력이 강대해지며 저들이 가나안 땅까지도 쳐서 정복하고자 하나 그들의 첫 조상 함이 그 중심부를 다스리고 있기에 그 곳을 감히 공격하지 못하고 피해가고 있는 것이 아니겠는가? 분명 세상을 다스리는 중심 세력은 메소포타미아의 동쪽 엘람이 가지고 있었다. 그러함에도 아브람이 그곳을 떠나 굳이 가나안을 향해 그 먼 길을 떠나왔다. 그리고 가나안 중에서도 세겜으로 가고자 했던 것은 이 세상의 악을 잠재울 수 있는 가능성이 그에게 있다고 보았기 때문이 아닌가? 이 세상의 첫 조상 노아가 죽은 직후에 말이다.

함에게서 시작된 죽고 죽이고 빼앗고 빼앗기는 죄악이 그의 첫 아들 구스에게서 난 니므롯 때에 이르러 온 세상을 칼로 정복하고 다스리는 상황으로 이어졌다. 이 때 함은 그의 넷째 아들 가나안이 살고 있는 가나안에 자리잡는다. 온 세상을 지배하기에 가장 적합한 중심부의 땅이기 때문이었다. 바벨탑 사건 이후에도 이 니므롯의 대제국은 몇 개의 나라로 나뉘어져 있었으나 여전히 연합하여 강력한 힘으로 세계를 지배하고 있었다. 그리고 함은 비록 늙었으나 이들 함족에게 여전히 그 첫 조상으로 섬김 받고 있었으며 따라서 이 함 족속의 피의 지배를 끝낼 수 있는 유일한 사람이었다.

무엇보다도 우리는 여기서 이 함의 자손들이 서로 연합하기도 하며 서로 대립하기도 하며 이 세상을 전쟁으로 어지럽히고 있는 것을 본다. 같은 조상 함에게서 난 자손들끼리도 서로 죽고 죽이는 싸움을 하고 있다. 이 때 아브람의 나이가 거의 84세에 이른 때로 본다면 이 때는 아직 홍수 후의 첫 조상 노아의 첫째 아들 셈이 475세(600세에 사망)의 나이로 살아있는 때다. 그 후손 아르박삿 셀라 에벨 등도 생존해 있다. 함은 셈의 동생이요 가나안은 아르박삿과 같은 세대다. 함도 가나안도 모두 살아있는 때라고 할 수 있다.

함의 입장에서 본다면 지금의 상황은 그의 자손들이 서로의 것을 빼앗고 내 것을 더 크게 불리려 죽고 죽이는 전쟁을 벌이고 있는 상황이다. 조상이 살아있고 자신들이 한 혈육인 것을 알면서도 싸우는 아주 질이 나쁜 악하고 못된 자손들이다. 자신의 몸에서 나와서 이렇게 죽이고 싸우는 자손들을 함 자신이 자기의 눈으로 목격하고 있는 것이다. 이 자손들의 못된 행실들은 어디서 시작되었고 누구에게서 배웠겠는가? 그 원조는 가인이요 그것이 함과 가나안을 비롯한 그의 자손들을 통해 이들에게로 내려온 것이 분명할진대 그 부모들이 자녀들을 이렇게 가르쳐서 망쳐 놓은 것이었다.

자식들에게 무엇을 보여주는가가 문제다. 입으로는 아무리 싸우지 말고 서로 사이좋게 지내라고 가르칠지라도 아버지 자신이 끊임없이 남과 싸우고 빼앗는 삶을 산다면 그 자녀들 또한 필연적으로 더 좋은 것을 얻기 위해 싸울 수밖에 없다. 함이라고 해서 자기 아들들에게 서로 나뉘어져 죽이기까지 싸우라고 가르치고 조장했겠는가? 자신은 남을 욕하고 죽이고 빼앗는 삶을 살았을지라도 자기 아들들에게는 사이좋게 잘 살라고 가르쳤을 것이고 싸우면 혼도 내었을 것이다. 하지만 그 자식들은 부모의 말을 배우지 않고 삶을 배웠다. 말하는 바의 뜻은 알았지만 받아들인 것은 눈에 보여지는 삶의 모습이었다.

 남을 죽이고 그 소유를 빼앗아 살고자 했던 함과 가나안이 바로 자기의 아들들을 죽이고 있는 역사의 현장이다. 그들의 죄가 세월이 지나 바로 자신의 집을 헐고 자신의 침상을 어지럽히고 있었던 것이다. 그들의 원하였던 것은 이게 아니라 남을 괴롭혀 자신과 자신의 자손들이 편하게 살고자 함이었다. 그런데 그 자식들은 아버지가 남을 죽여 빼앗아 모은 재물로 서로를 죽이며 갈라져 싸우고 있는 것이었다. 이처럼 자신의 죄가 바로 자신의 자녀들을 죽이고 있는 것을 볼 때 살아서 이를 보고 있는 함의 마음은 어떠했을까? 돌이키고자 하나 이미 늦었기에 그의 노년은 슬픔과 한숨과 탄식이었을지도 모르겠다.

 나의 지금의 삶, 나의 자녀들이 보고 배우고 있음을 알자. 나의 노년이 얼마나 어지럽게 될 것인지 두려움을 갖고 생각해야 한다. 지금 나의 자녀들이 나에게서 본 것을 갖고 그 삶을 만들어가고 있다는 것을 알아야 한다. 밧세바를 범한 다윗의 죄가 그의 자녀들을 죽이고 그 집안에 피비린내를 몰고 오며 나라와 백성을 고통으로 몰아넣지 않았던가?

전쟁과 평화 (창 14:3-4)

엘람의 그돌라오멜 왕이 이끄는 연합군은 가나안 밖 저 멀리 메소포타미아 지역을 중심으로 생겨나 세계를 다스리는 세력들이었다. 반면 이들에 맞서고 있는 가나안의 세력들은 가나안 남부의 사해 지역을 중심으로 형성된 나라들이었다. 가나안의 면적을 보면 요단강 서쪽의 영역은 약2.5만㎢로써 강원도 크기만 한 넓이요 요단강 동쪽의 오늘날 요르단에 속한 지역까지 합하더라도 약4.5만㎢로써 남한 면적의 절반 크기에 지나지 않는다. 그런데 여기서도 가나안의 중심부를 제외한 남쪽 사해 지역만을 중심으로 5개의 나라가 존재하고 있다.

당시 애굽의 그 넓은 땅이 바로라는 한 사람의 왕에 의해 다스려지는 하나의 나라였다. 메소포타미아아의 북방 4개국 중 아주 작은 한 나라의 크기에도 못 미치는 가나안 땅이 그 남쪽의 아주 좁은 지역에만도 5개의 나라가 있었다고 할 때 이 가나안의 형국을 미루어 짐작해 볼 수 있다. 좁은 땅 덩어리를 많은 나라 여러 명의 왕들이 나누어 다스리고 있다는 것은 이미 이 땅이 서로의 다른 야심을 품은 자들에 의해 분열되어 있다는 것을 알게 한다. 그리고 이것 자체가 이 땅의 삶을 심히 고단하게 하는 것이요 늘 긴장과 충돌을 만들어 낼 수밖에 없는 요인이 된다. 더군다나 이 땅의 자연 조건이 그리 좋지를 않고 산지가 많고 물이 부족하며 평지가 좁기에 더 좋은 환경을 차지하려는 갈등이 생겨나게 되는 것은 피할 수 없는 일이다. 가나안이 어떤 땅인지 보지 않아도 충분히 알게 한다.

우리는 여기서 죄가 사람들 속에서 일으키는 중요한 한 특징을 본다. 그것은 분열이라고 하는 것이다. 사람들로 하여금 아주 작은 한 가지를 가지고도 양보하고 화목하기보다는 나누어지게 하고 싸우게 한다. 분열은 갈등 다툼을 불러일으킨다. 비록 서로 평화할지라도 이는 각각의 이익을 지키기 위한 불안한 평화이지 서로 양보하고 돕는 관계에서 나오는 화목함은 아니다. 언제든 서로의 이익이 충돌될 때는 즉각 싸움으로 번질 수 있게 되는 것이다.

"그 발가락이 얼마는 철이요 얼마는 진흙인즉 그 나라가 얼마는 든든하고 얼마는 부숴질 만할 것이며 왕께서 철과 진흙이 섞인 것을 보셨은즉 그들이 다른 인종과 섞일 것이나 피차에 합하지 아니함이 철과 진흙이 합하지 않음과 같으리이다"(단 2:42-43). 이 하나님의 계시는 마지막 때의 죄의 모습이 어떤 관계로 이 세상 속에 존재하게 될 것인가를 나타낸다. 철과 진흙이 서로 섞이지 못하는 것처럼 사람과 사람이 서로 섞여 화목하지 못하고 분열하고 대립하며 서로에 대해 무관심하게 되리라는 것이 말세에 대한 예언의 말씀이다. 이를 예수께서 또한 동일하게 증거하신다. "**민족이 민족을, 나라가 나라를 대적하여 일어나겠고 처처에 기근과 지진이 있으리니 이 모든 것이 재난의 시작이니라**"(마 24:7-8). 나라와 나라가 서로 대립하여 싸우고 한 나라 안에서도 족속들이 서로를 구분하여 갈등을 일으키리라는 내용이다. 바로 이러한 말씀의 내용이 오늘날의 세계가 끝없는 전쟁과 전쟁으로 상처받고 있는 실제다. 나라와 나라, 인종과 인종이 서로 섞이지 못한 채 반목과 갈등이 계속되고 있는 것이 바로 오늘 우리의 상황이다.

이 모든 죄의 일들이 일어나는 것은 인간에게서 서로를 불쌍히 여기며 서로를 섬기고자 하는 마음이 사라지고 군림하며 지배하고 섬김 받고자 하는 마음들이 더욱 강해지기 때문이다. 다른 사람의 희생을 통해서라도 내가 더욱 잘 살고 편안해지기를 원하기 때문이다. 지금 가나안 이 작은 땅의 남쪽 아주 좁은 지역에 다섯 명의 왕이 다스리는 다섯 개의 나라가 존재하고 있는 것은 이 죄의 근원지인 가나안 땅 자체가 얼마나 심하게 분열되어 있는지를 잘 보여준다. 그리고 이것은 함의 죄가 가나안의 아들들을 통해 함 자신의 땅을 이렇게 갈라놓고 있는 것이었고 자신의 직계 자손들이 서로 합하지 못하고 자기 이익을 고집하며 나뉘어져 있는 것이었다. 한 아들이 세워지고 그 한 아들에 의해 하나의 나라로 통치되는 것이 고대 국가의 특징인데 말이다. 죄를 행할 때에 그 죄가 결국은 그 죄를 행하는 자의 마당을 어지럽히고 또 침상으로 돌아와 그 자신을 괴롭힌다는 것을 확인하게 된다.

부모가 죽자 아들들이 정을 떼고 서로 싸우는 것, 한 공동체에 속해 있으면서도 서로 갈등하는 것은 죄가 이 땅을 얼마나 강하게 움켜쥐고 있는지를 보여주는 생생한 증거다. 오늘날의 신앙공동체에는 하나의 목적을 이루기 위해 서로 돕고 힘을 합하도록 생겨진 여러 개 조직들이 있다. 그러나 서로 협력하기 보다는 나뉘어져 공통의 사안에 대해 각각의 이익을 주장하며 대립하는 모습을 보이는 것도 여전히 죄에 매여있는 자들의 실상을 드러내는 것이기도 하다.

"이들이 다 싯딤 골짜기 곧 지금 염해에 모였더라 이들이 십 이년 동안 그돌라오멜을 섬기다가 제 십 삼년에 배반한지라"(:3-4)

이들이 12년 동안을 그돌라오멜을 섬겼다는 것은 지금으로부터 12년 전 엘람의 그돌라오멜 왕이 이 가나안 땅까지 쳐서 정복해 내려왔음을 알게 한다. 엘람이 메소포타미아 동부 오늘날의 이란 지역의 나라였다는 것을 본다면 그들이 12년 전의 때에 전쟁을 일으켜 메소포타미아 전 지역을 정복하고 12년 전에는 이 가나안까지 세력을 확장해 왔다는 것을 알 수 있다. 그리고 그 후 오늘까지 12년 동안 이들이 그돌라오멜을 섬겨왔다는 것은 그가 모든 정복지를 식민지로 삼아 조공을 받아왔다는 것도 나타낸다. 그러던 중 오늘 이 가나안의 세력들이 그돌라오멜을 배반하였다는 것은 그에게 더 이상 조공을 바치지 않기로 했다는 것을 뜻한다. 이는 이 가나안 세력들이 함께 뜻을 모아 엘람의 지배를 거부하고 독립을 하기로 결정했다는 것을 보여준다. 즉 이를 놓고 본다면 바벨탑 사건 이후 흩어졌던 전 세계가 이 그돌라오멜에 의해 또 다시 한 세력 하에 통일되고 이에 전 세계가 과도한 억압과 착취를 받아왔다는 것을 알 수 있다.

여기서 우리는 한 가지 아브람과 관련된 중요한 사실을 발견하게 된다. 곧 아브람이 가나안에 들어온 후 오늘 헤브론에 정착하기까지 거의 10여년이 경과하였다. 그리고 그가 갈대아 우르를 떠나 하란에 온 것은 노아가 죽던 27년 전부터 10년 전 사이의 일이었다. 그런데 이를 그돌라오멜의 세계 정복과 연결시켜 보면 아브람이 고향 갈대아를 떠난 것은 그돌라오멜 왕이 온 세계를 정복하기 위해 피의 전쟁을 벌이던 시기였다는 것을 알게 한다. 그리고 그가 하란을 떠나 가나안 땅에 들어온 것은 그 정복 전쟁이 끝난 직후의 시점이었다는 것을 또한 알 수 있다. 세상이 다시 한 번 죄의 세력에 점령당해 억압과 수탈을 당하기 시작하던 바로 그 때에 그는 아버지까지도 뒤에 두고 이 가나안을 향해 걸음을 내디뎠던 것이다.

전쟁이 온 세계를 휩쓸던 그 때였다. 모든 사람이 오직 자기의 목숨을 부지하고 자신의 삶의 터를 유지하는 것이 삶의 유일한 목표인 그러한 시대였다. 그 악의 세력에 부종해서라도 어떻게든 숨죽이고 살아보려고 발버둥치는 그러한 때에 그는 오히려 하나님의 나라와 이 땅에 사는 다른 모든 사람들을 위해 자신의 거하던 고향 땅을 떠나 이 먼 곳을 달려왔던 것이다. 한 압제자가 자신의 죄악을 실현시켜 나가는 바로 그 현장에서 회개와 공의와 평화를 꿈꾸며 이를 실현하고자 애썼던 사람이 바로 아브람이라는 인물이었다. 한 죄악의 무리가 죄를 행하기 위해 길을 떠날 때 바로 그 죄의 현장에서 공의와 선을 실현하기 위해 길을 떠날 수 있는 사람이 아브람이었던 것이다.

신앙의 힘은 어떻게 나타나는 것일까? 신앙 있는 자의 신앙은 언제 어떻게 확인될 수 있는 것일까? 전쟁이라는 이 위기 상황 중에도 의(義)와 인(仁)과 신(信)을 잃지 아니하고 이를 지켜 행하는 것이며 그 때에도 나를 위하기보다는 이웃을 위할 수 있는 것이 신앙이다. 그 위기의 때에도 의와 선을 실천할 수 있도록 해주는 것이 바로 신앙이 우리에게 더하여 주는 은혜요 힘이다. 위기 상황 중에서 보여주는 우리의 삶이 바로 지금의 나의 신앙이 참된 것인지 그렇지 않은지를 가르는 산 증거라는 것을 알아야 한다. 평소에는 신앙이 있는 것처럼 말하고 행동하지만 위기 때에 혹은 삶의 결정적인 순간에 허무하게 무너져버리는 자가 있다. 모든 선택과 결정의 기준에서 신앙은 아무런 힘이 되지 못한 채 믿지 않는 자와 똑같이 세상적이고 육체적인 기준에서 행하는 자들이다. 반면 위기 때에 모든 것을 버려서라도 오히려 신앙을 세우고 빛을 발하는 자가 있다. 오늘 말씀 속에서 나타나는 아브람은 우리의 신앙이 얼마나 힘이 있는지 어떻게 신앙인을 지켜주는지 증거해 준다.

그런데 오늘의 상황은 애굽에서 올라온 후 헤브론에 정착하여 장기적인 사역을 도모하며 막 새로운 삶을 준비해 가는 아브람에게 또 다시 전쟁의 소용돌이가 휘몰아쳐 왔다는 것을 의미한다. 그 모든 고난 끝에 또 전쟁이라는 시련이 덮쳐온 것이었다. 이 전쟁이 엘람의 지배에서 독립하고자 하는 가나안의 열망에서 비롯된 것이라는 점에서 보면 이 때는 자유와 평화를 바라는 목마름이 점증하는 때였고 이것이 행동으로 나타나기 시작한 때였다. 과연 이 전쟁이 아브람에게 닥친 또 한 번의 위기일까 아니면 하나님의 섭리에 따른 새로운 기회인 것일까? 분명 사람의 눈으로 볼 때는 시련일 수밖에 없는 것처럼 보인다.

준비된 아브람이었다. 어떤 상황도 사랑과 인내의 신앙으로 이겨낼 모든 준비가 갖춰진 아브람 앞에 이제 역사는 새로운 전기를 열어가고 있음을 보게 된다. 준비된 자를 때에 맞춰 보내시고 그에 맞춰 역사를 움직여 가는 하나님의 오묘한 섭리를 볼 수 있는 장면이다. 준비하고 때를 기다리는 것이 바로 이것을 일컫는 것이 아니겠는가? 채 준비도 다 되지 못한 자가 억지로 그 때를 열어가려고 할 때 좌절과 난관에 봉착하게 됨은 당연하다. 준비된 자에게는 하나님께서 친히 그 때를 열어 가신다. 그것이 비록 전쟁과 위기의 때처럼 보일지라도 그 속에서 오히려 신앙이 감당해야 할 역할이 생겨나는 것이다. 이제 이 전쟁이 아브람에게 어떤 삶을 열어줄 것인가?

추풍낙엽이 되어 (창 14:5-7)

"제 십 사년에 그돌라오멜과 그와 동맹한 왕들이 나와서 아스드롯 가르나임에서 르바 족속을, 함에서 수스 족속을, 사웨 기랴다임에서 엠 족속을 치고 호리 족속을 그 산 세일에서 쳐서 광야 근방 엘 바란까지 이르렀으며 그들이 돌이켜 엔 미스밧 곧 가데스에 이르러 아말렉 족속의 온 땅과 하사손 다말에 사는 아모리 족속을 친지라"(:5-7)

마침내 반역한 가나안을 응징하기 위해 엘람의 그돌라오멜이 군대를 이끌고 쳐들어온다. 그런데 결과를 보면 가나안의 제 세력들이 힘 한 번 제대로 써보지 못하고 추풍낙엽처럼 나가떨어지는 것을 이 말씀은 증거하고 있다. 가나안이 그돌라오멜 왕의 지배를 거부하고 반역할 때는 그들 나름대로 그 후의 사태에 대해 생각하고 대비하지 않았겠는가? 무작정 이런 중요한 역사적 사건을 일으킬 리는 없었다. 가나안의 반역을 그냥 두고 볼 리 없는 엘람이 틀림없이 군대를 이끌고 쳐들어 올 텐데 과연 지켜낼 수 있을까 하는 계산이 있었음은 자명하다. 그리고 이에 대해 나름대로 승산이 있다고 판단하였기에 반역 혹은 독립을 시도한 것이다. 그런데 오늘 가나안의 모든 세력들이 가을바람에 낙엽처럼 그돌라오멜의 군대 앞에 나가떨어진다. 어떻게 된 것인가? 가나안은 자기를 지킬 아무 힘도 없이 이런 무모한 선택을 한 것이었을까? 여기서 우리는 이러한 결과를 알려주는 한 가지 단서를 다음의 사실에서 찾아볼 수 있다.

엘람의 그돌라오멜이 가나안을 12년 동안 지배한 후 제 13년째에 가나안이 반역하는 사건이 일어난다. 그리고 그 이듬해인 제 14년에 그돌라오멜은 가나안을 응징하기 위해 군사를 이끌고 쳐들어온다. 왜 그돌라오멜은 반역한 그 해 곧 제 13년에 곧바로 가나안을 치지 않고 1년여 시간이 지난 이후에야 정벌에 나선 것이었을까? 왜 이 응징에 1년이라는 시간이 소요된 것인가? 진압하기까지의 시간이 길면 길수록 적에게 대비할 수 있는 시간을 준다. 그리고 그 반역이 주변 세력들을 자극하여 그러한 저항과 독립의 움직임을 확산시키게 되고 따라서 반역을 진압하기에는 그만큼 더 힘들어지는데 말이다. 그런데 여기서 우리는 이 그돌라오멜의 원정군 속에는 그의 군대뿐 아니라 시날과 엘라살과 고임의 왕과 그들의 군대들이 함께 포함되어 있다는 사실에 주목한다.

오늘날의 이란에 해당하는 엘람에서부터 가나안까지는 대단히 먼 길이다. 엘람의 군대만으로 그 먼 곳을 이동해 와서 가나안을 친다는 것은 사실 무척 힘든 일이다. 가나안이 반역할 때는 가나안도 나름대로 이에 맞설 수 있는 어떤 계산이 있었기 때문이다. 그런데 이 먼 곳을 장기간 이동해 온 군대를 이끌고 단독으로 전쟁을 벌인다는 것은 어려움이 대단히 크다. 따라서 그돌라오멜은 자신의 지배 하에 있는 나라들의 왕들을 명령하여 이 정복 전쟁에 함께 나서도록 한 것이었다. 특히 이 나라들은 그돌라오멜이 가나안을 응징하려 출정하는 그 길에 있는 나라들이요 가나안을 북쪽에서 모자처럼 덮고 있는 세력들이다.

그돌라오멜의 세력만 본다면 가나안의 여러 나라가 서로 힘을 합쳐 대항하고자 한다면 해볼 만도 하였을 것이다. 가나안의 여러 부족국가들이 일시에 함께 반역한 것은 분명 이러한 점을 노렸음이 틀림없다. 하지만 가나안을 쳐들어 온 세력들은 그돌라오멜의 군대만이 아니라 가나안 북부의 제 세력이 결집한 거대한 군대였다. 특히 이들 나라의 왕들이 직접 이 전쟁에 출전하고 있다는 것은 그들 나라의 주력 군대가 출동하였다는 것을 보여준다. 이는 그돌라오멜이 이 전쟁을 위해 얼마나 치밀하게 준비하였는가를 보여주는 실제적 증거다. 가나안을 치기 위해 자신의 제국 내에 있는 나라들의 최정예 군대를 동원하여 가나안을 확실하게 제압하고자 하는 의도였다. 뿐만 아니라 이 나라들의 왕과 그 주력 군대들을 함께 동원함으로써 자신이 나라를 비운 사이 그리고 가나안에서의 전쟁이 예기치 못한 어려움을 맞을 경우 혹 있을지도 모르는 이들 나라들에 의한 또 다른 반란과 제국의 분열을 막을 수도 있기 때문이다. 그돌라오멜의 이러한 주도면밀한 준비에 의해 가나안은 제대로 싸움 한 번 해보지도 못한 채 허무하게 무너진다.

싸움에는 상대가 있는 법이다. 내가 아무리 강한 힘을 길렀다 할지라도 나의 힘이 상대보다 훨씬 우위에 있지 않다면 상대를 쉽게 물리칠 수 없다. 적에 대한 철저한 분석과 승리하기 위한 완벽한 대비가 있지 아니하면 이길 수 없다. 더군다나 그 대적이 이미 세계를 지배하고 있는 강력한 힘을 지닌 세력이라면 이를 이기기 위해서는 더욱 치밀한 대비와 강력한 힘을 길러야 한다. 바로 이 점에서 가나안은 너무나도 허술했고 어리석었다. 더군다나 그돌라오멜 군대의 공격 경로를 보면 이 가나안의 부족들이 서로 충분히 힘을 합치지도 못한 채 각개 격파를 당하고 있는 것을 알게 된다. 억압과 수탈을 벗어나기를 원하였지만 그것을 위해 모든 가나안이 전적으로 힘을 합쳐 대비하는 모습은 없었던 것이다.

자유를 원하고 평화를 바랄 때는 자유와 평화를 지킬 힘이 있어야만 한다. 자유와 평화를 얻고 지키기 위한 준비가 없이 마음으로만 이를 원한다면 그것은 그저 한낱 꿈에 불과할 뿐이다. 가나안은 자유를 원했다. 하지만 이를 얻고 지켜가기 위해 지혜를 합하고 힘을 모으는 일에 실패하였다. 그러했기에 그들의 자유는 일장춘몽과도 같이 단 1년으로 끝나고 전쟁의 참화를 덤으로 겪는다. 차라리 그냥 그돌라오멜의 지배를 그대로 받아들이고 있었다면 이 전쟁의 죽음과 재난은 겪지 않아도 되었을 것인데 말이다.

예수 그리스도로 말미암아 누리게 된 영혼의 자유가 있다. 그 자유는 한 번 얻은 것으로 그 효력은 영원한 것일까? 만일 그렇다면 오늘 신앙인들은 정말로 이 자유를 누리고 있는 것일까? 있다고 말한다면 그것은 억지 강변이다. 때로 이 자유가 아니라 신앙마저도 지킬 힘이 없어서 주를 부인하고 돌아서는 경우가 너무도 많다. 이는 굳이 전쟁과 같은 위기 때가 아니더라도 우리의 작은 현실 삶에 있어서도 신앙과 현실적 이익이 충돌할 때 너무도 쉽게 경험되는 일이다. 신앙과 신앙이 우리에게 주는 자유와 은혜를 지킬 힘을 기르지 못한 채 자유를 말하고 은혜를 말한다면 게으르고 어리석고 무지한 태도다. 너무도 많은 사람들이 신앙 안에 있다고 하면서도 실제로는 죄에 매여 죄의 종노릇하고 있지 않은가?

추풍낙엽처럼 힘 한 번 제대로 써보지 못하고 나가떨어지는 가나안의 세력들이다. 단지 그돌라오멜만을 생각하다가 그가 연합하여 데리고 온 군사들이 생각 외로 강했고 너무 많았기 때문인가? 자기를 지킬 충분하고 완전한 준비도 하지 못한 채 어설픈 독립을 꾀하다가 더 참혹한 멸망의 나락으로 떨어지는 가나안이다. 악에 정복당해 사는 것이 싫다면 악과 대항하여 자기를 지키고 그 악을 이길 충분한 힘을 길러야 했다. 그런데 스스로도 악을 벗어나지 못한 채 어설픈 생각으로 나섰다가 이런 험한 꼴을 당한다. 생각만 있지 실제 능력은 키우지 못하고 준비하지 못하는 자들의 결국은 늘 이러하다. 악을 악하다 하면서도 선을 지키고 행할 힘을 기르지 못한 자들의 모습이기도 하다. 죄악과의 싸움을 외치면서도 그 죄악의 세력이 얼마나 강한지를 알지 못하고 끝없이 대립하고 갈라지는 오늘의 교회가 이러하지 않은가? 연합하지 못하고 죄와 싸울 능력을 키우지 못하는 교회와 교인들의 어리석은 실상이기도 하다.

이와 같은 사실과 더불어 악이 왜 강한가 하는 문제를 여기서 생각해 보게 된다. 이 그돌라오멜의 군대에 연합하여 가나안을 치러온 가나안 북부의 세력들, 이들이 가나안과 직접적으로 대적해야 할 이유가 있었던 것일까? 그런 이유가 없음에도 그돌라오멜과 더불어 이 가나안의 토벌전쟁에 참여한 것은 왜인가? 그것은 그돌라오멜의 위협 혹은 감언이설을 못 이겨서 혹은 이 전쟁에 참여한 이후의 반대급부를 얻기 위해서였다. 협박에 굴복해서 자기의 비굴한 생존을 도모하기 위해 혹은 전쟁의 전리품을 얻기 위한 작은 이익을 탐해서 말이다. 이처럼 악이 이 땅에서 사라지지 않고 더욱 강하게 확대되어져 가며 기승을 부리는 것은 늘 그 악에 연합하여 기생하는 자들이 있기 때문이다. 악을 돕고 은근히 뒤에서 부추기고 조장하기도 하면서 그것을 통해 단물을 빨아먹고자 하는 세력들이 있다. 모두가 악을 미워하기에 악이 발붙일 여지가 없는 것 같으나 악이 여전히 존재하는 것은 악을 행하는 것을 좋아하는 자 외에 이 악을 통해 자기의 유익을 취하고자 하는 자들이 더욱 많기 때문이다.

세상을 보라. 악이 있다면 그 악의 뒤에 정체를 감춘 채 숨어있는 은밀한 세력들이 있다. 몰래 몰래 자기 이익을 챙기는 자들이요 악이 악의 무대에서 내려서지 못하도록 하는 자들이기도 하다. 이들이 더욱 나쁜 것은 때로 이들이 악을 조장하고 악에 기생하여 악의 단물을 취하면서도 스스로를 정의의 수호자처럼 가장하고 행세하여 사람의 눈을 속이고 세상의 가치관을 혼란시키기도 하기 때문이다. 이 이면에 존재하는 기생충과도 같은 악의 무리들이 더욱 못된 것은 때로 악이 그 악의 자리에서 내려설라치면 자신들의 이익이 끊기고 자신들의 불법과 부정이 드러날 수도 있을 것을 염려하여 악이 내려서지 못하도록 막기도 한다는 점이다.

악이 눈 앞에 있을 때 우리가 보아야 하는 것은 그 악의 뒤편에 은밀히 숨어있는 더 사악하고 교활한 뱀 같은 존재들이다. 자신은 전면에 나서지 않으면서도 악을 불러일으키고 악을 퍼뜨리며 그 상황을 즐기는 자들이다. 눈에 보이는 악이 전부가 아니라는 사실, 악을 넘어뜨려도 그 뒤에서 또 다시 악을 재생산해 내는 곰팡이 같은 자들이 있다는 것을 볼 수 있어야 한다. 우리의 삶에 나타나는 죄와 악도 마찬가지다. 보이는 현상 결과가 전부가 아니라 내 속에 보이지 않게 숨어있어 나로 하여금 죄를 짓도록 조종하는 죄악의 근원이 있다는 것을 알고 그 실체를 확인할 수 있어야 한다. 그것을 다스려 감이 바로 우리의 신앙인 것이다.

하필이면 (창 14:5-7)

이제 그돌라오멜의 연합군이 공격한 가나안 전쟁의 경로를 자세히 살펴보면 우리는 아주 중요한 다른 사실들을 발견하게 된다.

"제 십 사년에 그돌라오멜과 그와 동맹한 왕들이 와서 아스드롯 가르나임에서 르바 족속을 함에서 수스 족속을 사웨 기랴다임에서 엠 족속을 치고 호리 족속을 그 산 세일에서 쳐서 광야 근방 엘 바란까지 이르렀으며 그들이 돌이켜 엔 미스밧 곧 가데스에 이르러 아말렉 족속의 온 땅과 하사손 다말에 사는 아모리 족속을 친지라"(:5-7)

이 기록에서 제일 먼저 피습된 아스다롯 가르나임은 갈릴리 동쪽 바산 고원 지대의 도시로 후에 이스라엘에 의해 정복된 바산 왕 옥이 다스리던 지역이다. 요단강을 중심으로 볼 때 요단 동쪽 오늘날의 골란 고원을 포함한 팔레스틴의 북동부 지역이다. 그 다음 사웨 기랴다임은 요단강 동쪽의 훗날 모압 족속이 차지해 살던 모압 평야 지역의 일부분이다. 이로 볼 때 수스 족속의 함 지역은 바산 고원 지대와 모압 평지 사이의 요단강 동쪽 지역임을 알 수 있다.

다음으로 공격한 호리 족속의 세일산은 사웨 기랴다임에서 사해 동쪽을 끼고 내려와 사해 남쪽에 이르렀을 때 나타나는 지역으로 훗날 에서의 자손인 에돔 족속의 본거지가 되는 지역이다. 그리고 광야 근방의 엘 바란은 가나안의 가장 남쪽 아카바 만에 면한 지역이다. 그 다음으로 이들이 이르게 되는 엔미스밧 곧 가데스는 엘바란에서 북쪽으로 가나안 본토를 향해 나아갈 때 나타나는 지역이요 마지막의 하사손 다말은 사해 서쪽에 위치한 다윗 시대의 엔게디라고 불려지는 곳이다.

이와 같은 그돌라오멜 연합군의 공격로를 추적해 가보면 요단강을 중심으로 해서 가나안의 동쪽 지역을 북에서부터 남쪽으로 내려갔다가 그 남쪽에서 가나안의 서쪽 본토를 향해 다시 올라가는 경로를 취하고 있고 그리고 가나안 본토의 남쪽에서 끝이 난다. 이렇게 볼 때 여기서 나타나는 한 가지 특이한 사실은 앞에서 이미 보았듯이 요단강 서쪽의 가나안 본토 중심부가 이 전쟁에서 빠져있다고 하는 사실이다. 만일 이들이 가나안을 쳐서 정복하고 싶었다면 당연히 가나안의 중심부부터 공격해서 점령하고 그 다음으로 주변부를 향해 나아감이 순서이다. 그런데 중심부를 놔둔 채 주변부를 빙 돌아 점령한 다음 그 중심부 아래에서 전쟁이 끝나고 있다는 것은 참으로 이해하기 힘든 일이다. 이는 그 가나안의 중심부에 이들이 함부로 공격할 수 없는 아주 특별한 어떤 요인이 있다는 것을 알게 해 준다. 앞서 이해한대로 함의 존재를 가정하게 해주는 상황이다.

여기서 우리는 그돌라오멜이 왜 가나안 중심부를 공격하지 않았는가 하는 것에 앞서 왜 그는 이 가나안 중심부를 공격하지 않으면서도 굳이 가나안을 정복하려고 하였던 것일까 하는 것을 생각해 보게 된다. 특별히 그가 점령하였던 요단강 동쪽 지역이 목축과 기타 농사가 풍요하게 이루어졌던 지역이라는 점이 중요하다. 훗날 가나안을 정복해 들어가는 이스라엘 열 두 지파가 이 요단 동편 모압 평야에 머물며 공격을 준비하는데 그 때 하나님께서는 이 요단 동편의 바산 고원지대와 모압평야 곧 지금 아브람 때의 아스다롯 가르나임과 함 그리고 사웨 기랴다임 지역을 정복하도록 하신다. 근방의 다른 족속들과는 절대 싸우지 못하게 하시면서도 이곳만은 쳐서 점령하도록 하셨다. 그 이유는 이스라엘이 가나안 정복 전쟁을 수행하는 동안 필요한 군수품 즉 식량을 이곳에서 조달하도록 하는 뜻이 있었기 때문이다. 특히 이 곳을 르우벤 갓 그리고 므낫세 반 지파가 차지하고 거하게 되는데 그 중요한 이유는 그들에게 가축이 심히 많았기 때문이었다. 곧 이 지역은 많은 가축을 먹이고 기르기에 아주 적합했던 것이다.

결국 그돌라오멜이 가나안의 본토를 치지 않으면서도 굳이 요단 동편 지역을 쳐서 점령하는 것은 바로 이러한 풍부한 식량 자원을 차지할 욕심이 있었기 때문이라는 것을 알게 된다. 특별히 사해 지역과 관련하여 눈여겨보게 되는 것은 그곳이 소금이 아주 풍부하게 생산되는 지역이었다는 사실이다. 고대 사회에서 소금은 아주 중요한 생필품이자 국제관계의 대단히 값비싼 교역 품목이었다. 이를 확보하여 소금의 안정적인 공급을 얻고 막대한 수입을 올리고자 하는 것은 당연한 생각이었다.

그런데 이 점과 관련하여 나타나는 중요한 사실은 이 지역이 바로 롯이 아브람을 떠나 이동해 간 지역이라는 점이다. 롯 자신 물과 풀이 넉넉한 땅을 신앙보다도 더 소중히 여겨 이 요단 들을 택하여 갔다. 바로 그 때에 똑같이 그 땅을 찾아 전쟁이 그의 뒤꿈치를 잡으며 뒤따라 왔던 것이다. 내 눈에 보기 좋은 떡은 남의 눈에도 크고 보기 좋게 보이는 법이다. 내가 그것을 잡으려고 하면 남도 함께 차지하려고 달려든다. 그러기에 싸움이 일어나는 것은 필연이다.

요단 동편의 그 풍요로운 들을 먹이로 하여 소돔과 고모라의 악한 백성들이 생겨났다. 롯 또한 그 땅의 죄악을 가볍게 여기고 그 먹음직도 하고 보암직도 한 죄악의 열매를 먹으려고 들어갔다. 그리고 엘람의 그돌라오멜도 그 먼 곳에서 여기까지 냄새를 맡고 달려왔다. 보다 먼 훗날 이스라엘의 르우벤 갓 그리고 므낫세 반 지파도 이 요단 들의 풍요로움에 유혹당해 이스라엘 공동체로부터 벗어나는 길을 택한다.

롯은 풍요를 기대했지 전쟁을 찾아간 것은 아니었다. 만일 그가 가나안의 중심부에 아브람과 함께 머물러 있고자 했다면 그 중심부가 전쟁을 피한 것을 볼 때 오히려 안전할 수 있었다. 하지만 그가 기대한 풍요는 그에게 그 풍요를 누리는 즐거움과는 비교도 할 수 없는 전쟁의 고난을 함께 몰고 왔다. 눈 앞의 물질의 풍요를 좇는 자들이 늘 당하는 마지막 결과인데 보면서도 깨닫는 자 없고 알면서도 피하는 자가 없다.

얕은 술수로 세상을 (창 14:8-10)

"소돔 왕과 고모라 왕과 아드마 왕과 스보임 왕과 벨라 곧 소알 왕이 나와서 싯딤 골짜기에서 그들과 접전하였으니"(:8)

싯딤이라고 함은 사해(염해)의 북동쪽에 위치한 지역이다. 훗날 가나안 진군을 앞둔 이스라엘이 최종적으로 진을 치고 정복 전쟁을 준비했던 곳이기도 하다. 즉 가나안 5개국이 연합하여 싯딤에서 적과 접전을 하고 있다는 것은 가나안 남부의 다섯 나라가 서로 힘을 합쳐 싸우기로 하고 밀려 내려오는 북방 4개국 군대를 맞이하여 최초의 전투다운 전투를 벌이는 장소다. 대규모의 접전이 벌어지는 현재의 위치로 볼 때 이미 전쟁은 가나안 동북부의 바산 지역과 중부의 요단 동쪽 지역을 지나쳐 있는 것을 보게 되고 이는 가나안의 핵심 전략요충지들이 벌써 적군의 손에 점령당해 있는 상태인 것을 보여준다. 가나안의 북방 요충지들이 맥없이 무너지자 남쪽의 5개국이 급히 연합하여 싯딤에서 방어선을 형성한 것이다. 이 전쟁의 진행 과정에 대해 오직 이 남부 5개국 연합의 싯딤 전투에 대해 성경이 상술하고 있는 것은 전쟁다운 전쟁은 이 싯딤에서의 전투뿐이었다는 것을 나타내고 있다. 그것은 그만큼 이 전쟁에 대비한 가나안의 준비가 거의 없었다는 것을 보여준다.

이들이 이렇게 쉽게 무너져 내린 것은 전쟁이 전혀 생각도 못한 경로를 따라 진행되어 왔기 때문일 수도 있다. 당연히 가나안의 중심부로 쳐내려와야 할 적이 가나안의 동북부 지역부터 쳐서 왔고 이는 가나안의 허를 찌른 것이었으며 이로 말미암아 이들은 전열이 흐트러지고 급히 이 싯딤에서 방어선을 친 것으로 이해할 수 있다. 어쨌든 가나안 남부 5개국이 연합군을 형성하여 쳐내려오는 적에 대항하고 있는 것은 그만큼 자신들에게 닥친 위기가 심각함을 느꼈기 때문이고 이는 자신들이 죽지 않고 살아남기 위해서였다.

평소에는 남의 도움 없이 잘 살 수 있다고 생각하고 남을 돕기도 거절하고 도움 받는 것도 싫어하던 자들도 자신의 위기 앞에서는 손을 내밀고 도움을 요청한다. 어제는 적인 것처럼 외면하고 싫어하던 자를 대해서도 오늘 내게 죽을 것 같은 어려움 재난이 닥치면 비굴한 웃음을 지으며 다가간다. 어려움을 겪지 아니한 사람, 위기를 경험해 보지 못한 사람은 자기를 알지 못한다. 고난의 상황을 접해 보지 아니한 사람은 그가 어떤 사람인지 분별할 수 없다. 그 어려움과 고난 앞에서 보여주는 모습이 그의 진짜 내면의 모습이기 때문이다.

소돔 고모라 아드마 스보임 소알의 왕들은 지금 이전까지는 이 가나안 남부의 좁은 땅에서 서로 남보다 크기 위해 경쟁하고 시기 다툼하며 지내왔을 것이다. 그리 넓지 않은 이 지역의 패권을 차지하는 것을 목표로 삼고 싸워왔을 수도 있다. 혹은 편안히 잘 사는 것만을 꿈꾸며 전혀 자기를 지킬 힘을 키우지 못한 채 우물 안 개구리처럼 살아왔을 수도 있다. 하지만 오늘 폭풍우처럼 몰아닥치는 이 거대한 북방 세력 앞에서 너무도 초라한 자신들의 실상을 발견할 수 있었을 것이다. 작은 것을 가지고 다투며 살아왔던 게으른 자신들의 내면을 보게 되었을 수도 있다. 오늘 먹고 즐기며 눈 앞의 것에만 매달려 사는 자들이 약간의 변화 앞에서도 어떻게 맥없이 주저앉고 마는 것인지 보여주는 실례가 바로 이들의 오늘이다.

"곧 그 다섯 왕이 엘람 왕 그돌라오멜과 고임 왕 디달과 시날왕 아므라벨과 엘라살 왕 아리옥 네 왕과 교전하였더라"(:9)

가나안 남부의 다섯 왕이 연합하여 저 북방 4개국 군대와 맞서 싸우고자 할 때 혹 숫자적으로는 남부의 5개국 군대가 더 많을 수도 있었다. 하지만 북방 4개국 군대는 이미 많은 전투를 치르고 승리한 실전 경험을 가지고 있다. 게다가 가나안의 동북부 요충지들을 점령하고 난 후 확보한 풍부한 군수품과 전리품을 가지고 있다. 왕들이 직접 영솔하고 있는 최정예 군대의 전투력과 승리를 경험한 후의 높아진 사기, 그리고 풍부한 전리품 등 유형무형의 전투력이 이들 북방 세력들에게 더해져 있다. 이에 비해 가나안 남부 5개국 연합군은 주도면밀하게 준비하여 강력하게 쳐내려오는 당시 세계 최강의 적을 방어하는 싸움을 해야 했다. 상대적으로 위축될 수밖에 없는 입장이다.

"싯딤 골짜기에는 역청구덩이가 많은지라 소돔 왕과 고모라 왕이 달아날 때에 군사가 거기 빠지고 그 나머지는 산으로 도망하매"(:10)

왜 이들은 넓은 평지가 아닌 골짜기에서 전투를 벌이기로 한 것일까? 더군다나 그 곳은 역청 구덩이가 많은 곳이었다. 그 옛날의 전쟁은 칼과 창으로 싸우는 것이었기에 주로 넓은 평원에서 이루어졌다. 그런데 이 역청 구덩이가 많은 좁은 골짜기를 전투 장소로 잡은 것은 왜였을까? 이 지역이 남부 5개국의 영토였다는 점을 감안하면 이러한 전투 장소를 잡은 것은 이 가나안 남부 세력들의 전략에 의한 것임을 알게 된다. 즉 이러한 지형 조건을 이용하여 적을 궁지에 몰아넣고자 하는 작전이었다. 사전에 자신들을 지킬 전쟁에 대한 충분한 준비가 되어 있지 않은 이들 가나안 세력들이었다. 이러한 준비되지 않은 불리한 전력을 지형지물을 이용하여 극복하고자 하는 계략이었다. 평소에 전쟁에 대한 최선을 다한 준비가 있었다면 이는 훌륭한 전략일 수도 있었다. 하지만 충분한 준비가 없었다. 과연 이러한 지형 조건이 저들에게 원하는 결과를 가져다 줄 수 있었을까?

"소돔 왕과 고모라 왕이 달아날 때에 군사가 거기 빠지고 그 나머지는 산으로 도망하매." 하지만 그 전투에서 패한 쪽은 가나안 남부의 연합군이었고 이러한 지형 조건에 오히려 당해 넘어진 쪽도 이들이었다. 이 역청 구덩이는 적을 끌어들여 섬멸하기 위해서였을 것인데 반대로 자신들이 여기에 걸려 넘어진 것이었다. 분명히 이 전투 장소는 이들 가나안 세력들에 의해 선택되어졌을 텐데 말이다. 전쟁의 결과를 놓고 본다면 이들의 이 지형지물을 이용한 작전은 단지 얕은 술수에 불과할 뿐이었고 요행에 지나지 않는 것이었다.

특히 소돔 왕과 고모라의 왕이 도망한다고 할 때 다른 왕들과 그들의 군대는 어떻게 된 것일까? 이들은 분명 연합한 군대였고 전쟁의 결과에 대해서는 모두가 함께 책임져야 하는 입장에 있었다. 살아도 함께여야 했고 죽어도 끝까지 함께 하여야 했다. 이것이 연합의 의미다. 하지만 소돔과 고모라의 왕과 그 군대만이 도망치고 있는 것은 이들이 다른 왕들과 그 군대가 싸우고 있는 사이에 도저히 그 전쟁에 이길 수 없음을 알고 전선에서 이탈하여 빠져나오고 있는 것이 아닌가?

연합한다는 것은 서로를 돕기 위한 행위다. 서로가 힘을 합쳐 공동의 유익을 도모하는 것이 이 연합의 원리다. 하지만 이 가나안의 연합은 나만의 유익을 위해 나의 죽음을 면하고자 상대를 이용하는 연합이었다. 나의 유익이 없고 나의 죽음이 눈 앞에 덮쳐오자 다른 사람들이야 죽든 말든 그 사지에 내버려둔 채 나만 살기 위해 도망쳐 나오는 이들의 행위가 그러했다. 끝까지 연합의 책임을 지고자 하는 모습은 버려둔 채로 말이다. 오늘날의 세상도 이러한 관계 속에서 위태롭게 어우러져 있다. 연합하여 한 공동체에 함께 속해 있지만 나의 유익이 줄어들고 없어진다면, 상대가 나보다 더 많은 것 큰 것을 가져간다면 언제든 깨어질 수 있는 불안한 상태로 서로 얽혀 살아간다. 그 서로의 검은 속을 알면서도 애써 모르는 척 하면서 말이다. 하지만 뒤에서는 계산기를 분주히 두들기며 맺을 것인지 끊을 것인지 살핀다. 경쟁 속에서의 불안한 연합이 오늘날의 인간관계를 가장 잘 설명해 주는 말일 것이다.

어느 한 순간 급히 결성된 이들 가나안 연합군이었다. 반면 그돌라오멜의 연합군은 1년 이상의 교감을 통해 이루어진 군대였다. 가나안 연합군이 흙과 모래가 뒤섞인 것과 같은 규율이 서지 않은 엉성한 군대요 언제든 도망할 준비를 갖춘 오합지졸이었다. 쳐내려오는 적을 맞이해 싸워야 하는 수동적이고 방어적인 위치에 있었다. 반면 적군은 이미 많은 전투 경험을 통해 높은 사기와 적극적인 의지가 살아있는 군대. 숫자나 혹은 지형지물을 이용하고자 하는 얕은 꾀가 승패에 그리 영향을 미치지 못하였음을 보게 된다. 아무리 좋은 외적 조건도 그것을 이용할 만한 자의 수중에 있을 때 빛을 발한다. 자신의 구체적이고 최선을 다한 노력 없이 다만 이러한 조건들에 기대어 살아가고자 하는 자에게는 그러한 것들이 오히려 자신을 더욱 곤경에 빠뜨리게 하는 것임을 보여준다.

위기 상황에 부딪쳐서야 정신없이 움직이고 요리 조리 수단을 부리기보다는 오래도록 끈기 있게 준비하는 삶이 승리한다. 오늘 생각 없이 살다가 쳐들어오는 적을 엉겁결에 맞이하기보다는 오래도록 전쟁을 준비하여야 하리라. 평화를 얻기를 원한다면 말이다. 나에게 유리한 상황과 조건을 찾기보다는 나의 능력을 기르기 위한 자신의 최선을 다한 노력을 먼저 생각할 수 있어야 할 것이다. 나에게 의지가 되고 도움이 될 대상을 찾기보다는 내가 남에게 의지가 되고 도움이 되는 사람이 되고자 노력하는 것이 더욱 아름답지 않겠는가?

자유를 향하여 (창 14:11)

"네 왕이 소돔과 고모라의 모든 재물과 양식을 빼앗아 가고"(:11)

소돔과 고모라의 백성들. 이들은 자신들의 왕과 군대가 자신들의 생명과 재산을 안전하게 지켜 주리라고 기대했다. 그러했기에 그들의 왕과 군대를 위해 세금을 바치고 아들들을 군대에 보내고 그들의 먹을 것 입을 것 쓸 것들을 뒷바라지했다. 하지만 오늘 그돌라오멜의 연합군 앞에 허무하게 패해버린 이들의 왕과 군대는 이 백성들의 수고와 그 모든 희생을 통해 가졌던 기대를 다 허물어 버렸다. 지금 가지고 있는 재물과 양식을 다 빼앗겨 버렸고 이들의 생명까지도 죽고 위태하게 되어져 버렸다. 더군다나 그들의 믿었던 왕과 군대는 이 백성들을 사지에 몰아넣고 자신들만이라도 살겠다고 도망쳐 버렸다. 끝까지 적과 마주하여 싸우다 죽겠다는 각오를 보여주지 못했다. 결국 백성들은 자신들의 오늘 이 불행을 위해 세금을 바치고 자식들을 군대에 보내며 그 외의 모든 희생을 감당한 셈이었다.

이 백성들의 입장에서 본다면 이는 어느 날 한 순간에 당한 재앙이었다. 가족도 집도 재산도 모든 것을 잃었고 살아남은 자는 적군에게 포로로 잡혀 노예로 끌려가게 된 이 결과는 어느 날 졸지에 불어 닥친 재난과도 같은 일이었다. 하지만 돌이켜 보면 이것은 어느 한 순간 갑자기 닥친 재앙은 아니었다. 2년여 전 자신들의 왕이 엘람의 그돌라오멜을 배반하기로 한 때에 이미 예정되어 있던 일이었다. 그돌라오멜 왕이 억압과 약탈을 자행하여 자신의 욕심을 채우는 악한 왕이었다면 그가 자기를 섬기던 자들이 반기를 들고 돌아서는 것을 그냥 보고 있지 않으리라는 것은 정해진 사실이었다. 그럼에도 불구하고 그 힘 있는 자와 대항해 맞서기로 했다면 그와 싸울 수 있는 힘이 있어야 했다. 또 반역한 이후에라도 철저히 준비하여 힘을 길러야 했다. 하지만 이들은 맞설 힘도 없었고 힘을 기르지도 못했다.

이 모든 결과의 가장 큰 원인이 무엇이었는가? 백성이었는가 왕이었는가? 문제는 왕이었다. 비록 백성들이 반역을 원했다 할지라도 그 모든 국가의 중대사를 결정짓는 최종 권한은 왕에게 있었다. 따라서 이 반역은 왕 자신이 완전한 준비를 하지 않고 성급히 일을 결정하였기 때문이었다. 비록 백성들이 해방을 원하였다고 할지라도 왕은 그 이후의 결과를 가늠하고 그것을 감당할 수 있는지에 대한 충분한 검증을 실시해야만 했다. 오늘의 결과는 이러한 검증 절차가 얼마나 빈약했고 그에 따른 그들의 결정이 얼마나 성급했고 무모했는지를 그대로 드러내고 있다. 순전히 감정을 따라 행한 결과였다. 원래 백성은 자신들의 감정에 따라 행동하고 요구한다. 또 군중심리에 의해 쉽게 휘둘린다. 하지만 왕은 냉철해야 했다. 지극히 합리적이고 이성적으로 사태를 파악하고 백성들을 인도하며 국가를 다스려야 했다.

준비되지 않은 지도자를 따른다는 것이 얼마나 위험한지를 알게 해 준다. 지도자가 준비되어 있는가 하는 것은 그를 보는 많은 사람들의 눈에 의해 충분히 검증될 수 있는 사안이다. 하지만 충분한 능력이 갖춰지지 아니한 사람이라는 것을 알고서도 그에게 나를 맡긴다는 것은 얼마나 위험한 일인지. 민족적 자존심에 불탔던 독일 민족이 히틀러라는 한 사람을 지도자로 세우고 환호하였을 때 그들은 그에 의해 어떤 파멸의 길을 걷게 될지 또 세계 인류를 향해 어떤 죄를 짓게 될지 알지 못했다. 후손들이 어떤 멍에를 쓰고 남겨진 결과를 책임져야 할지를 생각지 못했다. 국가와 사회 조직 그외 어떤 작은 단체라도 마찬가지다. 미래를 향한 비전, 세밀하고도 정확한 실천 방안 그리고 확고한 의지, 이러한 것이 없는 사람을 지도자로 세우고 그를 따른다는 것은 바로 오늘 가나안 백성들이 당한 결과를 스스로 불러들이는 것과 같은 것이다.

가나안 사람들은 그들라오멜의 지배를 싫어하였다. 그래서 그의 다스림을 벗어나고자 하였다. 그리고 자유했고 그 자유를 누렸다. 하지만 그 자유는 1년 남짓한 짧은 것이었고 남은 것은 비참한 패배와 죽음과 파멸이었다. 더군다나 이 전쟁이 가나안의 반역에 대한 응징과 보복의 차원에서 1년여 치밀하게 준비하여 치러진 전쟁이었기에 더욱 잔인한 피해를 이 가나안은 당할 수밖에 없었다. 차라리 그돌라오멜의 다스림 아래 그대로 있었더라면 당하지 않아도 되는 결과였다. 속박과 수탈당하는 것을 싫어하는 것은 인간이라면 누구나 갖는 동일한 감정이다. 그렇다고 해서 그 속박을 그냥 박차고 벗어나올 수는 없는 일이다. 내게 준비된 힘이 없을 때는 말이다.

오늘날 이 세상을 사는 우리들이 겪는 삶의 특징을 요약하여 표현한다면 속박당하여 살고 있다는 것이 그 하나일 것이다. 이념에 묶여 있고 돈에 얽매여 있으며 관계에 얽힌 삶을 살고 윤리와 도덕과 이러 저러한 규칙들에 겹겹으로 동여매인 삶을 살아가고 있다. 공산주의든 사회주의든 민주주의든 모든 것들이 인간에게서 자유를 빼앗아가고 있다. 하루 24시간의 거의 전부를 시간과 규칙과 관계와 돈에 빼앗겨 살아가는 것이 현대인의 고단한 삶이다. 휴가 때마다 도시를 벗어나려는 사람들의 긴 행렬은 이 눈에 보이지 않는 억압과 속박이 얼마나 크며 자유를 향한 갈망이 얼마나 간절한지를 증거해 준다.

그러나 누구도 이 속박에서 자유해지지 못하는 것은 이를 벗어나서도 자유할 수 있는 준비된 능력과 힘이 거의 없기 때문이다. 벗어난다고 하지만 또 다른 구속이 그를 기다리고 있고 때로는 먹을 것 입을 것 없는 도시의 광야에 버려지는 비참함을 경험한다. 그러기에 오늘 우리들은 스스로 이 예속 관계에 들어가기를 애쓰고 이 상태 속에서 오히려 조그마한 안도의 숨을 쉰다. 구속된 자유를 누리는 것이다. 감방 안에 갇혀진 죄수가 그 감방 안에서의 자유를 누리는 것처럼 말이다.

일곱 귀신에 대한 예수님의 비유 말씀이 있다. 한 귀신이 사람에게서 나갔으나 거할 곳을 찾지 못한 고로 자기 살던 집에 돌아와 보니 그 집이 비고 소제되어 있었다. 나가서 자기보다 더 악한 귀신 일곱을 데리고 들어와 거하게 되므로 그 사람의 이후 형편이 그 처음 보다 더욱 악해졌다고 하는 말씀이다. 자유를 얻었으나 자유를 지킬 힘이 없는 자의 결과를 보여주신다. 더 큰 재앙이 그를 덮쳐왔고 그의 결과는 이전보다 더욱 비참해졌다. 그돌라오멜의 지배 아래서 벌어진 오늘 가나안 족속들의 현실이 그러하다.

이스라엘이 바벨론에 멸망할 즈음 하나님은 선지자 예레미야를 통해 바벨론에 반역하지 말고 항복하여 느부갓네살 왕에게 복종하라고 하셨다. 바벨론에 맞서 싸울 힘도 기르지 못하였고 스스로의 죄와 무능력 때문에 바벨론의 지배 아래 속하게 된 자들이었다. 그럼에도 그 알량한 자존심과 지극히 어리석은 국가적 민족적 자존심을 내세워 바벨론에 대항하고자 한다. 전혀 힘도 기르지 못한 채 남의 힘을 빌어 자유를 얻고자 한다. 그러나 그 얻은 결과는 완전한 멸망이었다. 그 화려하고 웅장하였던 예루살렘 성전까지도 완전히 파괴되어 버린 가장 비참한 최후였다. 하나님께서는 이러한 그들에게 항복을 권면하셨다. 이 항복은 그들이 죄를 회개하고 그 죄로 인한 오늘의 결과를 참회의 증거로 삶에 받아들일 것을 요구하시는 하나님의 뜻이었다. 그리고 이 뜻에 따라 항복한 이들을 하나님께서는 바벨론 왕의 치하에서 보호하셨다. 이후 70년의 세월을 통해 저들을 다시금 철저히 연단하셨고 자유를 누릴 준비가 되자 예루살렘을 회복시키사 그 남은 자들을 자유의 자리로 인도해 들이셨다.

그 때 나타났던 탁월한 지도자들이 다니엘을 비롯한 모르드개, 느헤미야 학개 에스라 등의 인물들이었다. 이들에게서 나타났던 모습은 자유를 향한 맹목적 열망이나 인간적 야심이 아니었다. 민족적 국가적 자존심도 중요한 것이 아니었다. 이들이 목숨처럼 소중히 여겼던 것은 오직 하나 신앙의 자존심이었고 믿음의 자유였다. 죽음의 위협 아래서도 신앙의 절개를 지키고자 기꺼이 홀로 외롭고자 했던 사람들이었다. 그리고 자기들 앞에 있는 모든 자들을 향해 최선을 다한 섬김과 희생의 삶을 살았다. 바로 이들이 이스라엘에게 진리의 자유와 참된 해방을 선물하였었다. 만일 이들이 없었더라면 역사 속의 이스라엘은 그렇게 이방인들에게 흡수되어 사라져 버렸을 것이다.

일진광풍의 뒤에 (창 14:12)

"소돔에 거하는 아브람의 조카 롯도 사로잡고 그 재물까지 노략하여 갔더라" (:12)

가나안 땅에 일진광풍이 휘몰아쳐 간다. 전쟁의 주역인 그돌라오멜의 입장에서 보면 자신을 배신한 자들을 향한 응징이요 자신의 능력을 얕잡아본 자들에 대해 1년 이상의 분노를 품고 준비해온 보복적 전쟁이었다. 때문에 전쟁의 결과는 보다 비참할 수밖에 없었다. 싸우다 죽은 자들이 있었고 산으로 도망간 자들이 있었으며 살아남은 자들 중 쓸만한 자들은 포로로 잡혀 끌려갔고 이들의 재산은 모조리 약탈당하였다. 가나안은 차라리 그돌라오멜의 치하에 그대로 있었더라면 이런 비참한 결과는 없었을 텐데 어설픈 해방, 목소리뿐인 독립이 오히려 감당할 수 없는 화를 불러들였다.

그런데 이런 화가 소돔에 살고 있던 아브람의 조카 롯에게까지 밀려왔다. 그 또한 그돌라오멜의 군대에게 포로로 잡혔고 모아온 모든 재산들을 약탈당하였다. 포로가 되었다는 것은 저들의 노예가 되었다는 것을 뜻했고 때로 저들의 군졸이 되어 전쟁터에 나서야 하는 것을 의미했다. 더욱이 그의 이 재산은 어떠한 것이었는가? 가나안 땅에 대한 하나님의 사명을 포기하고 삼촌 아브람의 믿음을 외면한 채 그와 결별하면서까지 그 자신의 인생에서 가장 소중히 여기며 지켜 모아온 것이었다. 자신의 가장 소중한 생명의 자유도 물질적 풍요도 다 빼앗겨 버렸고 지금까지의 모든 것이 물거품처럼 되어져 버렸던 것이다.

롯, 그는 가나안 사람이 아니었다. 그돌라오멜을 싫어하고 대적해야 할 아무런 이유도 없는 사람이었다. 더군다나 그는 본래 갈대아 우르가 고향이었고 그곳은 이 그돌라오멜의 군대에 함께 연합해 있는 시날 왕의 영토였다. 즉 그는 오늘 자신의 나라 군대와 왕에 의해 자기의 인생이 짓밟히고 있는 비극을 경험하고 있는 것이다. 차라리 거기 갈대아 우르에 그대로 있었더라면 평안했었을 것인데 말이다. 그런데 왜 그가 이 전쟁의 와중에 휘말려 이런 재앙을 당하고 있는 것일까? 그가 함께 하였던 아브람도 지금 이 전쟁의 여파로 이러한 어려움을 겪고 있는 것일까? 지금 그 아브람은 이 전쟁과는 상관없이 헤브론에 건재해 있다. 따라서 그가 아브람을 떠나지 아니했더라면 그 또한 평안했을 것이다.

가나안 족속들이 그돌라오멜의 지배에서 벗어나고자 했던 것처럼 롯 또한 아브람에게서 벗어나고 싶었다. 끊임없는 긴장과 수고의 연속이었던 그 신앙의 부담과 의무에서 벗어나 자유하고 싶었다. 자신의 육체적 본성이 인도하는 대로 물질에 대한 세속적 욕구를 마음껏 발산해 보고 싶었다. 자신의 재산을 이 기회의 땅에서 더 크게 불려보고 싶었고 크게 부자가 되어 떵떵거리며 사는 성공을 누리고 싶어서였다. 그래서 그는 아브람 공동체를 박차고 나와서 가나안 족속의 사람으로 살아가고자 했다. 그들 속에 섞여 그들의 것으로 자기의 소유를 삼고 그들의 누리는 것을 함께 누리며 즐거운 삶을 살아보고자 했다. 그가 아브람의 품을 벗어난 것은 마치 소돔과 가나안의 족속들이 그돌라오멜의 수하에서 벗어난 것과 마찬가지였다. 그런데 지금 가나안의 족속들이 겪는 환란이 그들이 그돌라오멜을 배신했기 때문이라면 지금 롯이 겪고 있는 고초는 그가 아브람을 벗어났기 때문이다.

속해 있어야 할 곳에 속하지 않고 속하지 말아야 할 곳에 속한 것이 롯의 화근이었다. 추구해야 할 선하고 의로운 가치는 버려두고 추구하지 말아야 할 속된 가치를 따랐기 때문이었다. 더군다나 그의 재산은 아브람이 애굽에 있을 때에 하나님께서 사래의 일로 그들에게 더해주신 은혜의 선물이었다. 이것은 분명 가나안에서의 새로운 사역의 출발을 위해 주어진 것이었다. 그런데 그는 이것을 갖고 자신의 욕망의 수단으로 삼았던 것이다.

아버지의 집에 있던 두 아들 중 둘째 아들은 저 먼 나라를 동경하였다. 아버지와 함께 하는 이 수고로운 삶을 지겨워했다. 언제나 아버지를 벗어나 저 먼 나라에 가서 마음껏 즐겁게 살며 자유를 누려보나 하고 늘 그 때가 오기를 소원하였다. 마침내 그는 아버지의 마음을 무척이나 아프게 하면서까지 아버지의 수고하여 모은 재산 중 자신의 몫을 분배받아 그 먼 나라에 갈 수 있었다. 하지만 돼지가 먹는 쥐엄 열매조차도 먹지 못하고 돼지보다도 못한 대접을 받게 될 때 그때서야 비로소 아버지의 집에 거하는 것이 얼마나 행복한 일이었고 안전할 수 있었는지를 깨달았다.

오늘의 롯이 바로 이 둘째 아들이다. 스스로의 욕망의 자유를 꿈꾸었고 자기를 지킬 힘도 없이 자기의 있어야 될 자리를 떠났다. 저 헤브론에 있는 아브람과 그 공동체 식구들은 전혀 아무런 해도 당하지 않은 채 건재해 있을 때 이 롯만이 이러한 재앙을 당하였다. 세속적 욕망으로부터 자신을 지킨 자와 지키지 못한 자의 차이였고 육체의 소욕에서 자유로운 자와 육체적 소욕에 구속된 자의 차이였다. 신앙 없는 재물, 의와 선이 함께 하지 않은 재물, 인간의 욕망으로 부풀려진 재물이 초래한 재난이었다. 이 재난은 롯이 아브람을 떠날 때 이미 예정된 일이기도 하였다. 세상이 흉흉하고 가나안에 전쟁의 기운이 싹트고 있음에도 그 세상을 분별치 못한 어리석음이 빚어낸 합작품이었다.

구속받아야 할 진리에 구속당하는 것이 참 자유가 아니겠는가? 욕망에 구속당하는 것이 육체의 자유를 누리는 것 같으나 그 결과는 육체와 영혼 모두에게 억압과 고난을 가져다 줄 뿐임을 롯이 당한 결과와 오늘의 이 세계가 함께 증명하고 있다. 진리에 구속당하는 것이 육체의 자유를 억제하는 것처럼 힘들게 느껴질 때가 있으나 그 구속이 육체와 영혼 모두에게 참 자유를 가져다주는 것이다. **"진리를 알찌니 진리가 너희를 자유케 하리라"** 는 예수 그리스도의 말씀은 바로 육체와 세속적 욕망으로부터의 자유를 선포하시는 말씀이다. 영혼의 자유를 누리는 자가 참자유인이다.

히브리 사람 (창 14:13)

"도망한 자가 와서 히브리 사람 아브람에게 고하니 때에 아브람이 아모리 족속 마므레의 상수리 수풀 근처에 거하였더라 마므레는 에스골의 형제요 또 아넬의 형제라 이들은 아브람과 동맹한 자더라"(:13)

전쟁이 가나안 전체를 휩쓸고 있을 때 아브람은 어디에 있었는가? 마므레 상수리 수풀 근처 곧 훗날의 헤브론이었다. 마므레란 아모리 족속 지도자의 이름으로 그가 다스리는 아모리 족속의 영역을 의미했다. 즉 지금 아브람은 아모리 족속이 사는 땅에 살고 있었고 이 아모리 족속과는 동맹 관계에 있었다고 성경은 서술하고 있다. 그런데 여기서 특이한 것은 아브람을 히브리 사람이라고 표현하고 있다는 점이다. 왜 굳이 그에게 이러한 수식어를 붙인 것이었을까? 여기서의 히브리 사람이란 떠돌아다니는 유목민을 뜻한다. 가나안의 어느 족속 어떤 세력에도 편입되지 않은 자유한 자를 일컫는 말이요 고유한 자신들만의 생활방식으로 살아가는 자들을 지칭하는 표현이다. 이는 아브람 자신 롯이 소돔 사람이 되었던 것처럼 가나안의 어느 한 족속에 편입되어 그들의 지배를 당하며 사는 것이 아니라 자신의 삶의 방식을 지키며 독립적인 삶의 영역을 구축해 왔다는 것을 의미한다.

롯이 소돔 사람이 되었고 그가 소돔의 운명과 같이 한 사실과는 대조적으로 아브람의 독립된 삶을 향한 굳은 의지를 읽을 수 있는 대목이다. 비록 그가 지금 가나안의 아모리 족속의 영역에 살고 있지만 이 아모리 족속에게 속해 그들의 영향을 전혀 받지 아니한 채 독립된 삶을 살아가고 있고 히브리인으로서의 삶을 고집했다는 것을 보여준다. 왜 이러한 의지를 키워 온 것이었을까? 사실 롯처럼 어느 한 쪽에 속한다는 것은 기왕에 가나안에 살고자 하는 것이라면 훨씬 더 쉽게 입지를 확보할 수 있는 방편이 될 수 있는 길인데 말이다.

하지만 이러할 경우 필연적으로 받아들여야 하는 결과는 그 족속의 생활방법과 문화와 관습을 따르고 그들의 지배를 받아야 한다는 점이다. 이것은 신앙이 없는 자라면 별 문제가 없다. 하지만 내 것을 잃지 말고 지켜야 하는 어떤 가치를 소유하고 있는 자라면 특히 오늘의 아브람처럼 신앙을 지키고 전파해야 하는 사명을 지닌 자라면 다르다. 곧 그들 속에서 하나님 신앙을 올곧게 지키는 문제가 상당히 어려운 과제로 등장한다. 즉 그들의 문화와 관습을 받아들인다고 할 때 그것이 하나님의 신앙과 충돌되는 어떤 면을 가지고 있다면 당연히 갈등이 생겨날 수밖에 없다. 그리고 결과적으로 그 신앙 자체가 왜곡되거나 소멸되는 길을 걷든지 혹은 그들과의 더욱 어려운 현실적인 다툼을 초래하는 상황을 맞이할 수도 있다. 훗날 소돔에서의 롯이 보여주는 결과가 그러했다.

오늘날 많은 사람들이 가지 말아야 할 곳에 가고 속해 있지 말아야 할 곳에 속해 있으면서 그로 인해 생겨나는 신앙의 여러 어려운 문제들로 힘들어하고 괴로워한다. 그곳을 떠나야 한다는 것을 알면서도 그 자리가 주는 단물이 즐거워서 떠나지 못한다. 이것도 놓치기 싫지만 저것도 놓치기 싫어하여서다. 또 때로는 알기는 알지만 그 이후의 삶이 두려워서 이러지도 저러지도 못한 채 머물러 있는 경우도 있다. 그런데 더욱 나쁜 것은 스스로의 신앙을 과신한 채 제 발로 그러한 자리를 찾아가는 경우도 있다는 점이다. 롯과 같이 어떤 세속적 결과를 얻기 위해서다. 과연 어떤 대답을 그들을 향해 해줄 수 있는 것일까?

아브람이 히브리 사람이 되고자 했던 것은 지금 잠시 어렵다고 할지라도 그 자신 하나님 사람으로서의 신앙의 정체성을 잃지 않고자 하는 각오였고 하나님 이외 어느 누구의 간섭이나 지배도 받지 않겠다고 하는 당찬 신앙의식의 결과였다. 당장의 편안함을 위해 눈에 보이는 쉬운 길을 택하지 않고 그 쉬운 길에 피어나 있는 독버섯들을 살펴 일부러 좀더 멀고 어려운 길을 선택해 가고 있는 것이다.

그렇다면 이러한 그의 뜻이 어떻게 이 아모리 족속의 영역에 살면서 실현될 수 있었던 것일까? 분명 아모리 족속의 눈에는 자신들의 영역에 살면서도 자신들의 지배를 전혀 거부한 채 독립적인 영역을 구축해 가는 아브람이 상당히 거슬리는 존재로 보였을 텐데 말이다. 바로 이 점에서 성경은 이러한 아브람의 옹골찬 신앙과 삶의 의식과 더불어 그가 아모리 족속과 동맹 관계를 맺고 있었다는 사실을 더하여 설명하고 있다. 여기서의 동맹관계란 서로가 서로를 적으로 여기지 않고 평화를 유지하고 서로 돕는 관계. 또 만일의 경우 어느 한 쪽에 전쟁 등의 위급한 상황이 발발할 시에는 상대를 위해 군대를 보내어 싸우고 필요한 힘을 제공해 주기로 약속한 관계를 말한다. 특히 이 고대 국가들 사이에 형성되는 동맹 관계에서의 중요한 점은 서로가 서로에게 충분한 도움을 줄 수 있는 거의 비슷한 수준의 힘과 능력을 보유하고 있을 때 가능하다고 하는 점이다. 더군다나 아모리 족속은 훗날 가나안에서 가장 유력한 세력으로 나타나는 족속이었다. 이들과 동맹을 맺었다는 것은 아브람의 현재 세력도 만만치 않은 것이었음을 나타내는 증거이다.

히브리 사람으로서의 아브람의 강한 자기정체성과 주체의식은 단순히 마음으로만 그러했던 것이 아니라 현실적인 강력한 힘을 바탕으로 나온 것이었음을 알게 된다. 롯이 떠나간 이후 아브람은 헤브론으로 거처를 정하여 옮기면서 그 무엇보다도 자신과 공동체의 힘을 길러야 하겠다는 결심을 굳혔다. 그리고 오늘까지 그 누구도 만만히 대할 수 없는 강력한 힘을 구축해 왔다. 이 힘은 자신의 신앙과 공동체를 저들과 저들의 우상 문화로부터 지켜 보호하기 위해 반드시 필요한 것이라고 인식했기 때문이었다. 어떤 위협 앞에서도 굴하지 않고 자기의 길을 지키고자 한 의지의 산물이었다. 세상의 일반적인 모습처럼 단순히 나의 육체적 생명을 보호하고 적과 싸워 이겨 더 많은 것들을 얻고자 하는 목적과 동기에서가 아니었다.

처음 아브람이 가나안에 왔을 때는 상대의 어떤 도전도 이겨낼 수 없는 일방적으로 밀리고 쫓겨 가는 심히 허약한 존재였다. 자신을 방어할 아무런 힘도 없었다. 그러나 지금의 아브람은 가나안의 한 세력과 동맹을 맺을 만큼 무시할 수 없는 힘과 능력을 갖추고 있음을 보여준다. 이는 아브람 자신 이제까지의 실패의 원인을 냉정히 분석하여 마음의 열정만이 아니라 나를 지킬 힘도 필요하다는 것을 절실히 인식했고 이를 위해 의도적으로 힘을 키워 왔다고 하는 사실을 보여준다. 우선 가나안 땅에 정착하는 것이 급선무요 그러려면 저들과 견주어 밀리지 않을 수 있는 현실적인 능력을 소유해야겠다고 판단하였던 것이다. 이 무질서하고 험악한 가나안 땅에서는 힘이 곧 법이요 오직 힘만이 통하는 사회라는 것을 깨달았기 때문이다. 그리고 이 힘이 그로 하여금 히브리인으로 살 수 있게 해주었다.

때로 신앙인들 속에 잘못된 신앙의 사고가 흘러가고 있는 것을 본다. 모든 것은 오직 믿음만이 해결해 준다고 믿고 이 세상 속에서 자신이 기울여야 할 노력을 불신앙적으로 여겨 의도적으로 배제해 버린다는 점이다. 오직 말씀만 보고 기도만 하면 모든 것이 저절로 다 해결된다고 하는 믿음의 모습이다. 과연 그러한가? 내게 신앙이 있기에 내가 나 개인의 신앙에만 치중하면 나머지는 하나님께서 그냥 다해 주시는 것인가? 주님께서 **"너희는 오직 그의 나라와 그의 의를 구하라"**고 말씀하실 때의 그 의미를 잘 이해하지 못한 결과다. 하나님의 나라를 구하는 것이 우리 삶의 사명으로 주어져 있을 때 이는 하나님의 나라를 위해 내가 할 수 있는 모든 노력을 기울일 것을 요구하는 말씀이다. 내게 주어진 모든 지혜와 능력과 현실적인 여건들을 모두 들어 하나님의 나라를 위해 사용하고 일하라는 것이지 기도하고 말씀만 보고 빈둥거리라는 뜻은 아닌 것이다.

도망한 자가 와서 히브리 사람 아브람에게 전쟁의 상황을 고한다. 전쟁은 이미 이 아모리 족속의 땅을 휩쓸고 있었고 이는 7절 하사손 다말의 아모리 족속이 공격받는 상황의 말씀을 통해 확인된다. 하사손 다말이 후대의 엔게디로 헤브론 남서쪽 수십 킬로미터 정도 떨어진 곳이라고 할 때 전쟁은 이미 이 지역을 휩쓸며 지나가고 있었던 것이다. 도망한 자가 와서 아브람에게 고하는 것은 바로 이러한 상황을 알리는 것이요 구원의 도움을 요청하는 행위다. 가나안 족속에게서 쫓겨나갔던 아브람이 이제 이 가나안 족속으로부터 구원해 달라는 구조의 요청을 받는 입장으로 변해 있었다. 힘 있고 강한 아브람, 하나님 나라를 위해 최선을 다해 준비한 아브람이었다.

롯은 하나님의 주신 물질로 자신의 유익을 위해 요단과 소돔으로 갔고 오늘 그돌라오멜의 침공 앞에서 모든 것을 잃는 재난을 당하였다. 하지만 롯을 떠나보낸 후 아브람은 헤브론으로 갔고 그곳에서 어느 누구도 감히 넘볼 수 없는 강력한 힘을 길렀다. 그리고 이전에 자신을 몰아내었던 가나안 족속으로부터 오늘 도와달라는 구원의 요청을 받는다.

신앙 안에서일지라도 내 인생의 결과를 결정짓는 선택은 분명 나에게 달려있다는 것을 증거해 준다. 최선을 다해 내 신앙과 인생의 길을 준비해 가야만 한다는 것과 그 결과에 대해서는 어느 누구에게도 책임을 돌릴 수 없는 오직 나만의 책임이라는 것을 명심해야 한다.

용사의 사랑 (창 14:14)

"아브람이 그 조카의 사로잡혔음을 듣고 집에서 길리고 연습한 자 삼백 십 팔인을 거느리고 단까지 쫓아가서"(:14)

아브람이 집에서 길리고 연습한 자 318명. 이는 아브람이 자신의 공동체를 외부 특히 이 가나안의 호전적인 족속들로부터 지키기 위해 집에서 훈련시킨 군사들이다. **'집에서 길리고 연습한'** 이라고 하는 말씀은 전쟁과 같은 위기의 때를 대비해서 특별히 훈련시킨 자들이요 아브람 자신이 이들을 직접 진두지휘하고 있음을 나타낸다. 물론 이들이 전부는 아니다. 이들은 지금 아브람과 함께 단까지 가는 전투에 참여하기 위해 나선 자들이지 헤브론의 공동체를 지키기 위한 병력이 남겨져 있다고 할 때 전체적으로는 400여명 가까운 병력이다.

한 개인이 이 정도의 군사력을 보유하고 이들을 훈련시키며 유지해 간다고 하는 것은 결코 쉽지 않은 일이다. 400명의 군사가 있었다는 것은 400명을 유지할 수 있는 경제력뿐 아니라 400명의 군대를 필요로 할 만큼 지켜야 할 아브람의 재산 규모가 컸다는 것을 반증하는 사실이기도 하다. 동시에 이는 아브람의 재산을 노리는 자들이 많았고 이 가나안의 정세가 법이 아니라 힘에 의해 그 존재가 좌지우지되는 무법천지였음을 보여주는 사실이기도 하다. 아브람이 들어온 이 시기의 가나안이 힘 있는 자만이 살아남는 무질서한 상태에 있었다는 것을 알려준다. 왜 아브람의 의와 선을 외치는 호소가 그렇게 외면당하였는지를 설명해 주는 이유이기도 하다.

앞서 아브람과 아모리 족속이 동맹관계에 있었다는 사실은 바로 이러한 아브람의 튼튼한 경제력과 군사력에 기초한 것이었음을 알게 된다. 아브람 자신이 이 가나안 땅에 뿌리내리고 살기 위해서는 무엇이 있어야만 되는지를 분명히 깨닫고 철저히 준비했음을 보여준다. 가나안에서의 신앙 전파의 사역을 감당하기 위해서는 그 필요한 외적 능력까지도 온전히 구비했던 것이고 이 가나안 족속들과 언제 어느 곳에서 부딪치더라도 더 이상 물러서지 않고 싸워 이길 수 있는 힘을 길러 왔던 것이다.

실질적으로 우리의 신앙은 내가 남에게 만만히 보이고 책잡힐 만한 것이 있을 때는 전하는 복음 자체도 큰 신뢰성을 갖지 못한다. 그것이 나의 어리석음과 무지와 게으름 소심함 때문이라면 나는 아무리 진지하고자 할지라도 오히려 나의 전하는 복음 자체도 비웃음거리가 될 뿐인 경우가 많다. 준비해야 할 때 준비하지 못하고 최선을 다한 삶의 흔적이 없을 때 우리의 말은 쉽게 신뢰를 얻을 수 없기 때문이다. 어느 한 번의 위기 앞에서도 쉽게 허물어지는 자의 외치는 소리가 설득력을 가질 수 없다는 것은 당연하다. 가난할지라도 불의한 재물을 취하지 않고자 하는 가난해야만 하는 이유가 있어야 한다. 약해 보일지라도 시류적인 불의와 야합하거나 결코 비굴하지 않고자 하는 당당함이 있어야 한다. 그러할 때 거기에서 그 어느 누구도 감히 무시할 수 없는 힘이 나오는 것이다.

오늘도 하나님의 사역을 감당하려는 신앙공동체가 최우선적으로 준비하여야 하는 것이 무엇인가? 아브람이 이 400여 명의 군사를 집에서 자신이 직접 양성하여 훈련시켰던 것처럼 하나님의 말씀을 지켜 행하고 전할 수 있는 일꾼을 양성하는 것이 아니겠는가? 예수께서 행하셨던 핵심적인 일도 120여명의 제자와 11명의 사도를 양육해 놓은 일이 아니었던가? 바로 이들에 의해 하나님의 말씀과 신앙이 온 세상에 전파되어졌고 이들은 그 어떤 도전과 시련에도 무너지지 않는 불퇴전의 군병들이었다.

엘리야 당시 이스라엘에 하나님을 섬기는 자도 하나님을 찾는 자도 다 죽고 이제 엘리야 자신 혼자 남았다고 탄식할 때에도 하나님께서는 **"그러나 내가 이스라엘 가운데 칠 천인을 남기리니 다 무릎을 바알에게 꿇지 아니하고 다 그 입을 바알에게 맞추지 아니한 자니라"**(왕상 19:18)라고 말씀하셨다. 하나님 신앙을 목숨을 걸고 지켜 하나님 나라를 이어가는 7000명의 군사들이 준비되어 있기에 하나님의 나라는 결코 무너지지 않고 다시 새롭게 시작해 갈 수 있었다. 사도 바울도 디모데를 향해 **"네가 그리스도 예수의 좋은 군사로 나와 함께 고난을 받을지니 군사로 다니는 자는 자기 생활에 얽매이는 자가 하나도 없나니 이는 군사로 모집한 자를 기쁘게 하려 함이라"**(딤후 2:3-4)라고 말하여 어떤 것에도 매이지 않고 이겨나가는 강한 군사가 될 것을 권하고 있다.

하나님 나라의 일은 나 혼자 하는 일이 아니기에 함께 일하는 좋은 동역자가 필요하다. 하나님 나라를 함께 세우고 지켜나갈 군사 된 자들이 요구된다. 그러므로 하나님 나라의 일꾼이 되고자 한다면 먼저 스스로 좋은 군사가 되어야 하겠고 또 군사를 기르고 훈련시키는 일에 모든 역량이 집중되어야 한다. 바로 이 점에서 우리는 지금 가나안의 패배와 함께 저 북방 세력들에게 모든 것을 잃고 포로로 잡혀가는 아브람의 조카 롯을 생각해 본다. 이렇게 철저히 가나안에서의 사역과 삶을 준비해 가는 아브람을 보고서도 그는 자신을 지킬 힘을 전혀 기르지 아니했다. 그 땅에서 오직 부유하게 사는 것만을 꿈꾸었지 자기 자신과 가족과 재산을 지킬 수 있는 힘은 전적으로 소돔 왕에게 의탁하였다. 그 도망가 버릴 비겁하고 무기력한 왕에게 말이다. 소돔 성에 가서 살며 그 소돔 왕 아래 있으면 그가 지켜 주겠지 생각했다. 그에게 세금을 바치고 그 외의 요구하는 것들을 자신이 얻은 이득에 대한 대가로 바치는 그것이 자신을 지킬 노력의 전부였다. 롯의 멸망은 첫째로 그 무엇보다도 그 자신이 아브람의 밑에서 좋은 군사가 되지 못했기 때문이다. 그리고 그로 인해 강한 군사들을 양성하지 못한 때문이었다.

아브람의 밑에 있는 것을 그가 싫어했던 것은 이토록 철저히 무장하고 준비해 가는 삶이 고단하다고 느껴지고 그 군사를 기르는데 돈을 쓰는 것이 아깝다고 생각했던 것은 아닌지 모르겠다. 자신과 가족을 위해 그리고 하나님 사역을 위해 최선을 다해 군사를 양성하여 가나안 땅에서 어느 누구도 무시할 수 없는 세력으로 입지를 굳힌 아브람이었다. 반면 아브람의 보호막을 스스로 싫다고 걷어차 버리고 자기를 지킬 힘도 전혀 기르지 못한 채 벌거숭이처럼 살아가던 롯이었다. 두 사람의 결과가 이 전쟁으로 인해 극명하게 대비된다.

하나님 나라를 위해 최선을 다해 준비해 가는 자에게는 그 삶의 과정이 힘들 수밖에 없다. 때로는 돈을 포기해야 하기도 하고 편히 먹고 즐기며 쉴 여유를 잃어버리기도 한다. 하지만 이 모든 준비를 하지 않는 자는 얼마든지 자기를 위해 먹고 쓰고 즐길 수 있다. 아무 일도 없다면 후자가 훨씬 편해 보인다. 하지만 전쟁이 일어나자 준비한 자는 그 전쟁에서 자기를 지켜 안전하게 되었고 준비하지 못한 자는 희생 되고 말았다. 결국 누가 진정 자기를 위해 산 사람인가?

오늘 고될지라도 하나님 나라를 위해 끝없이 나를 준비해 가는 자는 재앙의 날을 이겨낸다. 구원의 은혜 속으로 들어간다. 하지만 오늘 스스로 편하고자 하는 자는 재앙이 닥치는 날에 그 재앙 속에 휩쓸려 버리고 만다. 닥쳐오는 재앙을 보고서도 아무 준비 없이 스스로 편하고자 하는 자가 있다면, 이 세상에서 돈을 벌고 재미있게 살아가는 것을 더 좋아한다면 나아가 오늘의 롯처럼 그 준비를 귀찮게 여기며 힘들다고 거부한다면 그것보다 더 어리석은 일은 없다.

아브람은 그 조카 롯이 사로잡혔음을 듣고 군사를 이끌고 적을 추적해 간다. 상대는 당시 세계를 지배하고 있던 엘람 왕 그돌라오멜의 북방 4개국 군대였다. 아무리 잘 준비된 군대라 하더라도 이 강력한 군대를 감히 싸워 맞설 수 있겠는가? 아무리 아브람이 아모리 족속과 동맹을 맺었다고 할지라도 상대가 상대인 만큼 그 동맹 때문에 이렇게 무모해 보이는 전쟁을 벌여야 할 이유는 없다. 가나안의 전 세력이 이미 당해내지 못하고 무너진 상대였다. 하지만 아브람은 그들을 추격해 간다. 이길 승산이 거의 없는 자신의 모든 것을 건 위험한 결정이었다.

이유는 오직 하나 조카 롯이 사로잡혔다는 사실 때문이었다. 롯이 누구인가? 자기가 싫다고 자기를 버려두고 떠났던 자가 아닌가? 자신의 그 모든 사랑과 간절한 권면을 뿌리치고 자기 멋대로 떠나갔던 자가 아닌가? 아브람 자신의 공동체를 둘로 갈라놓고 아픈 상처를 남겨놓고 떠났던 자다. 그런데 무슨 미련이 있어 그를 구하려고 이러한 위험한 선택을 한단 말인가? 비록 롯은 아브람을 버리고 떠나갔지만 아브람은 오늘까지 롯을 잊지 않고 있었다. 이 롯이 언젠가는 자신에게 돌아오리라고 기대하며 기다리고 있었던 아브람이었다. 아브람이 롯을 떠나보낸 것은 미워서가 아니었다. 오히려 이 세상이 어떤 곳인지 한 번 경험해 보라고 내보내었던 것은 아니었겠는가? 이 세상이 어떻게 비정한 곳인지 몸으로 경험하면 제 정신을 차리고 하나님 신앙으로 돌아오리라고 기대했던 것은 아니었겠는가?

둘째 아들을 먼 곳으로 떠나보낸 아버지의 실체가 바로 여기 아브람의 모습이다. 비록 아들은 아버지를 버리고 떠나갔지만 아버지는 아들을 잊지 않고 있었다. 아들은 아버지를 잊고 있었는지 모르지만. 그 아들이 돌아오던 날 아들은 죄인처럼 고개를 숙이고 찾아왔지만 아버지는 이 아들을 먼저 보고 달려가 그의 목을 얼싸안고 기뻐 맞이하였었다. 아들의 돌아올 것을 간절히 기다리고 있었던 아버지였다.

예수께서는 이 아버지의 모습으로 하나님의 사랑을 표현하고자 하였었다. 롯의 사로잡혔음을 듣고 감히 싸울 수 없는 싸움을 하기 위해 군대를 이끌고 나서는 아브람의 모습은 바로 하나님의 심정을 지닌 신앙인의 사랑인 것을 보여준다. 저는 나를 버려도 나는 저를 버릴 수 없는 신앙인의 고통스럽기까지 한 사랑을 말이다.

왜냐고 묻는다면 (창 14:14-15)

"아브람이 그 조카의 사로잡혔음을 듣고 집에서 길리고 연습한 자 삼백 십팔 인을 거느리고 단까지 쫓아가서"(:14)

아브람이 조카 롯을 구하기 위해 군대를 이끌고 적을 추격해 갔을 때 그들을 만난 곳은 단이었다. 이 단은 가나안 땅의 북쪽 끝에 있는 지역이다. 이는 그돌라오멜 연합군이 가나안의 중심부를 관통하여 이미 이 가나안을 벗어나는 지역까지 가 있다는 것을 나타낸다. 여기서 다시 보게 되는 중요한 사실은 아브람이 아모리 족속으로부터 구원 요청을 받았던 지역은 가나안 남부 헤브론이었다. 그리고 그 때 아모리 족이 위치해 있었던 곳은 헤브론보다 아래의 하사손 다말 곧 엔게디였다. 따라서 아브람이 이 전쟁의 소식을 듣고 곧 출전하였다고 할 때 아브람의 군대와 이 북부 연합군이 만나야 하는 곳은 가나안의 남부나 혹은 중부 지역이어야 했다. 그럼에도 불구하고 곧 추격에 나선 아브람이 이들을 가나안 북쪽 끝에까지 와서 만난다고 하는 것은 이들이 가나안의 중심부를 전쟁 없이 그대로 지나쳐 왔다는 것을 나타낸다. 앞서 5-7절에 나타난 전쟁의 경로가 이 가나안 남부의 전투에서 끝나고 있는 것과도 일치한다. 함이라고 하는 한 존재를 가정하지 않을 수 없는 장면이다.

"그 가신을 나누어 밤을 타서 그들을 쳐서 파하고 다메섹 좌편 호바까지 쫓아 가서"(:15)

헤브론서 시작된 아브람 군대의 원정은 가나안의 중심부를 가로질러 가나안의 가장 끝인 단에서 최초의 전투가 이루어진다. 그리고 이 싸움은 가나안의 영토를 벗어나 다메섹 근처 호바까지 이어져 간다. 아브람이 직접 인솔하는 그의 군대가 그 먼 거리를 이동해 갔음에도 지침이 없이 한 밤중에 전투를 벌이고 그 전투에서 이긴 후 물러가는 적군을 다메섹까지 추격해 간다. 이 아브람의 군대가 단순한 목동이나 가병(家兵)의 차원을 넘어선 고도로 훈련된 정예 군대인 것을 보여준다. 더군다나 상대가 누군가? 당시 세계를 지배하던 지배 세력의 군대가 아니던가? 4개국 왕이 직접 출전하여 이끄는 정예 군대다. 이들과 맞붙어 싸우고 또 이길 수 있는 아브람 군대의 능력은 그 정신력에서나 전투력에서나 엄청난 능력을 지니고 있다는 것을 알 수 있다.

특히 이들은 밤중에 적을 기습 공격하는 작전을 시행한다. 당시 고대 사회에서는 직접적인 전투는 항상 낮에 이루어진다. 왜냐하면 당시 전투는 칼과 창을 들고 적군과 직접 대면하여 전투를 벌여야 했기 때문이다. 그런데 밤이 되면 적과 아군을 전혀 구별할 수 없는 것이다. 그렇다고 오늘날처럼 모든 군사들이 분명히 구별되는 전투복을 갖춰 입은 것도 아니었다. 소수의 정예군사들 외에는 거의가 집에서 입는 옷을 그대로 입고 출정하였다. 때문에 오늘날처럼 밤을 대낮처럼 밝힐 수 있는 등불이나 조명탄 같은 것이 없는 조건에서 적과 접전을 벌인다는 것은 불가능하다. 이것은 첨단 장비로 무장된 오늘날의 전투에서도 마찬가지다. 미사일이나 대포를 쏘는 것 이외에 보병끼리 밤에 대규모의 전투를 벌인다는 것은 심히 어려운 작전이다.

그런데 아브람의 군대는 야밤에 적을 기습 공격한다. 적의 긴장이 풀린 상태에서 적에게 가장 큰 타격을 입힐 수 있는 최고의 작전이지만 이는 고도로 훈련된 군사들이 아니면 감히 시도할 수 없는 방법이다. 아군끼리는 완벽히 서로를 구별할 수 있어야 했다. 그리고 일거에 적을 제압할 수 있도록 치밀하게 계산된 작전에 따라 부여된 임무를 완수할 수 있는 완벽한 팀웍이 이루어져야만 했다. 더군다나 부대가 나뉘어져서 사방에서 적을 쳐들어가는 작전을 쓰고 있다. 이러한 사전 조건이 확보되어 있고 고도의 전투 기술을 가지고 있지 않으면 불가능한 전술이다.

아브람의 군대가 어느 정도로 훈련되어 있는지 잘 보여준다. 여기에 더하여 이 군대가 출전해서 돌아오기까지 필요한 군수품은 또 얼마나 되어야 했을까? 당시의 사회 여건으로 본다면 집에서부터 가져가지 않으면 중간에서 그것도 전쟁의 와중에 이 정도의 대규모 물자를 조달한다는 것은 거의 불가능하다. 이미 평소에 전쟁을 대비한 완벽한 대비가 되어 있었던 것이다. 어쩌면 아브람은 가나안이 그돌라오멜에게 반역하기로 하였다고 할 때부터 이러한 전쟁을 계산하고 미리 준비해 두었는지도 모를 일이다. 그렇지 않고서는 오늘의 결과는 거의 불가능하기 때문이다.

사람이 많고 적으냐 하는 군대의 숫자가 전쟁의 승패를 결정짓는 것이 아님을 보게 된다. 과연 누가 적은 숫자를 가지고도 얼마나 철저히 준비하였느냐 하는 것이 그 결과를 확정짓는다. 숫자 면에서는 북방 군대가 압도적이었다. 아브람의 군대는 이에 전혀 상대가 되지를 아니했다. 하지만 일사불란하게 움직일 수 있도록 정신력이나 전투력 면에서 고도로 단련된 특수 부대와도 같은 것이 아브람의 군대였다. 반면 북방 군대는 이미 전쟁에 승리했다는 승리감과 전투는 끝이 났다고 하는 긴장감이 해이해진 상태에 있었다. 그리고 또한 아브람의 군대는 이것이 첫 전투인 반면 저들은 그 먼 거리를 이동해 와서 가나안을 한 바퀴 돌아 전투를 치루고 난 후의 지친 상태였다.

적은 숫자일지라도 유능한 지도자가 지휘한다. 다양한 조건들을 파악하여 전술에 반영할 수 있는 능력이 있다. 또 일치단결하여 반드시 이기겠다는 각오로 다져져 있는 고도로 훈련된 군사들로 조직되어 있다. 그들은 어떤 전쟁에서도 승리할 수 있다. 물론 전쟁을 미리 내다보고 사전에 모든 필요한 것들을 치밀하게 준비해 가는 준비 태세는 물론이고 말이다.

더군다나 우리는 여기서 지금 드러나고 있지 않은 요소를 생각해 보게 된다. 이 아브람의 군대에는 아브람의 군사 318명뿐 아니라 아브람과 동맹을 맺었던 아모리 족속의 군대도 포함되어 있다는 사실이다. **"오직 소년들의 먹은 것과 나와 동행한 아넬과 에스골과 마므레의 분깃을 제할지니 그들이 그 분깃을 취할 것이니라"**(:24). 전쟁을 승리로 끝내고 돌아오는 아브람이 자신을 마중 나온 소돔 왕에게 하는 말의 내용이다. 여기서 아브람과 동행하였다는 아넬 에스골 마므레 라는 인물들은 아브람과 동맹을 맺은 아모리 족속의 지도자들이다. 즉 아브람의 군대에는 앞서 이 북방 군대와의 전쟁에서 패한 아모리 족속의 지도자들과 그들의 남은 군대들도 함께 포함되어 있었던 것을 알 수 있다. 물론 이들도 다 아브람의 지휘에 따라 전투에 참여했고 아브람과 그의 군대가 주도적으로 전쟁을 이끌어갔다.

아모리 족속의 군사들. 이들은 자기 지도자의 지휘 아래서 싸웠을 때는 패배를 감당해야만 했다. 하지만 이들이 아브람의 지휘를 받아 전쟁에 나섰을 때는 승리를 경험한다. 똑같은 군사들이지만 누가 지휘하느냐에 따라 그들의 맞이한 결과도 달랐다. 유능한 지도자는 전쟁에 패배한 군사들을 이끌고도 승리를 만들어 낸다. 훗날 이스라엘의 사사 시대에 미디안 족속이 아말렉 족속과 연합하여 약 13만 5천의 군대를 이끌고 이스라엘을 공격한다. 이에 맞서 기드온에게로 모인 이스라엘의 군사는 3만 2천이었다. 이 숫자만 가지고도 전쟁의 승패는 이미 결정된 것이나 마찬가지였다. 하지만 기드온은 상대적으로 절대 열세인 이 숫자 중에서도 오직 300명만을 추려내고 나머지는 다 집으로 돌려보낸다. 싸우고자 하는 의지가 강한 소수의 병력만을 선발한 것이었다. 이 300명이 오늘 아브람이 했던 그대로 한밤중에 적을 사방에서 기습 공격한다. 이 전투에서 미디안과 아말렉 연합군은 12만 명이 한꺼번에 전사하였고 남은 1만 5천도 끝까지 추격해간 기드온의 군사들에게 거의 완전히 제압당하고 만다.

아브람의 318명의 군대가 어떻게 이미 전쟁에 패한 아모리 족속의 패잔병들과 함께 하여 이 거대한 군대를 이길 수 있었느냐고 묻는다면 이 기드온의 전쟁이 그 대답을 함께 제시해 준다. 훗날 가나안을 정복해 들어가던 여호수아도 가나안의 연합군이 모여 있다는 소식을 듣자 군사를 이끌고 밤중에 쳐들어가 적을 완전히 소탕해 버린다. 기드온도 여호수아도 이 아브람의 전투에서 그 지혜를 배운 것이 아니었겠는가? 한 사람의 탁월한 지도자와 철저히 훈련된 군사들, 비록 숫자적으로는 소수이지만 이들이 불가능을 가능케 하며 세상을 바꾸는 것이다. 하나님을 향해 철저히 준비된 아브람의 믿음을 따라 하나님께서 그 힘을 더해 주셨던 것이다.

사람이 많아지기를 원하고 돈이 많아지기를 원하는 오늘의 교회가 과연 사람을 양육하는 일에는 얼마나 열심을 기울이고 있는지를 돌아볼 일이다. 사람을 양육하고 있다면 그 양육이 얼마나 철저하게 이루어지고 있는가를 또한 살펴볼 일이다. 사람은 많으나 일할 일꾼이 없고 일꾼은 있으나 훈련되지 않았기에 안으로 그 힘을 소모시키고 있는 오늘의 현실이다. 아브람에 의해 훈련된 이후 불퇴전의 의지로 전쟁에 나서 많은 사람들을 구원해 오는 저들 군사들이 진정 오늘 교회가 요구하는 일꾼들의 모습이 아니겠는가? 지도자가 먼저 헌신되고 유능하여 어떤 사람들도 훈련시킬 수 있고 이러한 지도자에 의해 연단되어 일사분란하게 움직여 나갈 수 있는 군대와 같은 일꾼들이 있을 때 하나님 나라가 세워지고 하나님의 뜻이 실현될 수 있는 것이다. 하지만 교인을 훈련시킨다고 하는 지도자란 자들부터 훈련이란 전혀 경험해 보지 못한 죽정이 같은 오합지졸인 것이 오늘의 현실인 것을 누가 알랴.

아니 이럴 수가 (창 14:16)

포로된 가나안 사람들. 그들은 어느 날 갑자기 들이닥친 재앙을 어떻게 받아들였을까? 가족과 이웃들이 죽었고 그들과 헤어졌다. 자신들이 평생 일구어온 삶의 터가 파괴되고 애써 모은 모든 재산은 약탈당하였다. 그리고 지금 노예가 되기 위해 한 번도 가본 적 없는 수만리 타지로 붙잡혀 가고 있다. 그곳에서 죽을지 살지 앞날을 전혀 예측할 수 없다. 슬픔과 고통에 절망이 더하여졌을 것이고 희망이란 찾아볼 수 없는 상황이다. 이 절망스런 오늘의 처지를 이들은 어쩔 수 없는 시대적 상황으로 받아들이고 포기하였을까? 돌이켜 보면 당하지 않을 수도 있는 현실이었다. 최소한 그돌라오멜을 배반하지만 않았어도 피할 수 있는 오늘이었다. 그돌라오멜을 배반할 때 그 어떤 도전이라도 이길 수 있는 힘을 미리 길러놓았더라면 없었을 일이었다. 무능한 지도자와 어리석은 백성들이 만들어낸 결과였던 것이다. 땅을 치며 통곡하듯 후회하고 누구를 원망한다고 해도 이미 엎어진 물이었다.

어차피 역사는 사람이 만들어간다. 순간 순간 사람들의 선택과 판단이 언제나 그들의 현재와 미래를 결정지어 가는 것이다. 그러기에 좀더 현명하고 좀더 분별력이 있다면 무능한 자존심이나 눈 앞 현실의 이익이 아니라 모두를 위하고자 하는 책임 있는 태도로 지금의 일을 응시하고자 한다면 분명 보다 나은 날들을 기대할 수 있다. 가나안 사람들의 오늘 비참한 현실은 누구의 탓도 아닌 바로 자기 자신들이 만들어 놓은 결과였고 어느 누구도 탓할 수 없었다. 이 시대 우리도 어떤 기준에서 나의 날들을 바라보고 있는 지 진지하게 생각해 보아야 할 것이다.

롯 또한 예외는 아니었다. 그는 오늘의 운명을 어떻게 바라보았을 것인 가? 욕망의 자유를 누리고자 아브람의 손길을 뿌리치고 뛰쳐나왔다. 하지 만 결과는 자신의 생명마저도 남의 손에 완전히 빼앗겨 버린 것이었다. 그 토록 얻고자 하였던 자신의 유일한 소망이요 기쁨이었던 재산마저도 불탄 재처럼 완전히 사라져 버렸다. 어디에 하소연할 것인가? 누구를 원망할 것 인가? 그를 불쌍히 여겨줄 사람이라도 있을 수 있는 것인가? 그는 이렇게 끝이 난 지나온 자신의 인생과 선택을 어떻게 받아들여야 했을까? 아브람 과의 헤어짐이 오늘의 근본 원인이었다면 그것은 전적으로 자기의 결정이 었는데 말이다.

"모든 **빼앗겼던** 재물과 자기 조카 롯과 그 재물과 또 부녀와 인민을 다 찾아왔 더라"(:16)

한밤중에 아브람 군대의 기습 공격을 당하고 패한 적군도 놀랐겠다. 하 지만 이 그돌라오멜 연합군에게 포로로 잡혀 있던 롯과 그 사람들이 맞이한 놀라움은 더욱 컸으리라. 가나안 전토를 유린한 이 그돌라오멜의 군대를 맞 설 세력이 없었고 자신들의 왕과 군대도 이미 패해 나가떨어진 형편이었다. 구원이라고는 손톱만큼의 가능성도 생각할 수 없는 때였다. 그런데 아브람 이 적은 군사들을 이끌고 자신들을 구원해 주었을 때 이들의 놀라움과 기쁨 은 이루 말로 다 표현할 수 없었으리라.

특히 이들 중에 있는 아브람의 조카 롯의 심정은 어떠했을까? 적어도 아브람과 그의 군사들에게 이 전쟁은 만일 전투에서 패한다면 그것이 곧 죽음이요 파멸일 수밖에 없는 엄청난 위험이 따르는 선택이었다. 이 전쟁이 오직 자신을 구하기 위한 일념으로 달려온 아브람의 위험한 결정이었다는 사실을 롯이 알았을 때 과연 그의 심정은 어떠했을까?

롯 자신은 아브람의 공동체를 거부하고 뛰쳐나온 사람이었다. 아브람이 아들처럼 아끼며 사랑해 주었지만 큰 실망만을 안겨준 채 아브람을 등진 자신이었다. 아브람이 롯 자신을 미워함이 당연한 것 같은데 오히려 반대로 자신을 구하기 위해 생명의 위협을 무릅쓰고서 이 먼 곳까지 군대를 이끌고 위험한 길을 달려왔던 것이다. 포로로 잡힌 모든 사람들이 아브람에게 감사의 절을 올렸겠지만 롯 자신은 부끄러움이 더 크게 있었으리라. 구원받은 기쁨도 기쁨이겠지만 그 사랑을 다시 한 번 새롭게 느껴야 하는 것이 당연한 일이었다.

나를 배신하여 욕하고 떠난 자를 정죄하고 미워하기 보다는 한 번 더 사랑하고 보듬어 주는 것이야말로 내가 결코 거짓된 자가 아니요 내 마음의 진실이 어떠했다고 하는 것을 증명해 보이는 것이 아니겠는가? 저로 다시 한번 자신과 자신의 행동과 선택을 돌아보게 하고 관계를 회복하며 감사와 사랑을 느낄 수 있도록 해 주는 길인 것이다.

롯 자신 아브람을 떠난 자신의 선택이 얼마나 잘못된 것이었는지를 깨달아야만 했다. 아브람의 그 철저한 준비가 만들어낸 오늘의 결과를 보고 그의 생각과 준비 태세가 정말로 옳은 것이었다는 것을 느낄 수 있어야 했다. 미래를 향해 그리고 하나님 나라를 위해 걸어가는 사람의 길이 얼마나 외롭고 힘든지도 느낄 수 있어야 했다. 그러한 그를 하나님은 어떻게 도우시는지를 배울 수 있어야만 했다. 궁극적으로 그 가시밭과도 같은 신앙의 길이 얼마나 많은 이들을 구원해 내고 이 세상에 어떤 은혜를 전하는지도 알 수 있어야 했다.

동시에 이 사건은 그 누구보다도 아브람 자신에게 지금까지의 자신의 신앙의 준비가 어떤 결실을 맺었는지를 처음으로 확인해준 사건이었다. 아브람에게는 모진 희생과 헌신과 결단과 절제가 요구되는 길이었다. 하지만 그 삶이 얼마나 많은 이들을 위기에서 건져내고 어떻게 하나님의 은혜를 드러내는지가 여실히 증명된 순간이었다. 세상을 구원하는 일은 이 사명을 맡은 자 자신의 철저한 훈련과 준비에 의해 가능케 됨을 새롭게 확인시켜 주는 삶의 현장이요 신앙의 현장이었다. 어쩌면 아브람 자신에게도 만일 롯이 이 포로들 중에 없었더라면 감히 저들과 싸우고자 하는 엄두를 내지 못했을 수도 있다. 하지만 그 롯이 아들같이 사랑하는 자였기에 그 사랑의 힘이 그를 이 먼 곳까지 이끌어 왔고 결과적으로 이러한 기적 같은 은혜를 아브람 자신도 누릴 수 있게 된 것이었다. 철저한 준비와 훈련 그리고 사람에 대한 사랑이 바로 하나님께서 원하시는 신앙의 자리요 우리 삶의 자리인 것을 가르쳐 준다.

자고 깨어보니 (창 14:17)

"아브람이 그돌라오멜과 그와 함께 한 왕들을 파하고 돌아올 때에 소돔 왕이 사웨 골짜기 곧 왕곡에 나와 그를 영접하였고"(:17)

아브람이 그돌라오멜과 그와 함께 한 왕들을 파하였다는 것은 아브람의 군대가 그돌라오멜 연합군과 정면으로 맞붙어 싸워 이겼다는 것을 나타낸다. 저 어느 한 구석에 있는 작은 부족 간의 전쟁이 아니었다. 아브람이 격파한 군대는 이 가나안 땅 어느 족속 어느 왕의 군대도 감히 맞서지 못한 채 추풍낙엽처럼 나가떨어진 군대였다. 아브람이 살던 가나안 땅 남부의 다섯 개 나라 왕들이 연합해서도 당해내지 못하고 패배한 강력한 군대였다. 이처럼 가나안 땅 어느 나라도 당할 수 없었던 그 북방의 강한 군대를 자기 부족도 없고 왕도 아닌 자가 가나안 땅을 지나 이방 땅까지 쫓아가 그들을 격파하고 돌아온 것이었다.

소돔 왕과 살렘 왕 등 가나안의 왕들이 아브람을 영접하였다는 것은 아브람이 벌인 이 전쟁의 결과가 가나안 땅 사람들에게 삽시간에 소문으로 퍼졌다는 것을 보여준다. 그돌라오멜에게 패한 가나안의 모든 족속들과 그들의 왕들에게 이 소식은 경이로움 그 자체였을 것이다. 저 변방에 살고 있는 한 이방인이 도대체 무슨 힘이 있고 능력이 있어서 이 엄청난 전쟁을 벌이고 또 승리할 수 있단 말인가 하며 그들은 놀랐을 것이다. 더더군다나 그가 자신들에 의해 배척당하고 쫓겨나갔던 그 옛날의 한 이방인이었다는 것을 알았을 때 그것을 아는 자들은 얼마나 더 크게 놀랐을 것인가? 덮쳐온 싸움에서 죽지 않고 살기 위해 발버둥치다가 운 좋게 이긴 전쟁이 아니었다. 이미 승리하고 돌아가는 군대를 수백km 쫓아가서 스스로 전쟁을 일으켜 이긴 것이었다. 싸움을 두려워 않는 정신이 있어야 했고 승리에 대한 확신이 있어야만 했으며 이에 걸맞는 힘 곧 군사력이 뒷받침되어야만 가능한 일이었다. 가나안 땅의 어느 족속 어느 왕도 이런 능력을 갖고 있지 못했던 때였다.

소돔 왕과 살렘 왕 등 가나안의 왕들이 아브람을 영접하러 나왔다는 것은 한 마디로 이 전쟁의 결과가 가나안에서의 아브람의 입지를 최고의 상태로 끌어올린 사건이었음을 보여준다. 감히 이제부터는 어느 누구도 아브람을 만만히 여기거나 그를 도전하고 시비를 걸 엄두를 내지 못하게 하는 충격적인 사건이었다. 아브람이 마음먹기에 따라서는 이 가나안의 맹주로 자리 잡을 수 있는 기회이기도 했다. 가나안 남부 지역의 맹주인 소돔 왕이 아브람을 영접한다는 것 자체가 아브람을 왕처럼 높이는 결과를 가지고 있기 때문이다.

단 한 번의 전쟁이 아브람의 위상을 바꾸어 놓았다. 지금까지 외면당하고 쫓겨나서 애굽까지 그 두려운 길을 걷게 만들었던 가나안 땅이었고 애굽에서 돌아온 뒤에도 재산 꽤나 지닌 작은 세력의 이방인에 불과한 아브람이었다. 그러한 아브람이 하룻밤 새에 일약 이 가나안의 구원자로 등장했다. 누구도 함부로 대할 수 없는 세력가로 부상했고 이 지역의 지도적 위치에 오른 아브람이었다.

　오랜 인고의 세월을 보낸 아브람에게 하나님께서 주신 선물이었다. 어느 한 순간 지금까지의 모든 힘든 것들이 봄 눈 녹듯이 사라지고 말할 수 없이 힘들었던 수고가 너무나도 아름다운 꽃으로 활짝 피어난 것과 마찬가지였다. 몸과 마음을 다해 감히 감당할 수 없는 시험과 시련을 잘 마치고 훌륭한 신앙인으로 우뚝 선 아브람을 하나님께서 위로하고 격려해 주신 것이었다. 이제는 가질 만 하고 누릴 만 하기에 이제는 주어도 방종하지 않고 하나님 나라를 위해 잘 관리하고 사용할 수 있기에 하나님께서 더해주신 은혜였다. 가나안의 모든 자들이 파멸을 맞이한 상황에서 아브람 홀로 이 파멸을 오히려 은혜로 바꾸어 맞이한 것이었기에 그의 오늘 결과는 더욱 찬란한 것이었다.

　하나님의 은혜. 하나님만을 바라보고 그 신앙에 붙잡혀 사는 이에게는 모든 순간이 은혜지만 오늘의 아브람과 같은 이 더해진 은혜는 그 모든 신앙의 연단을 잘 받아들여 성숙한 신앙인으로 거듭난 자에게 주어지는 특별한 은총이다. 이 신앙의 연단 없이 이러한 축복이 만일 주어졌다면 이것은 오히려 신앙인의 영혼과 육체를 도둑질해 갈 뿐이기 때문이다. 하지만 오늘의 많은 사람들은 이 신앙의 연단 없이 더해주실 은혜만을 간구한다. 앞뒤가 뒤바뀐 신앙이요 세속적 욕망이 뒤엉킨 혼돈의 신앙이다.

바람과 같이 사라지다 (창 14:18)

"살렘 왕 멜기세덱이 떡과 포도주를 가지고 나왔으니 그는 지극히 높으신 하나님의 제사장이었더라"(:18)

그돌라오멜 연합군을 격파하고 돌아오는 아브람과 그의 군대를 마중나온 이들의 면면을 본다. 그 첫째는 소돔 왕이었고 둘째는 살렘 왕 멜기세덱이었다. 그돌라오멜과의 전쟁으로 지리멸렬해진 가나안의 상황을 감안한다면 이 두 왕의 존재는 가나안의 주변부와 남부 지역의 핵심적인 왕들이라고 할 수 있다. 물론 다른 왕들도 이 자리에 나와 있을 수 있겠지만 이 두 왕에 비한다면 큰 의미가 없다고 하겠다.

그러면 성경은 왜 이 두 왕을 아브람의 승전하고 돌아오는 길에 출현시킨 것일까? 이 두 왕의 가지고 있는 배경을 이해한다면 이 두 사람의 왕을 나란히 병렬적으로 놓고 언급하는 성경의 의도에 대해 생각하지 않을 수 없다. 왜냐하면 소돔 사람들에 대해서 성경은 **"소돔 사람은 악하여 여호와 앞에 큰 죄인이었더라"**는 말씀을 통해 그들이 이 가나안 땅에서 가장 악한 문화를 만들어 퍼뜨리는 죄인들이었다고 설명하고 있다. 따라서 소돔 왕은 가장 악한 죄인들 중에 괴수요 우두머리였던 것이다. 반면 살렘 왕 멜기세덱에 대해서는 "그는 지극히 높으신 하나님의 제사장이었더라"고 오늘의 본문이 설명하고 있다.

즉 성경이 이 두 사람을 아브람의 돌아오는 길에 나란히 출현시키는 것은 하나는 하나님의 가장 거룩한 제사장으로 그리고 다른 한 사람은 하나님을 대적하는 가장 사악한 세력의 왕으로써 극적인 대비를 이루고자 하는 의도를 가지고 있다는 것을 볼 수 있다. 하나님의 가장 놀라운 은혜를 경험하고 돌아오는 길에 전혀 이질적인 두 사람의 존재가 그를 기다리고 있다는 것은 그 시사하는 바가 대단히 중요하며 깊은 의미가 있다는 것을 느끼기에 충분하다. 과연 이 두 사람이 아브람을 기다리는 이유는 무엇이며 주고자 하는 것은 무엇이고 또 아브람은 이 두 사람을 각각 어떻게 대해야 하는 것일까? 한 사람은 그의 받은 은혜를 더해줄 수 있는 사람이고 다른 한 사람은 그에게 큰 시험과 도전을 가져다 줄 수 있는 사람이다.

실제로 사회적으로 중요한 지위에 오른 자들이나 신앙공동체의 중심 위치에 있게 된 사람들을 보면 그들의 주변에 많은 사람들이 모여드는 것을 볼 수 있다. 문제는 이들이 모두 한결같지 않다는데 있다. 어떤 이들은 진정 그 사람의 하는 일에 큰 유익을 더해줄 수 있는 사심 없이 돕는 자들이다. 반면 이와는 달리 자신의 영달과 자신의 야심을 위해 교묘하게 그의 가진 지위와 역할을 이용하려고 하는 자들도 있다. 아브람에게 이러한 두 부류의 사람이 그를 맞이하려고 나왔던 것처럼 말이다. 이제 이들을 어떻게 분별하느냐 하는 것이 그에게 주어진 역할과 임무를 얼마나 성공적으로 수행할 수 있느냐 하는 관건이 된다.

그러면 먼저 우리는 여기서 성경에서 가장 풀기 어려운 난제 중의 하나로 남아있는 멜기세덱이라는 인물에 대해 성경 말씀의 해석 가능한 범위 내에서 한 번 구체적으로 탐구해 보도록 하자. 우선 이 멜기세덱을 살렘 왕이라고 할 때 이 살렘은 어떤 곳일까? 그를 왕이라고 지칭할 때는 분명 그가 다스리는 사람들이 있었다는 것을 의미한다. 그리고 그를 따르며 그에 의해 다스림을 받는 사람들이 사는 지리적 영역은 살렘이라는 지역이었다. 그가 분명 이 땅에 존재하였던 실존 인물이었다면 그의 지배를 받는 사람들과 그가 다스리는 지역이 있었다는 사실은 필연적이다. 이러할 때 살렘이라는 지역은 훗날의 예루살렘이라고 보는 것이 거의 정확하다. **살렘**이 '평화' 혹은 '평강'이라는 뜻이라면 **예루살렘**은 '평화의 기초' 라는 의미를 지니고 있어서 그 의미의 연결성이 충분하고 신앙적으로도 동일한 주제를 담고 있기 때문이다. 예루살렘이 당시 아브람이 자리 잡고 있던 헤브론과 가나안의 중심부인 북쪽의 세겜을 잇는 간선 도로의 중앙에 위치해 있는 지리적인 위치로 볼 때도 현재 그가 아브람을 맞이하는 현장에 나올 수 있는 충분한 근거를 제공해 준다.

그러면 우리는 여기서 그는 왜 그가 다스리는 나라를 살렘이라는 이름으로 불렀고 왜 굳이 헤브론과 세겜을 잇는 그 중심 도상에 나라를 세웠는지를 생각해 보게 된다. 누가 어떤 일을 하게 될 때에 보통 가장 먼저 하는 일은 이름을 짓는 일이다. 그 이름 안에는 그 일을 하는 목적과 바라는 바의 소망 등을 담아놓는다. 따라서 그 이름을 보면 대략 그 이름을 지은 자의 철학과 비전 등을 유추해 볼 수 있다. 이러한 점에서 살렘이라는 이름이 '평화' 혹은 '평강'이라는 뜻을 담고 있다는 것은 이 나라가 세워진 목적과 지향하는 바는 평화와 평강이라는 것을 알 수 있다. 그리고 이는 약탈과 죽음의 야만적인 당시 시대 상황을 반영하고 있다고 볼 수 있다. 이는 창세기 11

장이 설명하고 있는 역사적 배경 하에서 나타나는 당시 가나안의 상황과 그 돌라오멜의 세력과 존재가 보여주는 세계사적인 상황 속에서 충분히 확인할 수 있는 바다.

즉 멜기세덱은 약탈과 죽음의 전쟁이 횡행하는 역사 속에서 평화와 평강을 꿈꾸며 이 가나안의 남쪽 산지 지역에 나라를 세우고 그 뜻을 실현해 갔던 인물인 것을 우리는 알 수 있다. 그가 가나안의 여러 지역에서도 굳이 오늘날의 예루살렘에 자리를 잡은 것은 이 지역이 사방이 골짜기로 둘러싸인 해발 760m의 천연 요새와 같은 지형을 가지고 있었기 때문이다. 적의 공격을 막을 수 있는 아주 유리한 이점이 있었다. 그렇다면 그는 이 평화와 평강의 개념을 어떤 이념 혹은 사상에 근거하여 주장했을까? 또 나아가 그가 이 평화와 평강을 통해 이루고자 하는 궁극적인 목표는 어떤 것이었을까? 그냥 전쟁의 위협 없이 잘 먹고 잘 사는 것이 목적이었던 것일까?

이 점과 관련하여 성경이 그를 지극히 높으신 하나님의 제사장으로 언급하고 있는 사실을 깊이 생각해 보게 된다. 그는 살렘의 왕이었지만 동시에 그의 통치 철학과 그 나라의 이념적 근거는 여호와 하나님에 대한 신앙이었다. 즉 그는 왕으로서의 물리적인 권한을 행사하여 사회의 치안과 질서를 유지하였지만 동시에 그 권위의 근거는 하나님 신앙이었다. 따라서 백성들로 하여금 하나님을 신실히 섬기도록 가르치고 인도하여 하나님의 의와 선을 실행하고자 하는 제사장으로서의 기능을 가지고 있었던 인물임을 알 수 있다.

바로 여기서 우리는 이 멜기세덱이 다스리던 살렘이라는 나라가 하나님 나라의 최초의 모형이었다는 것을 알 수 있다. 즉 왕이 있었지만 이 왕도 하나님의 종으로서 하나님의 다스림을 시행하는 자에 불과하였고 따라서 이 나라의 진정한 왕은 하나님 자신이었다. 이는 훗날 가나안 정복 후의 이스라엘 나라의 본질이기도 하였다. 곧 하나님의 법에 의해 다스려지는 나라요 하나님의 공의와 정의가 세워져 가는 나라이며 보이지 않는 하나님께서 왕이요 주인으로서 임재하시는 나라가 바로 하나님 나라의 본질이었다.

하나님께서 예수 그리스도를 통해 하나님을 믿게 된 자들을 "오직 너희는 택하신 족속이요 왕 같은 제사장들이요 거룩한 나라요 그의 소유된 백성"이라고 말씀하실 때 이 택하고 세우신 목적이 "이는 너희를 어두운 데서 불러내어 그의 기이한 빛에 들어가게 하신 자의 아름다운 덕을 선전하게 하려 하심이라"(벧전 2:9)라고 설명하고 있다. 바로 이 멜기세덱을 들어 그가 왕이요 하나님의 제사장이라고 할 때 '왕같은 제사장'의 개념을 바로 이 멜기세덱에게서 찾아볼 수 있다. 동시에 그의 추구하는 바가 평화와 평강이라고 할 때 이는 하나님 나라를 세우고 확장시켜 가는 것임을 알 수 있다.

그러면 이 멜기세덱은 어디로부터 온 자였을까? "…그 이름을 번역한즉 첫째 의의 왕이요 또 살렘 왕이니 곧 평강의 왕이요 아비도 없고 어미도 없고 족보도 없고 시작한 날도 없고 생명의 끝도 없어 하나님 아들과 방불하여 항상 제사장으로 있느니라"(히 7:2-3). 그가 언제 어떻게 시작되었고 어디서부터 왔으며 그의 최후 종말이 어떠했는지 전혀 알 수 없는 신비의 인물로 성경은 묘사하고 있다. 물론 이 말씀이 그를 천사와 같은 영적인 존재라고 설명하는 것으로 해석할 수도 있다. 실제로 성경은 그가 언제 어디서 어떻게 시작된 인물인지 어떻게 여기에 나라를 세우게 되었는지 그리고 그의 나라는 언제 또 끝이 났는지에 대해 전혀 언급하고 있지를 않다. 훗날 가나안 정복 때에 이 예루살렘 지역에 여부스 족속이 살고 있었고 이들이 철병거를 지닌 강력한 세력이었던 것으로 보아 이 나라가 여부스 족속들에 의해 정복되었던 것은 아닌지 추측해 볼 뿐이다.

중요한 것은 성경이 시편 기자의 입을 통해 예수 그리스도를 **"멜기세덱의 반차를 좇는 영원한 제사장"**(시 110:4)이라고 설명함으로써 예수 그리스도의 사역과 그의 사역을 본질적으로 동일선상에 놓고 있다는 점이다. 예수 그리스도의 사역이 최종적으로 멜기세덱이 다스리던 살렘 곧 예루살렘에서 끝을 맺었고 그리고 바로 여기에서부터 하나님 신앙이 아시아 아프리카 유럽의 온 세상으로 퍼져나갔다. 그렇다면 이와 같은 그의 사역을 멜기세덱의 반차를 좇은 것이었다고 할 때 멜기세덱 또한 이 살렘을 중심으로 하나님 신앙을 온 세상에 퍼뜨리고자 하는 꿈과 비전을 갖고 이 가나안에 들어와 왕국을 건설하고 그 이름을 살렘으로 명명하였다고 할 수 있다. 가나안이 가지고 있는 '지구의 배꼽'에 해당되는 지정학적인 위치를 그 또한 이미 알고 이를 이용하여 하나님 나라를 건설하고자 꿈꾸었던 신앙의 사람이었다고 파악할 수 있다. 이와 같은 멜기세덱의 소망이 훗날 예수 그리스도에 의해 완성되었다고 할 때 예수 그리스도를 멜기세덱의 반차를 좇은 영원한 제사장이라고 하는 성경의 말씀은 무리 없이 이해될 수 있다.

어쩌면 멜기세덱은 니므롯 제국이 건설되고 바벨탑 사건이 일어나 사람들이 온 사방으로 흩어져 갈 때 홀로 사람들을 이끌고 이 살렘으로 온 것은 아니었는지 모른다. 그 피비린내 나는 전쟁과 약탈과 갈등의 세상 속에서 오직 노아를 통해 이어져 온 하나님 신앙을 지키기 위해 이 깊은 산골짝으로 피해 들어온 것이었을 수 있다. 그리고 여기서부터 신앙을 다시 세상으로 흘려보낼 것을 기원하면서. 물론 그가 어디서 왔으며 누구의 자손인지 언제 시작되고 언제 끝이 났는지 알 수는 없다. 왜냐하면 그의 살렘에서의 사역은 계속되지 못하고 끝이 났으며 신앙의 흐름은 아브라함을 중심으로 전개되고 있었기 때문이다.

사람들은 그가 누구에게서 태어났으며 어디서 왔다가 무슨 일을 하였으며 어디로 갔는가를 중요시한다. 알고 싶어한다. 그러나 이러한 것들은 다 사소한 것들일 뿐이요 그 가장 중요하고 또 전부가 되어야 하는 것은 그가 하나님 나라를 위해 어떻게 살았으며 어떤 결과를 남겼느냐 하는 사실이다. **"바람이 임의로 불매 네가 그 소리를 들어도 어디서 오며 어디로 가는지 알지 못하나니 성령으로 난 사람은 다 이러하니라"**(요 3:8)는 예수님의 말씀은 바로 이를 나타낸다. 숨겨진 곳에서 보이지 않는 곳에서 최선을 다해 준비하고 하나님의 인도로 잠시 세상에 나타나 하나님의 일을 성실히 행한 후 또 그렇게 자기를 드러냄이 없이 사라져 가는 참으로 진실한 하나님의 사람들을 가리키신다. 멜기세덱 또한 이러한 관점에서 본다면 전혀 이상할 것이 없다고 하겠다.

작은 일을 하고도 소리 높여 자기를 알리고자 하는 천박한 세상 속에서 바람처럼 왔다 소리 없이 사라져간 멜기세덱 같은 신앙인을 그려본다.

이제 물러나 좀 쉬라 (창 14:18)

승전하고 돌아오는 아브람을 영접하려고 함께 나와 서서 그를 기다리고 있는 두 사람의 왕. 왕들이 아브람을 기다리고 있다는 것 자체가 아브람의 행한 일이 가나안 사람들에게 얼마나 큰 놀라움을 가져다 주었는지를 그대로 보여주는 생생한 현장이다. 한 마디로 경이로움 그 자체였다고 할 수 있다. 마치 전쟁 영웅을 환호하듯 아브람이라는 인물 자체에 대한 경의라고 할 수 있겠다. 하지만 이들이 돌아오는 아브람을 맞이하는 기대가 모두 다 똑같았을까? 특히 하나님의 지극히 높으신 제사장이라고 소개되는 살렘 왕 멜기세덱과 여호와 앞에 큰 죄인이었던 소돔 사람들의 왕인 소돔 왕의 존재는 이와 관련하여 극히 대비적인 상황을 연출하고 있다. 그러면 먼저 멜기세덱이 아브람을 맞이하는 모습을 살펴본다.

"살렘왕 멜기세덱이 떡과 포도주를 가지고 나왔으니 그는 지극히 높으신 하나님의 제사장이었더라"(:18)

멜기세덱은 아브람을 맞이하기 위해 떡과 포도주를 가지고 나아왔다. 왜 그는 떡과 포도주를 가지고 나왔는가? 얼핏 생각하면 전쟁 영웅을 맞이하는 것으로는 너무 초라하고 의외라고 느껴지지 않는가? 오늘날로 말하면 큰 훈장이나 대단한 상급을 준비하고 있어야 할 것 같은데 겨우 떡과 포도주라니. 왜 그는 이러한 것을 준비하여 그를 맞이하고 있는 것일까? 하지만 우리는 여기서 오히려 멜기세덱의 세밀한 배려를 읽을 수 있다. 본래 떡이란 배고픈 자를 위한 음식이다. 그리고 포도주란 지친 사람에게 긴장을 풀고 편안한 쉼을 누리도록 하여 기운을 회복할 수 있도록 한다. 혹은 잔치와 같은 감사와 기쁨과 즐거움을 함께 나누기 위해 준비되는 음식이었다. 노아가 홍수 후의 세상에서 포도주를 마시고 취하여 누웠던 것이나 예수께서 갈릴리 가나의 혼인 잔치에서 물로 포도주를 만드셨던 것도 이러한 맥락에서였다. 특히 고대 사회에서 이 포도주는 상처를 소독하기 위한 치료제로도 쓰였다.

여기서 우리는 생각해 본다. 그 격렬하고 힘겨운 전투를 치르고 돌아오는 아브람과 그의 군대는 어떠했을까 하는 것을. 멜기세덱이 전쟁에서 돌아오는 이들을 위해 떡을 준비하였다는 것은 이들이 육체적으로 심히 고단하고 지쳐있어서 이들에게 당장 필요한 것은 따뜻한 떡 한 덩이라고 생각하였기 때문이 아닌가? 또한 포도주를 준비한 것은 승리를 축하하고 그 기쁨을 함께 나누기 위한 것이기도 하지만 아브람의 군대 중에 당연히 부상당하여 고통스러워하는 자가 있을 것이기에 그들을 치료하고 기운을 북돋우기 위한 것이 아니겠는가? 그 격렬한 대규모의 전투에서 한 사람도 사망하거나 부상당한 사람이 없다고 생각한다면 그것 자체가 넌센스인 것이다.

흔히 사람들은 군대가 전쟁터에서 돌아오면 승리를 축하하고 그들이 받아야 할 훈장부터 생각하는 것이 상례다. 즉 이겼다는 사실이 가져다주는 자신들의 기쁨을 표현하고 이 기쁨을 가져다 준 군대에게 경의를 표하며 그 승리에 대한 보상만을 생각한다. 부상당한 자와 죽은 자들 또 살아서 돌아온 자들일지라도 마음과 몸이 얼마나 지치고 피곤한지 그리고 어떤 상처들을 가지고 있는지에 대한 생각은 그보다 앞서지를 못한다. 정작 보다 중요한 것은 바로 이 부분인데 말이다.

오늘날의 우리 사회도 그렇지 아니한가? 겉모습만의 화려함을 바라보고 그것을 얻기 위해 맹목적으로 달려갈 뿐 그 이면에 얼마나 고단한 삶이 있는지를 보지 못한다. 멋지고 훌륭한 제품이 나오면 그 나온 결과만을 보고 박수칠 뿐이지 그것이 나오기까지 수많은 날들을 밤낮으로 수고한 이들의 감춰진 고생은 주목하지를 못한다. 고액의 소득을 올리는 자들을 부러워하고 시기하기까지 하나 그 많은 돈을 받는 만큼 그들이 짊어져야 하는 엄청난 부담과 대가는 또 생각지 못한다. 사회적 상류층이 멋져 보여서 그 사회에 편입하고자 애를 쓰지만 그곳에 존재하는 지독한 갈등과 긴장 그리고 깊은 곳에 감추어져서 흘러가는 암투들은 보지 못한다. 그것이 인간을 얼마나 피곤하게 하는지 또 얼마나 더럽고 치사하게 만드는지를. 멋지고 훌륭한 플레이를 펼치는 운동선수를 보면 그 화려한 결과를 부러워하나 그 결과를 얻기까지 오랜 기간의 피나는 훈련과 또 그 결과를 계속 유지하기 위한 고된 자기연단의 시간들을 새겨보지 못한다. 그 힘겨운 시간들이 배나 더 있었지만 전혀 이름도 없이 사라져간 사람들이 훨씬 더 많은데.

아브람과 그의 군대가 전쟁에서 이기고 돌아올 때에 사람들은 개선장군처럼 늠름한 모습만을 기대하고 바라본다. 이들이 얼마나 힘들어하고 또 얼마나 많은 사람들이 죽거나 다쳤는지는 사려 깊게 살피지 못한다. 아브람 자신만 해도 그 엄청난 전쟁에 뛰어들었지만 과연 그 승리를 장담할 수 있었겠는가? 패배의 두려움은 없었겠는가? 가나안의 그 어떤 왕과 군대도 당해내지 못한 강력한 군대를 광야 한 귀퉁이에 자리 잡고 살아가는 일개 족장의 신분과 힘으로 대적한 전쟁이었다. 만일 패배한다면 모든 것이 그대로 끝장나는 것이었다. 그야말로 하나님이 도와주시지 않는다면 불가능한 싸움이었다. 오가는 원정길에 잠이나 편히 자고 먹을 것이나 마음껏 먹을 수 있었겠는가?

따라서 지금 아브람에게 정말로 필요한 것은 떡과 포도주뿐 이었다. 떡과 포도주가 주는 편안한 휴식 외에는 어떤 것도 그에게는 필요치 않은 상태였다. 멜기세덱이 떡과 포도주를 가지고 아브람을 마중나온 것은 바로 이러한 보이지 않는 곳에 있는 인간의 실질적 필요를 보았기 때문이었다. 육체가 힘을 얻고 그 마음이 쉼을 누리고 새로운 기운을 회복하도록 하는 자상하고 세심한 배려였다.

바로 이것이 하나님께서 우리에게 하시는 일이요 신앙인이 사람을 바라보는 신앙의 눈길이 되어야 하지 않겠는가? 하나님께서는 바로 이러한 시각으로 우리의 깊은 내면, 감추어진 이면을 보시고 우리에게 가장 필요한 일을 행하신다. 나는 나의 피곤함을 보지 못하고 개선장군 같은 화려한 결과만을 바라며 달려가고자 원한다. 그러나 정작 내 안에 필요한 것은 가장 편안한 쉼이라는 것을 아시고 떡과 포도주를 가지고 가만히 찾아오셔서 이제는 좀 쉬라고 하시는 것이다. 그리고 세상에서 물러나 한적한 곳으로 인도해 가셔서 영혼의 안식을 누리게 하신다.

예수께서도 그 따르는 수많은 사람을 피해 홀로 한적한 곳으로 물러가셔서 몸과 마음을 새롭게 하는 시간들을 가지셨다. 엘리야 또한 지쳐 로뎀나무 밑에 누워 모든 것을 포기하고자 할 때 까마귀를 통해 떡과 고기를 공급하시고 아무도 없는 한적한 하나님의 산 호렙으로 인도해 들이셨다. 그리고 그 곳에서 미처 보지 못했고 생각지 못했던 것들을 보게 하시고 깨닫게 하신 다음 새로운 사명을 주셔서 세상으로 보내셨다. 안식의 은혜였다.

나는 화려한 결과를 원하나 하나님께서는 보이지 않는 보다 깊은 내면의 세계로 인도해 가신다는 사실을 생각하자. 내 깊은 곳에 나도 모르게 자리 잡은 상처들은 없는지 살펴보자. 세상이 주는 헛된 명성과 화려함과 달콤함에 끌려 내 외롭고 상처난 내면을 돌보지 못한 채 헤어나올 수 없는 깊은 수렁으로 들어가지 않도록 하자. 과연 하나님께서 우리에게 주고자 하시는 영혼의 안식을 나는 오늘 누리고 있는지를 되돌아보자.

주님께서는 라오디게아 교회를 향해 이같이 말씀하신다. "네가 말하기를 나는 부자라 부요하여 부족한 것이 없다 하나 네 곤고한 것과 가련한 것과 가난한 것과 눈먼 것과 벌거벗은 것을 알지 못하도다 내가 너를 권하노니 내게서 불로 연단한 금을 사서 부요하게 하고 흰 옷을 사서 입어 벌거벗은 수치를 보이지 않게 하고 안약을 사서 눈에 발라 보게 하라"(계 3:17-18). 육신은 부자이나 영혼은 가난하고 심히 곤고한 자들이었다. 모든 것을 다 안다고 하나 실상은 소경처럼 알아야 할 것을 알지 못하는 눈 먼 자들이었다. 자기 수치를 자기가 드러내고 있으면서도 그것이 수치인 줄을 알지 못하는 어리석은 자들을 지적하신다. 이들이 믿음 없는 자들이 아니요 바로 교회의 실상인 것을 말씀하신다. 바로 오늘 우리의 교회들이다. 사람마다 나는 부요하다고 생각될 때 자신의 헐벗음을 생각할 수 있어야 하리라.

꽃은 시들면 추한 것을 (창 14:19-20)

만일 아브람이 인간적 야심과 욕심을 지니고 있는 사람이었다면 지금 이길 수 없는 싸움을 승리하고 돌아올 때에 그가 기대하는 바는 무엇이었을까? 아마 개선장군처럼 으쓱대며 화려한 환영과 크고 멋진 상급을 기대하며 돌아왔으리라. 자신의 부하들이 지치고 힘들어할지라도 죽거나 다친 사람들이 많이 있을지라도 그런 것쯤은 당연하다고 여겼으리라. 이제 이 땅에서 자신의 높아진 위상으로 이를 자신에게 얼마나 유리한 기회로 만들어 갈 수 있을까 계산하기에 분주하였을 것이다.

하지만 지금 돌아오는 아브람은 어떠하였을까? 그가 이 전쟁에 출병한 목적 자체가 자신의 세력을 확장하거나 과시하기 위한 것이 아니었다. 아모리 족속과 동맹한 그 약속의 의무를 지켜 포로로 잡혀간 백성들을 구하기 위해서였으며 특히 조카 롯을 구하기 위해서였다. 남들이 볼 때는 아브람의 승리가 가나안을 놀라게 하는 대단한 것이었지만 아브람에게는 심히 피곤하고 힘든 길이었다. 전쟁에 이기고 돌아가는 군대를 추격해서 급하게 달려간 길이었고 한밤중에 기습 공격을 벌여 싸운 힘겨운 전투였다. 그리고 이제 돌아오는 길은 조카 롯을 비롯한 포로로 잡혔던 사람들과 재물과 가축까지 더해져서 그들을 지켜 보호하며 인도해 와야 했다. 언제 적이 다시 돌아와 이 행렬을 칠지 알 수 없었다. 그렇지 않아도 지친 아브람과 그의 군대에게는 편안한 귀환길이 아니라 더 긴장해야 하는 길이었다.

> "그가 아브람에게 축복하여 가로되 천지의 주재시요 지극히 높으신 하나님이여 아브람에게 복을 주옵소서"(:19)

아브람이 고향 본토 친척 아비 집을 떠난 이후 이미 2, 30년의 세월이 흘렀다. 참으로 어려운 고난의 길이었다. 누구 하나 의지할 데가 없었고 사방의 모두가 적이었으며 거듭된 실패와 좌절의 연속이었다. 아브람의 신앙 자체도 모진 위기를 겪었고 그 신앙을 지키는 것도 온전히 아브람 혼자만의 몫이었다. 도움을 구할 사람이 전혀 없었다. 그런데 오늘 처음으로 하나님의 가장 진실한 제사장으로부터 축복 기원을 받는다. 심신이 몹시 지친 참으로 고단한 순간이었다. 빨리 장막으로 돌아가 몸을 눕히고 싶은 생각 외에는 모든 것이 귀찮을 수도 있는 때였다. 이 때 자신을 위해 가장 진실하게 복을 빌어줄 수 있는 진정한 하나님의 사람을 만난다는 것은 그에게 어떤 의미로 다가왔을까? 지금까지 누가 아브람에게 이러한 복을 기원해준 사람이 있었는가? 모두가 다 긴장한 마음과 눈으로 경계해야만 하는 자들이었다. 그러했기에 멜기세덱의 영접과 축복은 전혀 새로운 경험으로 그에게 큰 위로가 되며 새 힘을 돋게 하는 은혜였다.

아브람처럼 끝없이 수고하며 늘 긴장해야만 하는 힘든 사역의 길을 걸어가는 신앙인에게 있어서 가장 크게 위로를 얻을 수 있는 때는 어떤 때일까? 나와 마음을 같이 하는 사람을 만날 때가 아니겠는가? 나의 존재가 어느 누군가에게 위로가 되고 축복이 될 수만 있다면 그 얼마나 의미 깊은 일이 되겠는가? 그런데 우리는 이 멜기세덱과의 만남이 갖는 더욱 중요한 의미를 이제 그의 축복과 아브람을 대한 권면 속에서 발견하게 된다. "**그가 아브람에게 축복하여 가로되 천지의 주재시요 지극히 높으신 하나님이여.**" 왜 멜기세덱은 하나님을 말함에 있어 '**천지의 주재시요 지극히 높으신**' 이라는 설명을 덧붙이고 있는 것일까? '**천지의 주재**' 라고 함은 세상의 모든 일이 하나님의 섭리를 따라 진행되어져 가는 것임을 전하는 의미다. 즉 이 세상에서 하나님의 손을 떠나서 이루어지는 일은 하나도 없다고 하는 가르침이 담겨져 있다. 동시에 이 하나님을 '**지극히 높으신 하나님**' 이라고 표현하는 것은 세상에서 높은 이는 오직 하나님 한 분 뿐이요 오직 그 분만이 찬양받고 높이 여김을 받으셔야 한다는 것을 알리는 표현이다. 왜 멜기세덱은 이러한 선포를 지금 승전하고 돌아오는 아브람을 대해서 하는 것일까?

> "**너희 대적을 네 손에 붙이신 지극히 높으신 하나님을 찬송할지로다 하매 아브람이 그 얻은 것에서 십분일을 멜게세덱에게 주었더라**"(:20)

도저히 이길 수 없는 전쟁을 기적처럼 이기고 돌아오는 아브람이었다. 어느 가나안의 왕보다도 더 뛰어난 능력을 모든 사람들에게 드러내고 있는 현장이었다. 사람들은 아브람의 능력을 높이고 찬양할 수밖에 없는 때다. 왕들이 지금 이 자리에 그를 영접하려고 나와 있다는 것이 바로 아브람을 영웅처럼 떠받들고 있는 이러한 분위기를 반영하고 있다. 따라서 아브람 자신도 자칫하면 이들의 이런 분위기에 휩싸여 스스로 우쭐해질 수도 있는 상황이다. 바로 이러한 상황 속에서 멜기세덱은 가장 먼저 아브람을 영접하며 이 승리는 사람이 아니라 하나님께서 하신 것임을 선포하는 것이다.

"**너희 대적을 네 손에 붙이신 지극히 높으신 하나님**" 이 말씀은 바로 이러한 내용을 드러낸다. 강력한 적군을 그렇게 쉽게 무찌를 수 있었던 것은 전적으로 하나님의 은혜로 가능했던 것임을 주지시키고 있다. 사람들은 아브람이 행한 것이라고 말하고 그를 높이고자 하고 있기 때문이다. 따라서 **"하나님을 찬송할지로다"**라고 말하는 것은 아브람이 사람들의 찬사 속에서 스스로 높아지는 것을 경계하고 그 자신이 먼저 하나님만을 찬양하고 그에게 영광을 돌릴 것을 권면하는 말씀이다. 어느 순간에도 인간은 찬양의 대상이 될 수 없고 스스로 높아진 자리에 있어서는 안 된다는 것을 강하게 교훈하는 의도다. 사람들이 어떤 말을 하고 어떻게 너를 높일지라도 너는 신앙인으로서의 본분을 잊지 말라고 경계하고 있다.

사람들이 뛰어난 업적을 이룬 사람을 높이고자 하는 것은 당연한 모습이다. 더군다나 영웅이 없는 시대, 힘들고 답답한 시대일수록 누군가 이 모든 꽉 막힌 현실을 돌파하여 속 시원함을 주기 바라는 갈망은 더욱 강하게 작용한다. 따라서 이러한 소망 없는 시대일수록 영웅의 출현을 기다리는 사람들의 마음 또한 커져만 간다. 그러므로 이러한 가능성을 조금이라도 보여주는 사람이 출현하면 그들은 그를 한없이 떠받들고 높인다.

지금 가나안의 상황은 어떠한가? 영웅을 간절히 찾는 사회 조건을 가지고 있다. 이 작은 땅덩어리는 많은 나라들로 나뉘어져 있고 왕들과 그들의 군대는 나라와 백성을 위기에서 지킬 능력이 없다. 더군다나 지나간 전쟁으로 인해 전 국토와 백성들의 삶이 처참하게 유린당하였다. 이러한 때에 출현한 아브람이라는 존재는 그가 백성들의 영웅으로 떠오를 수밖에 없는 조건을 갖고 있었다. 더군다나 그가 가나안 사람이 아니요 이방인으로서 이 가나안을 위해 파멸의 위험을 무릅쓰고 전쟁을 수행하였다는 것은 이기고 지는 것을 떠나서 그 자체가 영웅적인 행동으로 보일 수밖에 없었다.

아브람의 의사와는 상관없이 아브람은 이미 이 가나안 사람들에게는 영웅으로 떠올라 있었다. 아브람 자신이 아무리 의지가 강할지라도 영웅으로 대접받는 이러한 자리와 위치를 거절할 수는 없었다. 바로 이 때 하나님은 멜기세덱을 보내셔서 이 놀라운 전쟁의 승리가 너의 능력으로 인한 것이 아니요 하나님께서 행한 은혜인 것임을 가르쳐 주신다. 사람들은 너를 영웅처럼 높여 찬양하고 너를 지배자처럼 받들려고 하나 너는 오직 하나님을 경배해야 하는 자임을 잊지 말고 하나님만을 경배하라고 일러주시는 것이다.

그러면 하나님께서는 왜 인간이 찬양의 대상이 되는 것을 원치 않는 것일까? 우리는 이와 관련하여 오늘 아브람이 영웅처럼 높아져 가나안의 백성들에게서 찬양을 받을 때 필연적으로 생겨나게 될 무서운 결과를 보게 된다. 그것은 가나안의 왕들에게서 나타날 모습들이다. 백성들이 아브람을 찬양한다고 할 때 이는 왕들의 무능을 간접적으로 드러내는 것이 된다. 그리고 만일 이로 인해 왕들의 입지가 좁아진다고 느껴질 때 과연 왕들이 가만히 두고 볼 것인가 하는 점이다. 백성들의 마음이 아브람이라는 한 이방인에게로 더 기울어져 가고 그로 인해 왕과 백성들의 관계가 멀어져 갈 때 왕들이 이를 방치하고 아브람을 계속 떠받들 수 있을 것인가? 필연적으로 아브람을 경계할 수밖에 없고 이에서 생겨나는 갈등은 그의 입지를 근본부터 위태롭게 하는 결과를 초래한다.

이러한 증거는 훗날 다윗에게서 보여진다. 다윗이 블레셋과의 전쟁에서 승리하여 돌아올 때 백성들은 다윗을 높여 찬양하였고 이는 상대적으로 당시의 왕이었던 사울을 깎아내리는 결과로 나타난다. 바로 이로 인해 사울은 다윗을 시기하게 되고 자신의 왕권이 도전받게 될 것을 두려워하여 죽이려고 의도한다. 그 이후 다윗은 참으로 오래도록 사울의 집요한 추적을 받으며 쫓겨다니는 고난을 겪게 된다.

하나님은 엄청난 은혜를 경험한 아브람에게 멜기세덱을 보내셔서 사람들의 찬사에 결코 마음 기울이지 말 것을 권면하신다. 인간의 마음이 얼마나 간사한지를 아시기 때문이다. 오직 하나님만을 바라보고 하나님만을 높이며 그에게만 감사하는 것이 오늘의 은혜를 진정한 은혜로 영원히 지키는 길임을 알려주시는 것이다. 그것이 바로 나를 지키는 길이기 때문이다. 결국 멜기세덱의 출현은 이 하나님의 놀라운 은혜가 아브람의 인생에 가장 저주스런 것으로 바꿔지지 않도록 미리 막는 또 다른 오묘한 섭리다.

꽃은 피어날 때는 아름답지만 시들어 땅에 떨어질 때는 무척 추한 모습으로 남는다. 사람은 그 꽃이 줄기와 나무에 달려 있을 때는 그것을 감상하고 좋아하지만 땅에 떨어지면 그것을 발로 밟는데 별로 망설이지 않는다. 사람의 영광도 그러하다. 사람들은 사람을 높이지만 만일 그가 자신들의 마음에 합당치 않다는 것을 발견하게 되고 자신들의 욕심에 방해가 된다고 생각하면 그를 추켜세울 때보다 더 큰 열심으로 잔인하게 짓밟아 놓는다. 이것이 역사의 진실이다. 하나님만을 높이고 하나님께만 감사하고 영광을 돌리는 것 이것이야말로 세상에서 가장 아름답고 후회할 것 없는 일인 것을.

버림받은 헌신 (창 14:20)

"너희 대적을 네 손에 붙이신 지극히 높으신 하나님을 찬송할지로다 하매 아브람이 그 얻은 것에서 십 분 일을 멜기세덱에게 주었더라"(:20)

전쟁터에서 돌아오는 길에 자신을 영접하는 멜기세덱과의 만남을 통해 아브람은 어떤 생각을 하게 되었을까? 멜기세덱이 전해주고자 하는 이 모든 것들을 어떻게 받아들였을까? 아브람은 그 얻은 전리품의 십 분 일을 멜기세덱에게 바친다. 아브람이 얻은 물품의 규모가 어느 정도인지는 정확히 추정할 수는 없으나 북방 군대가 정복 전쟁을 치르고 노획한 것이고 그들이 이러한 전쟁을 감행한 이유도 바로 이러한 재물을 얻고자 하였던 것이기에 그 양은 엄청나다고 할 수 있다. 이 막대한 물품 중에서 십 분 일이라고 하면 상당한 분량이다. 아브람은 어떤 마음에서 이러한 행동을 하는 것일까?

신앙의 역사에서 처음 나타나는 십일조 행위요 십일조에 대한 그 어떤 의무도 규정되지 아니한 때의 일이다. 단순한 감정의 차원이나 의무의 차원으로 설명할 수 있는 행동이 아니다. 이 멜기세덱과의 만남에서 아브람 자신이 그 마음에 가장 감사한 은혜를 입었기에 가능한 것이요 마음에 큰 위로와 평안을 얻었기에 이러한 마음을 표현하고자 하는 것이다. 마음 가득한 감동에서 나온 행동이요 감사한 마음에서 나오는 예물이다.

큰 전쟁을 치르고 돌아오는 지치고 힘든 원정길이었다. 그러한 때에 가장 먼저 이 멜기세덱이 떡과 포도주를 들고 나와 그를 맞이하였다. 오랜 행군과 격렬한 전투에서 지치고 고단한 육체가 힘을 얻도록 하고 그 긴장했던 마음이 편안한 쉼을 누리도록 한다. 그리고 다친 육체가 치료받을 수 있도록 정성스럽게 돌봐준다. 더불어 멜기세덱은 이 전쟁의 승리가 하나님의 주권적 섭리에 의한 것임을 설명하고 사람에게 칭찬받지 말고 오직 하나님만을 찬양할 것을 권면한다. 아브람의 신앙을 지킬 수 있도록 하는 가르침이었다. 떡과 포도주에 더하여 전해준 이러한 가르침은 전쟁에서 이기고 돌아왔다는 사실보다도 훨씬 더 중요하고 의미 있는 은혜를 담고 있는 것이었다. 떡과 포도주가 마음과 육체를 새롭게 하는 것이었다면 뒤이은 **"너희 대적을 네 손에 붙이신 지극히 높으신 하나님을 찬송할지로다"**라는 권면은 그의 영혼을 새롭게 하는 것이었다.

전쟁에서의 승리가 외적인 삶에 함께 해 주신 하나님의 은혜였다면 이 멜기세덱을 보내셔서 떡과 포도주를 주신 것은 인간의 내면에 대한 깊은 이해와 배려였다. 그의 입에서 나온 말은 영혼의 울림이었다. 남들은 외적인 결과만을 가지고 그 얻은 자를 부러워하고 칭송하려고 하지만 그 내면의 곤고함을 알지를 못한다. 그 결과를 얻기까지 그가 치루어야 했던 내적 어려움들을 말이다. 하나님께서는 이 내면의 감추어진 부분까지 위로하시고 어루만져 치료해 주셨고 그리고 자신의 삶에 나타난 그 하나님의 놀랍고도 세밀한 섭리를 깨닫게 하심으로 그의 영혼까지도 새롭게 하시며 생기를 불어 넣어 주셨던 것이다.

멜기세덱을 통한 하나님의 섭리. 바로 이것이 하나님 은혜의 본질적인 측면이다. 하나님의 은혜는 물론 그 은혜 자체가 주는 즐거움이 있고 삶의 풍요로움이 있다. 하지만 보다 중요한 것은 이 은혜의 경험을 통한 영적인 내면의 깊이가 더해져 가는 것이요 이를 통해 신앙이 더욱 성숙해 지는 것이다. 만일 이 부분이 무시되고 외적인 즐거움과 풍요한 삶만이 강조된다면 이 은혜는 오히려 해로운 것이 된다. 게으름과 교만을 자극하여 사람을 타락시킬 수가 있기 때문이다. 그래서 하나님의 은혜는 그것이 진정 하나님께로부터 온 것이라면 그것을 경험한 이후가 더욱 아름다워야만 하는 것이다. 따라서 아브람이 멜기세덱에게 십 분 일을 바친다고 하는 사실은 전쟁의 승리에 대한 감사나 혹은 많은 재물을 얻은 것에 대한 감사만이 아니었다. 그의 영과 혼과 육이 온전히 새롭게 된 것에 대한 감사를 담아 드리는 예물이었다.

보통의 우리는 십일조를 드릴 때에 내 소득이 있게 하신 것에 대한 감사의 의미로 이를 드리는 마음들이 많다. 하지만 그 십일조에는 내 소득에 대한 감사보다는 그 어떤 것보다도 내 마음이 위로받고 내 영이 하나님의 신앙으로 새롭게 된 결과를 담고 있어야 한다. 즉 단지 먹고 살아갈 수 있음에 대해서만 감사한 것이 아니라 그 마음과 신앙까지도 놀라운 은혜를 경험했음에 대한 고백이 담겨 있어야 하는 것이다. 단지 물질적 소득에 대한 감사만 있지 그 영과 혼의 얻은 위로와 은혜가 없다면 그 십일조는 생명 있는 온전한 십일조라고 할 수 없다. 예수님의 다음 말씀은 바로 이러한 면을 지적하고 있다.

"화 있을진저 외식하는 서기관들과 바리새인들이여 너희가 박하와 회향과 근채의 십일조를 드리되 율법의 더 중한 바 의와 인과 신은 버렸도다 그러나 이

것도 행하고 저것도 버리지 말아야 할지니라"(마 23:23)

바리새인과 서기관들로 대표되는 이스라엘의 신앙은 철저한 십일조를 강조하였다. 그래서 그들은 박하와 회향과 들에서 뜯은 나물까지도 십 분 일을 반드시 예물로 하나님께 바쳤다. 참으로 대단한 신앙이 아니랄 수 없었다. 이 시대 어느 누구도 들에서 뜯은 나물의 십일조까지 계산하여 이렇게 정확한 십일조를 드리려고 하지는 않을 것이다. 하지만 예수님께서는 이들의 이러한 십일조에 대해 비판을 가하신다. 외적인 십일조는 나무랄 데가 없지만 그 속에 담겨 있어야 되는 보다 중요한 내용이 빠져있다는 것이었다. 즉 하나님의 말씀이 요구하고 있는 의와 인과 신의 신앙이 거기에 빠져있다는 것이었다.

여기서 나타나는 중요한 사실은 하나님께서 십일조를 요구하신 것은 그 소득의 십 분 일을 바치는 행위가 중요한 것이 아니라 그 십일조를 통해 의와 인과 신이라는 신앙의 가치들을 소유하기를 원하신 것이었다는 사실이다. 이를 이스라엘은 보지 못했던 것이다. 말씀은 외적인 것들을 통해 신앙의 내적인 가치 실현을 요구하는 것이라는 사실을 그들은 간과하고 있었기 때문이다.

"화 있을진저" 라는 말씀은 바로 이러한 점에서 의와 인과 신이 사라진 신앙은 제 아무리 철저히 십일조를 구분하여 드린다고 할지라도 지옥의 저주를 피할 수 없다고 하시는 말씀이다. 십일조를 통해 저들은 복을 기대하지만 받을 것은 오히려 죄로 인한 재난뿐인 것을 강조하시는 것이다. 십일조 행위 자체가 우리의 신앙을 증거하는 기준이 아니요 구원받고 은혜 받는 길이 아니라고 하시는 천둥 같은 선포. 이러할 때의 십일조는 단지 소득에 대한 의미만을 지니고 있을 뿐이었다. 십일조가 의와 인과 신을 담고 있지 못하다면 그것이 교회 앞에 드렸다고 하는 것 외에 나라에 바치는 세금이나 우상 앞에 복 받기를 기원하며 던지는 것이나 자기가 속한 단체에 회비나 기금을 내는 것과 다른 것이 무엇이겠는가?

오늘도 많은 이들이 아무리 적은 소득이라도 또 아무리 많은 소득이라도 그 십 분 일을 드려 신앙을 표현하고자 한다. 하지만 십일조를 드림이 왜 이다지도 어려운가? 왜 십일조를 통해 모아진 교회의 재산이 복된 결과를 일으키지 못하고 교회가 물신주의에 빠졌다는 비판의 소리를 듣게 만드는 요인이 되고 있는 것인가? 그 내면에 위로받은 결과가 없고 그 영혼이 독수리가 하늘을 차고 올라감 같은 신앙의 새로워짐이 없기 때문이다. 그러기에 그 십일조가 몹시도 힘들고 드려도 기쁨이 없으며 교회나 내 삶에 있어서나 그 어떤 아름다운 열매도 맺지 못하는 것이 아니겠는가? 영혼의 깊은 감동과 새로워짐 그리고 거기에서 우러나오는 아름다운 삶의 열매들이 함께 어우러진 십일조라야 거기에 하나님을 향한 참된 신앙이 있다.

이러한 점에서 오늘 아브람의 십일조는 우리에게 귀한 교훈을 전하고 있다. 억지로 내는 것도 아니었고 복을 받기 위해 바치는 것도 아니었으며 세상이 줄 수 없는 세밀한 하나님의 은혜와 영혼의 새로워짐에 대한 감사가 거기에 있었다.

손도 안대고 코를 풀어? (창 14:21)

살렘 왕과의 만남 속에서 아브람이 받은 은혜는 자신의 얻은 모든 소유의 십일조를 멜기세덱에게 드리는 것으로 나타난다. 큰 힘과 위로를 얻고 나아가 그 누구도 줄 수 없는 귀한 신앙의 교훈을 받은 것에 대한 절대적인 감사의 마음이 담겨져 있다. 전쟁의 승리로 인해 자칫 놓칠 수 있는 신앙의 본질을 굳게 지켜가도록 해준 것에 대한 감사였다. 여기서 우리는 신앙인의 감사는 어떤 것이어야 하는가를 생각해 본다. 멜기세덱이 아브람에게 준 은혜는 우리가 흔히 기대하는 돈도 아니었고 명예도 아니었으며 권세는 더더군다나 아니었다. 오히려 가나안 사람들이 그를 영웅시하며 떠받들어 명예와 영광을 주려고 하는 순간에 오직 하나님만을 찬양하고 섬기는 종의 본분을 강조함으로써 이러한 모든 것들을 멀리하도록 경계하였다. 어느 누구도 줄 수 없는 신앙의 바른 길을 지켜갈 수 있도록 신앙의 교훈과 권면을 주었다. 아브라함의 감사는 바로 이에 대한 감사였다.

"때가 이르리니 사람이 바른 교훈을 받지 아니하며 귀가 가려워서 자기의 사욕을 좇을 스승을 많이 두고 또 그 귀를 진리에서 돌이켜 허탄한 이야기를 좇으리라"(딤후 4:3-4). 오늘 우리가 살고 있는 바로 이 시대 신앙인들의 삶을 두고 한 예언의 말씀이다. 오늘날 사람들이 가장 크게 찾고 있는 스승은 누구인가? 큰 돈을 벌고 큰 권력을 얻은 자들이다. 사람마다 이런 자들에게서 그 방법을 배우고자 한다. 그들의 쓴 책이나 말을 관심 있게 읽고 들으려 하니 이러한 자들이 이 시대 사람들의 스승이다. 반면 바른 교훈을 말하는 자 진리를 말하는 자를 이 세대는 오히려 싫어하고 대적한다. **"그 귀를 진리에서 돌이켜 허탄한 이야기를 좇으리라."** 죄에 멍든 인간의 불의한 양심을 좌우에 양날 가진 검처럼 예리하게 지적하여 고치는 소리는 잘 들리지 않는다.

오늘 내가 가장 감사하고 있는 것이 무엇인지 가장 소중하게 여기는 만남은 어떤 만남인지를 곰곰 생각해 봐야할 일이다. 신앙인이라고 자처하나 나 또한 이 악한 세대 사람들 중 하나는 아닌지 과연 나의 스승은 누구이며 나의 귀는 어디에 기울여져 있는지를 말이다.

"소돔 왕이 아브람에게 이르되 사람은 내게 보내고 물품은 네가 취하라"(:21)

멜기세덱과의 만남이 끝난 후 곧 이어 소돔 왕이 아브람을 영접한다. 그리고 그는 말한다. **"사람은 내게 보내고 물품은 네가 취하라."** 소돔 왕이 말하는 물품이란 그돌라오멜의 연합군에게 빼앗긴 소돔 왕과 소돔 사람들의 재산을 말한다. 그가 이렇게 말하는 것은 아브람의 그 수고에 대해 왕으로서 보답하는 의미였다. 따라서 소돔 왕의 조치로 인해 아브람의 재산이 크게 늘어날 수도 있었고 생각하기에 따라서 아브람은 이 전쟁으로 큰 소득을 얻었다고 말해질 수도 있었다. 이를 각도를 달리해 본다면 소돔 왕의 이 행동은 아브람에게 그만큼 큰 상을 내리고 은혜를 베푼 것이 되고 아브람은 왕의 그러한 조치에 대해 감사할 수도 있는 상황이 된다.

여기서 먼저 소돔 왕의 이러한 태도를 앞서 아브람을 영접하였던 살렘 왕 멜기세덱과 비교해 본다. 살렘 왕은 정성껏 준비한 떡과 포도주를 가지고 아브람을 맞이하였다. 그리고 지금 아브람에게 가장 필요한 소중한 교훈의 말씀으로 그의 내면을 강하고 아름다운 신앙으로 가득 채웠다. 아브람이 그 감동과 감사한 마음을 십일조에 담아 표현할 만큼 그렇게 귀한 영접이었다. 반면 소돔 왕, 그는 아무 것도 준비한 것이 없다. 아브람과 그의 군사들이 고난과도 같은 수고를 통해 자신의 사람들과 재산을 되찾아 왔는데도 이에 대한 어떤 진실한 감사의 표현이나 위로의 말이 없다. **"사람은 내게 보내고 물품은 네가 취하라."** 그의 이 말 속에는 감사는 고사하고 왕으로서의 거만함이 배어있다. 마치 아브람의 얻은 결과가 자신의 것인 양 이것은 이렇게 하고 저것은 저렇게 하라고 지시하듯 하는 말이다. 전쟁에 나가 큰 공을 세우고 돌아온 신하에게 전리품을 하사하는 것 같은 모습이다.

이에 대해 아브람은 어떻게 응답해야 하는 것인가? 그저 감사한 마음으로 받아야 하는 것인가 아니면 거절해야 하는 것일까? 만일 오늘의 우리라면 어떻게 반응할 것인가? 먼저 우리는 아브람이 이 소돔 왕의 제안을 그대로 받아들인다면 발생하게 될 상황을 분석해 본다. 오늘 아브람의 얻은 승리와 그 결과는 소돔 왕의 입장에서 보면 감히 꿈도 꿀 수 없는 것이다. 아브람이 싸워 이긴 그 군대는 소돔 왕 혼자만이 아니라 가나안 남부의 5개국이 연합군을 이루어 싸웠지만 대패하였던 그 군대였다. 그 군대를 이기고 잃었던 재물과 잡혀간 백성들까지 아브람이 모조리 다 찾아왔다. 소돔 왕과 백성은 아브람에게 평생 잊을 수 없고 다 갚을 수도 없는 큰 은혜를 입은 것이었다.

특히 이후의 역학관계를 놓고 본다면 소돔 왕뿐 아니라 가나안의 어떤 왕이나 세력도 함부로 대할 수 없는 권위와 권세가 아브람에게 주어진 상황이었다. 더군다나 북방 세력들과의 그 전쟁에서 소돔 왕은 전세가 불리함을 깨닫자 자신의 목숨을 구하기 위해 전쟁터를 빠져나와 도망쳤었다. 왕으로서의 권위와 책임을 팽개쳐버린 비겁한 행동이었다. 백성을 사지에 남겨놓고 도망친 비겁한 자였고 죽음을 두려워한 겁쟁이였다. 그런데 아브람이 이 소돔 왕의 거만한 말을 그대로 받아들여 사람은 그에게 보내고 물품은 자신이 취한다면 어떻게 될까? 소돔 왕의 그 거만함을 그대로 인정하는 꼴이 되고 나아가 비참한 패배를 당한 소돔 왕을 건져준 아브람이 오히려 왕의 은혜를 받는 것이 되어 버린다. 소돔 왕은 본래 잃어버렸던 것, 이미 남의 것이 되어버린 재물을 가지고 오히려 자신의 체면을 세우고 거만을 떠는 득을 얻는다.

이 재물들의 소유권을 엄밀히 따진다면 이미 아브람의 것이다. 왜냐하면 그돌라오멜의 소유한 것을 빼앗아 온 것이지 소돔 왕의 것을 차지한 것이 아니기 때문이다. 고대 사회에서 전쟁에서 빼앗은 것은 이미 그 빼앗은 자의 것이기 때문이다. 따라서 그돌라오멜에게서 빼앗은 사람과 물품에 대한 처분권은 아브람에게 있는 것이지 소돔 왕에게 있는 것이 아니다. 그렇기 때문에 이들에 대한 처분은 아브람이 결정할 일이지 소돔 왕이 아브람에게 명령할 일이 아니다. 이는 주객이 전도된 것과 마찬가지라고 할 수 있다.

만일 아브람이 그돌라오멜에게서 빼앗아 온 것들 중에 소돔 왕과 사람들에게 속하였던 물품들을 되돌려 준다면 그것이야말로 이들에게 엄청난 은혜를 베푸는 것이 되고 또 당연히 이렇게 처리되는 것이 순리다. 그러함에도 소돔 왕이 사람은 내게 보내고 물품은 네가 취하라고 한대서 그렇게 한다면 소돔 왕은 이미 빼앗겨서 자기 것이 아닌 것으로 아브람에게 엄청난 은혜를 베푼 생색을 내게 된다. 반면 아브람은 자기가 목숨을 걸고 취하여 온 것임에도 소돔 왕의 은혜로 얻은 것이 되는 결과를 자초하게 되는 것이다. 은혜를 베푸는 쪽이 은혜를 받는 쪽이 되고 은혜를 받아야 하는 쪽이 은혜를 베푸는 쪽이 되는 정반대의 상황이 되어버리는 것이다. 무엇보다도 아브람의 오늘 결과는 하나님의 은혜임에도 불구하고 이 은혜는 소돔 왕의 차지가 되어 버리는 결과가 발생한다. 소돔 왕은 손도 안대고 코를 푸는 것과 같은 큰 이득을 얻게 되고 말이다.

무엇보다도 더욱 중요한 것은 다음 두 번째 생겨나는 결과다. 아브람이 이 전쟁에 출전하였던 것은 왜인가? 그것은 오직 롯을 구하기 위한 것이었고 나아가 아모리 족속과 맺은 약속을 지켜 가나안 사람들을 구원하기 위해서였다. 신의와 인간에 대한 사랑이 동기였다. 그러므로 이러한 아브람의 신앙에서 나온 명분은 그것대로 지켜지고 알려져야 하는 더욱 소중한 것이었다. 이길 수 없는 싸움에서의 기적 같은 승리는 오직 하나님의 은혜였고 이 은혜 또한 가나안 사람들에게 그대로 증거되어 하나님의 이름과 능력이 가장 중요하게 전해져야만 했다. 그리고 지금은 이러한 열매를 만들어 낼 수 있는 가장 이상적인 기회였다. 이 전쟁을 만드신 하나님의 섭리도 여기에 그 목적이 있었다.

그런데 만일 아브람이 소돔 왕의 이 거만한 제안에 따라 재물을 취한다면 아브람이 위험을 무릅쓰고 벌인 싸움은 결국 재물을 얻기 위한 것으로 전락되고 만다. 소돔 왕은 소돔 왕대로 내가 아브람에게 큰 재물을 주었다고 큰 소리를 치게 될 것이고 그럼으로써 아브람을 자신보다 낮추려 할 것이었다. 이를 통해 자신의 잃어버린 자존심과 체면과 권위를 만회하려고 하려함이 분명하였다. 가나안 사람들도 아브람이 그 승리로 더욱 큰 부자가 되었다고 말하여 그 재물이 아브람과 이 전쟁에 대한 그들의 모든 관심을 선점해 버리는 결과가 빚어진다. 아브람 자신도 하나님 신앙에 사로잡힌 신의와 사랑의 사람이라기보다는 돈 많고 싸움 잘하는 사람으로 알려지게 될 것이었다.

하지만 만일 아브람이 그 모든 위험한 순간들을 통해 얻은 모든 사람과 재물들을 깨끗이 그 본래의 자리로 돌려보낸다면, 그 자신 전쟁으로 얻은 전리품에 조금도 욕심을 두지 않는다면 아브람의 승리는 그 승리보다도 더욱 중요하고 아름다운 교훈을 남기게 된다. 가나안 사람이 아니면서도 가나안 사람들을 그 왕들보다 더 사랑한 사람, 신의를 중시하고 불의를 용납하지 않는 올곧은 신앙인, 죽음을 두려워 않는 기개 있는 사람, 강하고 용감한 군사들을 지닌 용맹스런 장수 등으로 아브람 자신 평가될 것이었다. 과연 아브람은 어떤 선택을 하게 될 것인가? 멜기세덱은 왜 이 소돔 왕에 앞서 아브람에게 나아왔으며 이 멜기세덱에게 십일조를 바칠 만큼 감동과 감사를 입은 아브람은 어떻게 이 만남의 교훈을 실천할 것인가?

오늘 이 세상에서 의롭고 선한 삶을 사는 것 같다가도 의롭지 못한 돈의 속임에 넘어가 참으로 추한 모습으로 인생을 끝내는 사람들을 본다. 한 순간 물질의 유혹을 이기지 못해 그 모든 정신적 가치와 신앙의 유산을 훼손시키는 어리석음이 있고 그 평생의 수고를 물거품이 되게 하는 사람들이 있다. 그 사람의 마지막 모습이 그 사람의 삶의 과정을 결정짓는 것임을 알아야 한다.

감히 누구 앞이라고 (창 14:22-23)

'사람은 내게 넘기고 물품은 네가 취하라'라는 소돔 왕의 이 거만한 말에 대해 아브람은 어떻게 응답해야 하는 것일까? 그대로 수용해야 하는 것일까 아니면 거절해야 하는 것일까? 또 만약 거절한다면 어떻게 말해야 하는 것일까? 비록 전쟁에서 패한 왕이지만 백성의 왕이요 권위와 체면이 있는 자다. 더욱이 이 자리는 가나안의 왕들과 많은 백성들이 나와서 지켜보고 있는 자리다. 거절한다 해도 왕의 호의를 거절하는 것이 되기에 만일 그와의 앞으로의 관계를 생각한다면 정중해야만 하는 상황이다.

"아브람이 소돔 왕에게 이르되 천지의 주재시요 지극히 높으신 하나님 여호와께 내가 손을 들어 맹세하노니"(:22)

아브람의 입에서 나온 첫 대답의 말은 **'천지의 주재시요 지극히 높으신 하나님 여호와'** 라는 말이었다. 이 선포는 이미 아브람의 마음 속에 어떤 생각들이 가득 차있는 것인지 한 마디로 드러내는 말이었다. 그의 속에 하나님에 대한 신앙이 충만함을 그리고 혹시라도 이 높으신 하나님의 영광을 가리는 일은 절대 하지 않겠다는 다짐이 굳게 세워져 있다는 것을 알려준다. 오늘의 이 결과가 천지를 주관하시는 하나님께서 행하신 것이요 그 하나님의 위대하심을 세상에 나타내기 위한 것일 뿐 이것이 사람의 자기 욕망과 체면을 위한 흥정의 대상이 될 수 없음을 분명히 확인하는 표현이다.

그의 이 외침에서 중요한 것은 지금 소돔 왕을 대한 이 말이 조금 앞서 먼저 그에게 나왔던 멜기세덱이 아브람의 앞에서 손을 들어 축복하였던 바로 그 표현 그대로라는 점이다. 그 때 멜기세덱이 아브람에게 말하기를 "**천지의 주재시요 지극히 높으신 하나님이여 아브람에게 복을 주옵소서**"라고 그에게 축복하였는데 아브람은 그의 말을 그대로 받아 "**천지의 주재시요 지극히 높으신 하나님 여호와께 맹세하노니**"라고 말하고 있는 것이다. 이는 멜기세덱과의 만남에서 아브람이 그의 말에 의해 얼마나 깊은 영향을 받았는지를 그대로 보여주는 증거다.

오늘처럼 기록된 성경이 있는 시대가 아니다. 하나님에 대한 체계적인 가르침이나 신앙의 개념들이 분명하게 세워져 있는 때가 아니라는 점을 기억해야 한다. 하나님의 속성, 하나님에 대한 개념이 분명히 담겨 있는 이러한 표현은 성경 전체에 걸쳐서 이 멜기세덱의 말이 최초요 또 아브람이 그 말을 듣고 배운 최초의 인물이다. 물론 아담 이래 에녹 노아 아브람에 이르기까지 그 하나님이 어떤 분이고 어떤 일들을 이 땅에 행하여 오셨는지는 전해져 왔다. 하지만 하나님에 대한 이러한 이해가 '**천지의 주재시요 지극히 높으신 하나님**'이라는 개념으로 아주 명료하게 말해진 적은 한 번도 없었고 바로 이 멜기세덱에 의해 최초로 사용되고 있고 또 아브람에 의해 그대로 선포되고 있는 것이다.

전쟁을 마치고 피곤한 가운데 또 어쩌면 이 믿어지지 않는 놀라운 승리에 도취해 조금은 상기된 마음으로 돌아오는 아브람의 온 정신을 번쩍 차리게 했던 참으로 놀라운 가르침이었다. 왜 성경이 멜기세덱을 그토록 신비하고 위대한 인물로 묘사하고 있는지를 우리는 이 점과 관련지어 다시 한 번 새롭게 이해해 볼 수 있다. 만일 멜기세덱의 가르침과 축복이 없었다면 과연 아브람은 이 소돔 왕의 거만한 말에 대해 어떻게 응답하였을까? 지금까지 가나안 남부의 중심 세력이었고 비록 전쟁에 지긴 하였지만 앞으로도 중요한 정치 세력일 수밖에 없는 소돔 왕이었다. 아브람이 지금 한 번의 전쟁에 승리하였다고 해서 과연 그의 권위를 무시하는 말을 할 수 있는 것일까? 소돔 왕과의 역학 관계로 볼 때 아브람의 이러한 하나님에 관한 담대한 선포가 과연 가능한 것이었을까? 아브람의 이어지는 말은 더욱 듣는 이를 놀라게 한다.

> "네 말이 내가 아브람으로 치부케 하였다 할까 하여 네게 속한 것은 무론 한 실이나 신들메라도 내가 취하지 아니하리라"(:23)

비록 그돌라오멜 연합군에게 패하였지만 여전히 이 가나안 남부의 중심 세력인 소돔 왕이었다. 아브람은 이번 전쟁을 승리하며 가나안의 주목받는 인물이 되긴 하였으나 그래도 일개 유목민 집단의 족장에 불과할 뿐이었다. 중요한 힘으로 인정받을 수 있는 가능성은 확보하였지만 당장 가나안을 지배할 수 있는 세력이 된 것은 아니었다. 많은 재산을 소유하고 많은 훈련된 군사까지 거느리고 있지만 이는 어디까지나 자기 방어를 위한 것이었다. 또 그의 삶의 목적은 갈등이 아니라 평화였고 하나님 나라를 이 땅에 세우는 것이었다. 그리고 오늘 전쟁에 승리하고 돌아올 정도의 군사력도 지니고 있지만 이 승리는 하나님의 도우심에 의한 것이었지 객관적으로 가나안의 어떤 세력보다도 절대 우세한 힘을 확보하고 있는 것도 아니었다. 그런데 **"천지의 주재시요 지극히 높으신 하나님 여호와께 맹세하노니"**라는 선포 뒤에 이어지는 아브람의 이 23절 말은 일개 족장으로서 가나안의 한 축을 형성하고 있는 왕을 대해 감히 할 수 있는 말인가? **"네 말이 내가 아브람으로 치부케 하였다 할까 하여."** 무엇보다도 아브람은 만일 소돔 왕의 말을 따라 이 빼앗아온 물품을 취한다면 그 뒤에 어떤 말들이 뒤따르고 무슨 일들이 생겨날 지를 정확히 간파하고 있다. 아브람에게 큰 은혜와 신세를 진 이 소돔 왕이 오히려 아브람에게 엄청난 재산을 주어 치부케 하였다고 소문을 내고 그것으로 자신과 아브람의 관계를 속박하고자 할 것이라는 점을 정확히 읽고 있다.

아브람의 말 속에는 소돔 왕이 어떤 인물인지 아주 영악하고 간교한 인물이라는 평가가 깔려있다. 자신의 행한 선이, 하나님 신앙이 주는 의가 오히려 저에 의해 훼방될 수밖에 없다는 것을 아브람은 이해하고 있다. 소돔 왕의 뜻에 따라 소돔 왕의 재산이라고 여겨지는 재물을 취한 그가 혹 소돔 왕의 불의를 거부하거나 지적해야 할 경우 과연 할 수 있을 것인가? 하고 싶어도 쉽지 않고 한다고 해도 은혜를 저버린 놈이라는 비난이 그의 바른 뜻을 가리게 될 것이었다.

"네게 속한 것은 무론 한 실이나 신들메라도 내가 취하지 아니하리라." 실 한 올이라도 신발 한 짝이라도 취하지 않겠다는 이 말은 얼마나 단호하고 담대한 선포인가? 소돔 왕의 제안을 한 마디로 거절하는 것일 뿐 아니라 그 교묘하고 거만한 의도까지 크게 꾸짖는 뜻도 담고 있는 말이다. 왕을 대한 아브람의 이런 태도는 감히 쉽게 나타낼 수 있는 것이 아니다. 전쟁에 이긴 아브람의 자만심 때문에 상대를 무시하고 모욕하려는 뜻에서 나온 것도 아니다. 아브람 자신 그러한 인물이 아니기 때문이다.

아브람이 가나안의 군사적 패권자로 등장하고 싶은 욕심이 없다면 굳이 소돔 왕의 말을 이렇게 모든 사람이 보는 앞에서 거부하여 그의 자존심에 상처를 주고 그의 교묘한 마음을 면박할 이유는 없다. 오히려 '고맙지만 거절하겠습니다'라고 하여 서로 체면을 살리는 것이 더 유익할 수도 있다. 그런데 아브람은 왜 이렇게 냉정하고 단호하게 소돔 왕의 그 영악스런 계산까지 드러내며 꾸짖듯이 거절하는 것일까?

그것은 바로 이 승리가 하나님께서 하신 일이요 하나님의 영광을 드러내기 위한 것이지 인간의 흥정의 대상이 될 수 없다는 분명한 신앙 인식이 그에게 있기 때문이다. 하나님께서 하신 일을 놓고 인간이 자기 욕심을 채우려 하는 것과 그의 뜻과 영광을 훼손시킬 수도 있는 간교한 의도와 행동을 엄하게 경계하고 배격하는 것이다. 하나님의 은혜는 오직 하나님의 것으로만 지켜야 한다는 굳은 의지를 표현하는 것이었다. 이렇게 말할 때 소돔 왕의 체면이 구겨지고 기분이 상하게 되며 앞으로 자신과의 관계가 불편해지게 되리라는 것을 아브람도 잘 알고 있다. 하지만 이 전쟁의 결과는 무엇을 말해 주고 있는가? 진실한 신앙인의 삶은 하나님께서 지켜주신다는 메시지가 이 속에 있다. 하나님의 일은 하나님 자신께서 이루어 나가신다는 교훈이 이미 그의 속에 심어져 있는 것이다.

신앙은 신앙으로 지켜가는 아브람이다. 하나님의 일을 갖고 세속적 목적을 위해 교묘히 타협하는 것을 단호히 배격한다. 하나님의 일을 교묘한 술수로 훼방하고자 하는 자를 크게 꾸짖어 하나님의 의를 나타낸다. 하나님의 의를 굳게 지켜가고자 결심한 담대한 믿음의 사람이다. 세상을 대해 얕은 술수를 놓고 고민하는 사람이 아니요 오히려 당당한 사람이었다. 그 당당함은 전쟁에 이긴 승리에서 나온 것도 아니었고 승리할 수 있었던 힘이나 지혜에서 나온 것도 아니었다. 오직 하나님의 말씀에 감동된 그 믿음의 힘에서 나왔다.

나의 나 된 것은 오직 하나님의 은혜로 된 것이지 사람의 눈치를 보며 사람에게서 얻은 것이 아니라는 결연한 의지가 아브람에게 있다. 나는 하나님께 받은 은혜를 사람에게 나눠주는 자이지 사람으로부터 무엇을 얻을까 구걸하듯 눈치 보는 사람은 아니라는 것을 분명히 알고 있다. 내가 너로부터 신세질 일이 없고 네가 나에게 어떤 해를 끼칠 것도 두려워 않는다는 담대함이 있다. 바로 하나님의 사람인 것이다. 말해야 할 것이 있고 행해야 할 것이 있음에도 사람의 눈을 의식해 주저하거나 포기하는 자가 아니었다. 겸손하나 비굴하지 아니하고 단호하여 타협하지 않는 자다.

뱀같이 지혜롭고 비둘기 같이 순결하라고 예수 그리스도께서 가르치신다. 사탄이 얼마나 간교하게 하나님의 나라를 방해하는지 그 사탄의 지극히 교묘한 방해를 물리치고 하나님의 나라를 지키기 위해 우리 신앙인들이 가져야 할 것은 무엇인지를 분명하게 가르쳐 주시는 말씀이다. 뱀의 간교함을 분별할 수 있는 영적인 지혜가 있어야만 한다. 그리고 그 교묘한 술책을 거부하고 싸워 이길 수 있는 강력한 믿음이 있어야 하며 오직 하나님의 나라를 위해 모든 것을 희생하는 철저한 헌신이 있어야 함을 가르치고 있다. 바로 이 아브람처럼.

마침내 (창 14:24)

아브람 자신은 소돔 왕과 그 백성들에게 속하였던 물품은 실 한 올이나 신발 한 짝도 취하지 않겠노라고 선언한다. 아주 작은 유익을 얻기 위해 혹은 극히 사소한 즐거움이라도 놓치기 싫어하여 손쉽게 신앙을 양보하거나 타협해 버리는 오늘 우리들의 신앙의 삶과 비교해 볼 때 아브람의 이러한 태도는 결코 쉬운 선택이 아니었다. 눈 앞에 있는 이 엄청난 재물을 내가 취한다고 해서 하등 이상할 것이 없고 또 취하라는 왕의 권유까지 있었기에 아주 자연스럽게 나의 소유로 삼을 수 있었지만 거절하는 것이었기에 말이다. 신앙의 의와 영광을 지켜가기 위한 한 인간의 결단이었다. 하지만 이어지는 아브람의 말은 지금 이 순간에 생각해야 하는 이와는 또 다른 중요한 면이 있음을 전하고 있다.

"오직 소년들의 먹은 것과 나와 동행한 아넬과 에스골과 마므레의 분깃을 제할지니 그들이 그 분깃을 취할 것이니라"(:24)

자신의 얻을 몫은 거절한 반면 이어지는 말 속에서 아브람은 소년들이 먹은 것과 자신과 동행한 자들의 얻어야 할 분깃은 제할 것이라고 한다. 여기서 소년이란 아브람의 군사들을 의미한다. 자신의 군사들이 전쟁에 나감으로써 필요했던 그 양식의 분량만큼은 이 전리품에서 제하겠다는 것이다. 아브람은 왜 자신은 이 소돔 왕에게 속한 물품은 신발 한 짝도 취하지 않겠다고 하면서 자신의 군대가 먹은 양식의 분량은 취하겠다고 하는 것일까?

이 속에는 나와 나의 군대가 이 전쟁에 나가 싸운 것이 우리를 위한 것이 아니요 바로 너희를 위한 것이었다고 하는 사실이 담겨져 있다. 즉 이 전쟁에 나가 얻은 결과가 모두 너희를 위한 것이었으니 그 비용은 너희가 부담하는 것이 마땅하다고 하는 것이다. 그러므로 이 속에는 소돔 왕 또한 아브람의 승리에 대해 최소한의 성의를 표했다고 하는 사실을 담을 수 있다. 즉 소돔 왕도 아브람에게 무조건 신세를 진 것만이 아니라 아브람 군대의 양식을 부담함으로써 그 전쟁의 결과에 대해 자기의 책임을 다했다고 하는 명분을 세울 수 있었다. 하나님의 선과 의는 그대로 세상에 드러내고 또 소돔 왕의 체면도 어느 정도 세워줌으로써 하나님의 의와 선이 소돔 왕 자신에게도 적개심으로 나타나지 않도록 살핀 아브람의 지혜로운 조처다.

그러면 자신과 동행한 아넬과 에스골과 마므레의 분깃을 제하겠다고 하는 말은 또 어떤 의미를 가지고 있는 것일까? 아넬과 에스골과 마므레는 아브람에게 구원을 요청한 아모리 족속의 지도자들이었다. 따라서 이 아브람의 군대에는 아브람의 군대 318명 외에 숫자는 알 수 없지만 이 아모리 족속의 군대도 포함되어 있었던 것을 알 수 있다. 물론 이 아모리 군대에 대한 지휘권과 전쟁의 주도권은 아브람에게 있었다. 지금 가나안의 모든 사람들이 아브람을 영접하고 있고 전리품의 처리를 아브람이 주도하고 있는 사실이 이를 증거한다.

아브람은 자신과 함께 전쟁에 참여한 이 아모리 군대의 전리품 몫은 그대로 주라고 한다. 자신은 받지 않겠지만 이들의 수고는 그 수고대로 인정해 주어야 한다고 하는 것이다. 아브람 자신은 이 전쟁에 참여한 것 자체가 전리품을 얻기 위한 것이 아니었고 얻을 의도도 없었다. 하지만 이 아모리 족속 사람들에게도 아브람과 같은 마음과 태도를 강요할 수는 없었다. 전쟁을 해서 이기면 마땅히 그 이긴 승리의 대가를 얻고자 하는 그들의 전통은 그대로 인정해 주는 아브람이었다.

소돔 왕은 아브람 군대의 사용한 군량을 보상해 주고 아모리 족속에게는 마땅히 그 얻을 전리품을 인정해 줌으로써 나름대로 왕으로서의 체면을 살렸다. 아모리 족속은 아브람으로 인해 패배하였던 전쟁을 이겨 그 나름대로 위신을 세웠을 뿐 아니라 또 전쟁의 희생과 수고에 대해 당연한 전리품을 얻음으로써 큰 유익을 얻어 즐거워할 수 있었다. 그리고 아브람은 그 자신의 신앙의 의는 그대로 살리고 또 참으로 지혜롭게 모든 사람들을 만족시키는 결과를 만들어내었다. 자칫 아브람의 의와 선이 다른 사람에게는 적개심으로 나타날 수 있는 결과를 아주 지혜롭게 조화시킨 것이었다.

자신의 의와 선을 강요하지 않는 아브람의 모습은 성숙한 신앙인의 삶의 모습으로 다가온다. 나에게 옳다고 해서 남에게도 그렇게 할 것을 강요하지 않았다. 그 강요가 오히려 반발심을 불러일으키고 더 강한 거부감을 만들어낼 수도 있기 때문이다. 아름답고 선하고 좋은 것은 그냥 나의 삶을 통해 보여줌으로써 저들이 눈으로 보고 감동하여 스스로 따르도록 하는 것이다. 이것이 지금 아브람의 신앙의 모습이요 어쩌면 전도에 임하는 그의 철학이었다고 할 수 있겠다. 신앙의 독불장군이 있다. 아직 준비되지 못한 자에게 감당할 수 없는 의와 선의 수준을 강요하여 오히려 마음 문을 닫게 한다. 아직 연약하여 모든 것을 먹을 수 없는 자에게 몸에 좋다고 먹기 힘든 것을 먹으라고 요구한다. 이것이 신앙의 독불장군이다.

아직은 연약한 자, 아직은 보다 깊은 이해와 용서와 아량이 필요한 자에게 극복하기 힘든 엄격한 잣대를 들이대고 넘으라고 하는 것은 오히려 그를 넘어지게 하는 결과를 초래할 수도 있다는 것을 알아야 한다. 오늘 신앙의 현장에서 흔히 빚어지는 신앙의 오류들이 아닌가? 나는 내 속에 심겨진 의와 선을 지키되 아직 그렇지 못한 자는 그대로 용납하고 기다려 주는 것, 그리고 나의 삶을 통해 무엇이 옳은지를 보여주어 그 스스로 따라오도록 하는 것이 오늘 우리 신앙의 현장에 더해져야 할 모습들이다.

결과적으로 이 전쟁은 아브람에게 어떤 결과를 남겨준 것이었을까? 한마디로 지금까지는 저 변방 유목민 집단의 족장에 불과하였던 아브람을 가나안의 중심인물로 부상하게 만들었다. 이전에 이리 쫓기고 저리 내몰리던 아브람의 입장이 오늘 이 순간을 기점으로 하여 감히 어느 누구도 시비하거나 도전할 수 없는 강력한 세력으로 떠올랐다. 더군다나 중요한 것은 하나님의 사람으로서 아브람의 정체성이 그 무엇보다도 분명하게 이 가나안 족속들에게 각인되어졌다. 돈 많은 사람, 힘 있는 사람이 아니라 의와 인과 신의 사람으로 기억에 남았다. 시기와 질투와 견제가 아니라 자신들에게 감히 갚을 수 없는 큰 은혜를 남긴 사랑과 존경의 대상으로 그들의 마음에 새겨진 것이었다. 이는 아브람이 처음 이 가나안에 들어올 때와 비교해 본다면 감히 상상할 수 없는 일이었다. 그리고 그 무엇보다도 중요한 것은 이제부터는 그가 하나님을 어떻게 전한다 할지라도 그의 말은 감히 부인할 수 없는 충분한 무게로 신뢰받을 수 있게 되었다는 데 있다.

전쟁의 승리와 더불어 이러한 결과는 아브람 자신의 능력으로는 감히 기대할 수도 상상할 수도 없는 것이었다. 오랜 세월 그 격한 도전에도 굴하지 않고 시련 앞에서도 물러서지 아니한 채 묵묵히 인내하며 하나님만을 믿고 기다려 온 신앙의 결정체였다. 쉽게 타협하거나 양보하지 않고 하나님에 대한 올곧은 믿음을 지켜온 데 대한 하나님만이 주실 수 있는 놀라운 은혜였다. 창세기 12장이 아브람의 처절한 실패와 가나안에 다시 돌아오기까지의 과정을 그리고 있다면 13장은 아브람이 가장 믿고 의지하던 롯에 의해 야기된 아브람 공동체의 분열과 헤브론으로의 정착 과정을 담고 있다. 롯의 분리는 아브람에게는 그 어떤 것보다도 큰 시련이었지만 이는 오히려 공동체의 질서를 깨는 요인을 제거함으로써 정결함을 확보한 것이기도 하였다. 나아가 공동체가 아브람을 중심으로 주어진 과제를 일사분란하게 수행해 갈 수 있는 질서를 세우게 된 것이기도 하였다.

그리고 이렇게 준비된 아브람 공동체가 마침내 가나안의 지도적 위치로 부상할 수 있게 된 상황을 이 14장은 그리고 있다. 가나안 전체가 전쟁의 참화를 겪는 가운데 오히려 이 위기를 통해 그간의 모든 어려움을 극복하는 장면이었다. 하나님께서 당신의 사람을 어떻게 인도해 가시는지를 분명하게 보여주시는 생생한 증거다. 심기도 전에 열매부터 기대하는 성급한 이 시대 우리를 크게 경계하시는 하나님의 말씀이다.

아! 아브라함

| 책 소개 |

www.onlyword.com

앞으로 나올 책 소개

✠ 『아! 아브라함』

전 4권으로 이루어진 아브라함에 관한 책들로서 믿음의 조상 아브라함의 삶과 신앙의 과정을 정확하게 조명한다.

✠ 『광야의 모세』

민수기 해석서. 출애굽한 이스라엘이 광야에 40년 간 머물 때 그들은 그곳에서 무엇을 하며 지냈을까? 애굽에서 종살이하던 오합지졸 같은 거의 300만의 이스라엘을 모세는 어떻게 다스릴 수 있었을까? 민수기는 이 40년에 대한 하나님의 섭리를 담고 있는 책으로서 신앙 공동체에 대한 가장 중요한 의미를 가지고 있다. 출애굽기부터 신명기에 이르는 거의 모든 중요한 내용이 망라되어 있다.

✠ 『마태의 증언』

예수만 믿으면 구원 받는다는 우리의 믿음에 대해 예수님 자신은 "나더러 주여 주여 하는 자마다 천국에 다 들어갈 것이 아니요 다만 하늘에 계신 내 아버지의 뜻대로 행하는 자라야 들어가리라"(마 7:21)고 하신다. 율법은 예수의 오심과 더불어 폐해졌다고 하는 가르침에 대해서도 주님은 "내가 율법이나 선지자나 폐하러 온 줄로 생각지 말라 폐하러 온 것이 아니요 완전케 하려 함이로라 진실로 너희에게 이르노니 천지가 없어지기 전에는 율법의 일점 일획이라도 반드시 없어지지 아니하고 다 이루리라 그러므로 누구든지 이 계명 중에 지극히 작은 것 하나라도 버리고 또 그같이 사람을 가르치는 자는 천국에서 지극히 작다 일컬음을 받을 것이요 누구든지 이를 행하며 가르치는 자는 천국에서 크다 일컬음을 받으리라"(마 5:17-19)고 하신다. 왜 이런 차이가 있는 것일까? 이 책은 마태복음 전체에 대한 정확한 해석을 통해 우리의 신앙에 대해 다시 한 번 의미 있는 조명을 비춘다.

✢ 『끝까지 외로웠던 사람 다윗』

사무엘 해석서. 아브라함과 더불어 예수님의 믿음의 조상으로 등장하는 사람이 다윗이다. 사무엘서는 다윗의 믿음에 대한 모든 것을 담고 있다. 아브라함과 비교할 때 나타나는 믿음의 과정은 왜 예수 그리스도를 아브라함과 다윗의 자손이라고 하였는지에 대한 모든 답을 제공하여 준다.

✢ 『흔들리는 하나님의 나라』

열왕기 해석서. 사무엘과 다윗에 의해 다시 세워진 하나님 나라가 바벨론에 멸망당하기까지 어떻게 흘러가게 되었는지에 대한 원인과 과정을 낱낱이 설명하고 있다. 오늘 우리 자신들의 신앙의 과정에 대한 가장 정확한 진단을 내려줄 것이다.

✚ 성경공부 교재

기존의 성경교재들과 달리 성경은 어떤 식으로 기록되어 있고 어떻게 읽어야 하는지에 대한 근본적인 눈을 열어줄 수 있도록 구성되어 있다. 이 교재를 통해 내 삶에 구체적이고 실제적으로 다가오는 하나님을 가슴으로 만날 수 있다. 장차 세워질 성경훈련원의 교재로 사용될 것이다.

✚ 기타

시편과 선지서 등에 대한 글들이 아직 타이핑 되지 않은 채 노트에 기록되어 있다. 시간이 지나면 위의 책들에 이어 이 내용들도 모두 책으로 옮겨질 것이다.

※ 위의 책 내용들에 관해서는 홈페이지 onlyword.com에서 만나볼 수 있습니다.